高等职业教育财会类专业系列教材

主　审◎王　慧
主　编◎彭　静　彭　芳
副主编◎钟丽涓　陈佳丽

NONGCUN CAIWU GUANLI YU KUAIJI

农村财务管理与会计

重庆大学出版社

内容提要

本书主要是结合《村集体经济组织会计制度》和《农民专业合作社财务会计制度》，针对农业类院校会计专业、农业经济管理专业在校学生、广大农村基层财务人员、农村农经管理工作者编制的学习培训教材。本书内容包括村集体经济组织会计、村集体经济组织财务管理、农村集体经济组织“三资”管理、农民专业合作社会计与财务管理，有利于读者进行系统的学习。

图书在版编目(CIP)数据

农村财务管理与会计/彭静，彭芳主编.--重庆：重庆大学出版社，2017.8(2022.8重印)
高等职业教育财会类专业系列教材
ISBN 978-7-5689-0555-8

Ⅰ.①农… Ⅱ.①彭…②彭… Ⅲ.①农村—财务管理—高等职业教育—教材②农业会计—高等职业教育—教材 Ⅳ.①F302.6

中国版本图书馆CIP数据核字(2017)第121762号

农村财务管理与会计
主 编 彭 静 彭 芳
副主编 钟丽涓 陈佳丽
策划编辑：顾丽萍
责任编辑：陈 力 版式设计：顾丽萍
责任校对：邹 忌 责任印制：张 策
*
重庆大学出版社出版发行
出版人：饶帮华
社址：重庆市沙坪坝区大学城西路21号
邮编：401331
电话：(023) 88617190 88617185(中小学)
传真：(023) 88617186 88617166
网址：http://www.cqup.com.cn
邮箱：fxk@cqup.com.cn（营销中心）
全国新华书店经销
重庆市联谊印务有限公司印刷
*
开本：787mm×1092mm 1/16 印张：15.5 字数：358千
2017年8月第1版 2022年8月第4次印刷
印数：7 001—9 000
ISBN 978-7-5689-0555-8 定价：45.00元

前　言 PREFACE

“解决好农业、农村、农民问题是全党工作重中之重，城乡发展一体化是解决‘三农’问题的根本途径”。2015 年中央农村工作会议上也多次提到了“农业供给侧改革”，会议强调，要着力加强农业供给侧结构性改革，提高农业供给体系质量和效率，使农产品供给数量充足、品种和质量契合消费者需要，真正形成结构合理、保障有力的农产品有效供给。2016 年中央一号文件也提出加快培养新型职业农民，同时加强涉农全日制学历教育，支持农业院校办好涉农专业。在农业供给侧改革的背景下，涉及农业类院校教材的开发也应该从供给侧发力，为消费者、需求者生产符合需要的产品。而现实情况是农村财务人员业务水平不高，财务工作不规范，这就成为限制农村财务管理工作的重要因素。因此要解决农村财务管理存在的问题，首先要解决人的问题，即基层农村财会人员的素质问题。而提高财会人员素质最直接的方法是加强农村财会人员、农村经济管理工作者的培训工作。农村财务管理与会计是农村财会人员的专业必修课。因此，对农村财务管理与会计的教材开发显得十分重要。

本书是服务三农、服务大农业的农业类高职会计专业建设成果之一，同时也是农专委全国农业职业教育“十三五”科研课题《供给侧改革背景下〈农村财务管理与会计〉教材开发研究》的课题成果之一。本书在编写过程中参考了《中华人民共和国农民专业合作社法》《村集体经济组织会计制度》《农民专业合作社财务会计制度》等相关农业政策与法规，并结合对村集体经济组织、农民专业合作社等新型农业经营主体的实地调研，与有关会计财务公司、部分农民专业合作社共同编写而成。本书将村集体经济组织、农民专业合作社会计基础知识、会计业务核算和财务管理相结合，同时也穿插介绍了农村集体经济组织“三资”管理，集理论性、实践性、管理性于一体。通过本书的学习，读者能够系统掌握村集体经济组织和以农民专业合作社为代表的新型农业经营主体财务会计的基本理论及核算方法，同时也可以促进和提高村集体经济组织和各类新型农业经营主体管理者的理论水平，为从事农村基层财务工作和农业经济管理的工作人员奠定坚实的理论基础。

本书内容浅显易懂、操作性强，是针对农业类院校会计专业、农业经济管理专业在校学生、广大农村基层财务人员、农村农经管理工作者编制的学习培训教材。本书内容包括村集体经济组织会计、村集体经济组织财务管理、农村集体经济组织“三资”管理、农民专业合作社会计与农民专业合作社财务管理概述。

本书由成都农业科技职业学院彭静副教授、彭芳副教授担任主编，负责全书的编写、修改、总纂和定稿工作；成都农业科技职业学院陈佳丽讲师担任副主编，承担教材部分章节的编写和审稿工作；成都农业科技职业学院王瑾瑜助讲、杨雯雯助讲参编，负责部分教材的编写工作。本书具体编写分工如下：彭静编写第 1 章，彭芳编写第 2 章，王瑾瑜编写第 3 章，陈佳丽编写第 4 章，杨雯雯编写第 5 章；全书由王慧担任主审。本书在编写过程中得到了蒲江县新型职业农民协会多家农民专业合作社和神州易桥信息服务股份有限公司的配合和支持，在此一并表示感谢。

因编者能力所限，书中难免存在疏漏之处，真诚地希望广大读者提出宝贵的意见和建议，以便日后进一步修订和完善。

编　者

2017 年 4 月

目 录 CONTENTS

第 1 章　村集体经济组织会计 …… 1
1.1　村集体经济组织会计基础知识 …… 2
1.2　村集体经济组织会计一般核算业务 …… 38
1.3　村集体经济组织会计特殊业务核算 …… 60

第 2 章　村集体经济组织财务管理 …… 90
2.1　村集体经济组织财务管理概述 …… 90
2.2　资金的时间价值 …… 95
2.3　村集体经济组织财务管理内容 …… 97

第 3 章　农村集体经济组织“三资”管理 …… 123
3.1　农村集体经济组织“三资”概论 …… 124
3.2　农村集体经济组织“三资”的清理登记 …… 131
3.3　农村集体经济组织“三资”管理的操作实践 …… 142
3.4　农村集体经济合同的管理 …… 157
3.5　农村集体经济组织“三资”的监管代理 …… 174
3.6　农村集体经济组织“三资”管理的监督 …… 180

第 4 章　农民专业合作社会计 …… 189
4.1　农民专业合作社基础知识 …… 190
4.2　农民专业合作社资产的核算 …… 192
4.3　农民专业合作社负债的核算 …… 206
4.4　农业合作社所有者权益的核算 …… 212
4.5　农民专业合作社盈余和盈余分配的核算 …… 215

第 5 章　农民专业合作社财务管理概述 …… 229
5.1　农民专业合作社财务管理的意义 …… 229
5.2　农民专业合作社财务管理的对象、任务、原则和体制 …… 230
5.3　农民专业合作社财务管理的目标及特点 …… 234
5.4　农民专业合作社财务管理的关键环节 …… 236

参考文献 …… 239

第1章　村集体经济组织会计

学习目标

- 深入了解村集体经济组织会计基本概念、基础知识。
- 掌握和了解我国村集体经济组织一般业务会计处理的核算。
- 掌握和了解我国村集体经济组织特殊业务会计处理的核算。

知识点

村集体经济组织会计基础;村集体经济组织一般会计业务;村集体经济组织特殊会计业务

案例导入

村财务收支审批的基本要求和程序规定

1. 严格执行预算制度。村组所有支出项目都必须对照年度财务计划(预算)审批使用。对确需超方案的支出,事前必须经村民代表大会研究决定。

2. 收支办理程序。财务事项发生时,经手人必须取得有效的原始凭证,注明用途并签字(盖章),交民主理财小组集体审核。审核同意后,由民主理财小组组长签字(盖章),按照审批权限和范围报经村党组织、村民委员会负责人审批同意并签字(盖章),由会计人员审核记账。

3. 收支审批权限。村民会议决定的审批权限划分为:(1)10 000 元及以上的支出,执行"四议两公开"程序;(2)1 000 元以上 10 000 元以下的支出,村委会提出议案,提交村民代表会议通过方能实施;(3)1 000 元以下支出,授权村主任签字审批。

4. 收支票据审核。办理财务收支时,必须依法填制和取得合法原始票据,对无法取得有效原始凭证的费用支出,自制报销凭证时,必须具备原始凭证的具备要素,并由 2 人以上签字证明方可报销。报销凭证要凭正规发票,有经办人、证明人、审批领导签字,有用途说明;物资采购与领用要有进出库手续,财会人员要严格审核把关,对手续不完备的凭证,不准付款,对不合理的开支,财会人员有权拒绝付款并向村主任反映。

5. "一事一议"资金管理。对村内"一事一议"工程建设和专项拨款建设项目票据报支时,必须附有工程建设合同书、工程概算和决算书、资金结算书,否则不予报销。

6. 债权债务管理。加强村级债权债务的管理,实行村主任负责制,并将债权债务催收、清欠情况作为村干部的考核内容;村委会借款应当实行集体决策和审批,并保留完整的书面记录,不得由同一人办理借款的全程业务,借款合同应交乡农经站备案;定期清理债权债务,每年至少一次,清理结果由清理人、责任人(经手人)及负责人签字确认,做到账实相符、账证相符、账账相符、账表相符;加强内部控制,规范催收债权和清偿债务的程序,做到手续齐全,责任明确。每笔催收业务,至少应有2名以上经手人操作,防止错误和舞弊现象产生,对确需核销的无法收回或不需支付的坏账、呆账,不需按照规定程序予以核销,不得由经手人或会计人员擅自核销。

1.1 村集体经济组织会计基础知识

村集体经济组织要顺利进行会计核算,必须建立会计机构、配备会计人员、明确岗位职责、制订管理制度。村集体经济组织的会计组织形式可由村民委员会自愿选择"村级会计委托代理制"或"以村核算村财村管"两种形式。为了强化会计监督,规范会计核算工作,提高会计核算质量,降低会计工作成本,当前我国多数村集体经济组织选择由乡级代理服务中心代理记账的会计组织形式。

1.1.1 村集体经济组织会计机构的设置

村集体经济组织是指按村或村民小组设置的社区性集体经济组织。一般而言,村民委员会代行着村集体经济组织的有关职能,因此,代行村集体经济组织职能的村民委员会执行《村集体经济组织会计制度》。村集体经济组织的会计机构设置可以采用"村级会计委托代理制",将村级财务工作委托代理服务中心办理,也可采用"村财村管"的管理体制,自行组建村会计机构管理村集体经济组织财务及会计工作。

1)村级会计委托代理制

村级会计委托代理制,就是指经村集体经济组织成员大会(村民大会)或成员代表大会(村民代表会议)讨论同意,将村级财务与村级资金委托给代理服务机构,如乡镇经营管理站(以下简称"经管站")或依托其设立的农村会计服务中心,在确保村级资金所有权、使用权、处置权、审批权、收益权、监督权和债权、债务关系不变的情况下,由代理服务机构按照一定的原则、方法、程序进行村级会计核算的一种管理形式。当前我国多数村集体经济组织采用村级委托代理制进行会计工作的组织与管理。

村级会计委托代理制下会计机构由代理服务中心和村级会计机构两部分组成。

(1)村级会计委托代理服务中心的设置

村级会计委托代理服务中心原则上由乡、镇财政部门负责组建,其主要职责包括:第一,做好被代理村的各项会计业务核算工作。第二,审核监督代理村集体经济组织的报账凭证是否符合有关规定、审批程序是否符合要求、各项收支和资金使用是否合理,保证会计资料真实、完整。第三,及时提供会计报表及有关收支明细情况,并指导各村进行财务公开,接受群众监督;及时向上级主管部门上报有关报表和提供各类会计信息。第四,进行代理会计档案的整理和保管工作。第五,为委托代理的村集体经济组织提供财务咨询服务。为了分工协作完成上述任务,委托代理服务中心需设中心主任1名,并按照工作需要设置主管、审核、会计、出纳、档案管理 5 个岗位。

(2)村级会计机构设置

无论代理服务中心如何进行人员的配备和岗位分工,村级会计委托代理必须设置村级会计机构进行账前审核,其主要职责包括:第一,严格审批各项开支,保证原始凭证真实、合法,对本村的会计工作和会计资料的真实性、完整性负责;第二,合理编制资金预算,按资金预算合理使用集体资金,努力提高资金使用效益,确保村集体经济组织的正常运转;第三,及时向委托代理服务中心报账,配合进行村级财务公开;第四,认真进行村级经营活动分析和决策,提高村级管理水平。为完成上述任务,村集体经济组织实行由村主任负责、村民主理财小组行使审核监督权的报账员定期报账制,其会计机构由村主任、村民主理财小组、报账员组成。

2)以村核算制

不实行村级会计委托代理制的村集体经济组织,可以实行以村核算的会计管理体制,主要设置会计员和出纳员进行会计核算与管理工作。

(1)会计员职责

①制订本组织会计事务处理的具体办法。

②审核原始票据的真实性、合法性、正确性、完整性,对审核无误的票据加盖印鉴,作为入账依据;对不真实、不合法的原始票据不予受理,情节严重的上报村负责人;对不正确、不完整的原始凭证退回原开具单位进行重开或更正。

③对本组织的经济活动进行会计核算,根据审核无误的原始凭证编制记账凭证、登记会计账簿、编制会计报表,并向有关方面提供会计信息。

④编制并严格执行财务预算,遵守各项财务收入制度、费用开支范围和开支标准。

⑤妥善保管会计凭证、账簿、报表等档案资料。

(2)出纳员职责

①制订本组织收付款的具体程序与办法。

②与会计员一起按时办理现金收付和银行结算业务。支取现金或进行转账业务时,必须加盖会计和村集体经济组织负责人(村主任)两个印鉴,使用资金数额必须严格按照手续完备的审批标准执行,对不真实、不合法的原始凭证有权拒绝付款。

③管理银行存款账户,登记银行存款日记账,按期结出余额并进行账簿核对,定期与会计员及其他监督人员一起进行银行对账。

④管理库存现金,登记现金日记账,库存现金限额不得超过 1 000 元,超出限额的现金应立即存入银行,每日结出余额并进行账簿核对,每日与会计员一起进行现金盘点。

⑤负责保管有价证券、空白支票、发票、收据等票据,建立空白票据申领、审批、登记、核销制度,按规定办理支票等票据的领取。

1.1.2　村集体经济组织会计人员配备与管理

1)会计人员配备

村集体经济组织的专职会计人员包括委托代理中心会计人员及村级会计机构报账员。

(1)任职资格

①政治觉悟和职业道德。坚持党的四项基本原则,认真学习领会党和国家农村工作方针与政策;热爱农村财务会计工作,坚持原则,廉洁奉公,办事公道;遵守财会职业道德。

②专业知识和专业技能。具有初中以上文化程度,熟练掌握财务会计的一般原理和基本知识;参加财政部门组织的农村财会人员培训,并经考试通过,取得上岗证书;村级委托代理服务中心的总会计师应具备助理会计师以上专业技术资格或专门从事会计工作3年以上的经历,其他会计人员应取得会计从业资格证书;了解农村审计、农村经济统计、农民负担监督管理、农村承包合同管理等基本知识和其他法律、法规和制度;能熟练进行村集体经济组织会计业务处理,包括能独立填制原始凭证、编制记账凭证、登记会计账簿、编制会计报表及进行一般的财务分析。

(2)回避制度

村级会计机构人员配备实行回避制度。根据村集体经济组织财务制度的规定,村主要干部(包括村支部书记、村民委员会主任、村经济合作社社长)的近亲属不得担任本村会计和出纳工作,村会计的近亲属不得担任本村的出纳工作。上述所讲需回避的近亲属为:夫妻关系、直系血亲关系、三代内旁系血亲关系以及其配偶关系。

(3)任免制度

会计人员应当按照有关会计人员管理权限及规定任免,一般情况下,实行村级会计委托代理制的村报账员在不违犯法律、法规和财经纪律的前提下,不宜随意更换。"以村核算"制的会计人员应实行聘任制,被聘任的会计人员必须向上级主管及财政部门备案,村会计可以连续聘任,不称职的可以解聘。

2)会计人员管理

为了更好地管理村集体经济组织会计工作人员,逐步建立一支具有良好职业道德、较高理论水平和较强职业技能的服务于农村经济的会计人员队伍,乡财政部门应比照会计从业资格管理办法对从事村集体经济组织会计工作的人员进行管理,主要包括下述几个方面。

(1)上岗资格取得

为了提高村集体经济组织会计工作人员的素质,根据当前我国村集体经济组织会计人员的实际情况,由乡(镇)财政部门对其实施分级上岗制度。对村级会计委托代理服务中心的会计人员,应要求其取得会计从业资格后方可上岗;对于村报账员或"以村核算"方式下的会计人员及出纳员,应由县财政部门根据村级会计核算的业务能力需要组织专门培训和考核,考核合格后,由县级财政部门颁发村级会计人员上岗证,作为其从事村级会计工作的资格证书,并通过后续教育等方式不断提高其从业能力,最终取得会计从业资格证书。

(2)上岗注册登记

对从事村集体经济组织会计工作的人员实行注册登记制度。对于持有会计从业资格证书的会计人员,要求其按照《会计从业资格管理办法》的规定,自从事会计工作之日起90日内,填写注册登记表,并持会计从业资格证书和所在单位出具的从事会计工作的证明,向财政部门办理注册登记。对尚未持有会计从业资格证书但持有乡财政农村会计上岗证的会计人员,在由乡财政部门发放上岗证的同时,对其工作单位、工作岗位及其他基本情况进行注册登记。

(3)离岗备案

对于持有会计从业资格证书的人员，离开会计工作岗位超过6个月的，应当持会计从业资格证书向原注册登记的会计从业资格管理机构备案；对于持有乡财政上岗证的会计人员，如发生变动，应在离开工作岗位1个月内到乡财政部门进行备案登记。

(4)调转登记

对于持有会计从业资格的人员如调转工作单位，且继续从事会计工作的，应当办理调转登记。持证人员在同一会计从业资格管理机构管辖范围内调转工作单位，应当自离开原工作单位之日起90日内，填写调转登记表，持会计从业资格证书及调入单位开具的从事会计工作的证明，办理调转登记。持证人员在不同会计从业资格管理机构管辖范围调转工作单位，应当填写调转登记表，持会计从业资格证书，及时向原注册登记的会计从业资格管理机构办理调出手续，并于自办理调出手续之日起90日内，持会计从业资格证书、调转登记表和调入单位开具的从事会计工作证明，向调入单位所在地区的会计从业资格管理机构办理调入手续。对于持有上岗证的会计人员，在调转时也应比照从业资格的管理办法至乡财政管理部门进行调转登记。

(5)变更登记

对于持有会计从业资格的人员，如其学历或学位、会计专业技术职务资格等发生变更的，应向乡财政部门办理从业档案信息变更登记；对于持有上岗证的人员，如经过考试取得会计从业资格证书的，应至乡财政部门办理变更登记。

3)会计人员后续教育

为了建设一支相对稳定、具有一定可持续发展力的服务于当地农村经济建设的会计人员队伍，县级、乡级财政应定期对会计人员进行有针对性的后续教育。村集体经济组织会计人员的后续教育应立足农村实际，形成与其他组织会计人员后续教育所不同的特色，主要表现在下述几个方面。

(1)培训内容

村集体经济组织会计人员的后续教育应紧扣“财政支农惠农政策”“村集体经济组织会计核算”“村集体经济组织财务管理”等主题。目前，村集体经济组织的主要资金来源于财政转移支付资金和其他财政补助收入，财政款项的拨付、使用情况既是村级财务公开、民主理财的重要内容，也是党的农村政策的重要体现。会计人员如不能及时了解财政支农惠农政策，就无法及时对各项财政补助收入进行反映，更无法通过“会计信息”的形式向广大村民宣传党的支农惠农政策。因此，村级财会人员后续教育必须将支农惠农政策作为培训的主要内容，以便对各项财政补助款项及时进行核算和监督，防止各种截留支农惠农款项、侵害农民利益事件的发生。同时，作为针对会计人员的后续教育，必须根据农村财会人员的实际情况进行有关会计基本理论、基本方法、基本技能的培训，逐步建设一支专业化的农村财会人员队伍。

(2)培训方式

目前，我国农村财会人员的专业素质、文化程度参差不齐，有的会计人员系统学习过会计专业，并取得了会计从业资格证书或考取了会计初、中、高级职业技术资格，具有较高的理论水平和实践能力，但还有相当一部分会计人员并未进行过系统的会计专业学习，专业基础差、底子薄。针对这种情况，村集体经济组织会计人员的后续教育必须科学规划，根据不同对象的情况进行“分层”培训。一般情况下，对于村级会计委托代理服务中心的会计人员及其他取得会计从业资格证书的会计人员，由于其已具备了良好的专业基础，因而在后续教育中应以“新政策、新业务、新技术”为培训的主要内容，不断拓宽会计人员的视野，使其及时了解新政策、掌握新业务的核算方法和新技术的运用技能，不断提高业务能力；对于村报账员、村民主理财小组成员和其他专业基础较弱的会计人员，要根据其实际情况，采用“分段培训”的方式，逐步提高会计人员的业务能力。如每年进行3个阶段的培训，第一阶段进行会计认知培训，使其认知会计的基本方法和简单业务的处理，达到“会计入门”的目标；第二阶段进行会计操作规范性培训，使其具体掌握凭证、账簿、报表等会计实务的规范性操作要求，达到可初步进行会计“规范操作”的目标；第三阶段根据实际情况进行较为复杂的业务和新业务的培训，达到基本能够运用会计方法规范进行业务操作的目标。通过由简到难、由浅入深、有针对性地分段培训，使后续教育的效果落到实处，缩小会计人员的差距，逐步提高会计人员的专业素质。

4）会计工作交接

会计人员由于工作调动、离退休或因病因事不能继续进行会计工作时，上一任会计人员应与接管人员办理工作交接。会计工作的交接制度是明确责任、保持会计工作连续性的重要制度。村集体经济组织会计人员应根据《中华人民共和国会计法》和《会计基础工作规范》的要求，认真做好会计交接工作。会计人员调动工作或离职时，必须将本人所经管的会计工作全部移交给接替人员，没有办清交接手续的不得离职。会计人员移交时应由相关人员进行监交，实行村级会计委托代理制的，代理会计及资金会计办理交接应由总会计负责监交；总会计进行交接的，应由代理服务机构负责人进行监交；实行“以村核算”制的，会计人员进行交接时应由村集体经济组织负责人进行监交。

5）村集体经济组织会计档案管理

村集体经济组织的财务会计档案，主要包括会计凭证、账簿、报表和其他资料。实行村级委托代理制的村财务会计档案应由代理服务中心统一管理，实行以村核算的村集体经济组织应依据《会计档案管理办法》对本组织的财务会计资料建立档案，妥善保管。实行会计电算化的单位，有关电子数据、会计软件资料等应作为会计档案进行管理。

（1）财务会计档案管理的范围

①凭证类，具体包括原始凭证和记账凭证。

②账簿类，具体包括总账、明细账、现金日记账、银行存款日记账、物资账和各种登记簿。

③报表类，具体包括科目余额表、收支明细表、资产负债表、收益及收益分配表等。会计报表归档时，应注明报表名称，依次编定页数，加具封面，装订成册。

④其他类，具体包括村集体经济组织年（季）度的各项收支、收益分配等资料，以及会计人员交接清单、会计档案销毁清单和其他重要会计核算资料。

(2)会计档案的整理归档

村集体经济组织形成的会计档案,由指定的专门人员按照归档要求,及时搜集、整理、立卷、编造会计档案保管清册。会计档案原则上应当保持原卷册的封装。

①搜集整理。在搜集整理过程中,必须严格执行《会计档案管理办法》。会计档案的搜集整理,原则上要求保持原卷册的封装,个别需要拆封重新整理的,应会同原经手人共同拆封整理,以分清责任。对于凭证、账簿、报表及其他会计资料封面上原有项目没有填清填全的,由原经手人补填;对于破损、缺页、装订不牢固或不规范的案卷应由原经手人修补和装订;对于应归档而未及时归档的财务资料,应会同原经手人共同整理。

②组卷。会计档案资料一般按会计凭证、会计账簿、会计报表、其他财会资料4大类别来整理立卷。会计凭证在完成经济业务手续和记账后,必须按规定的立卷制度装订成册,妥善保管。每个月的凭证可根据数量多少,装订成一本或若干本,每一本为一个保管单位,每本凭证要填写凭证封面,按时间顺序排列存放。会计人员在年度结束后,要将会计账簿按照会计科目顺序排列,填写好每本账簿的封面。会计报表应在年终时,由专人统一收集,将全年财务会计报告按时间顺序整理,装订成册,报表应依次编定页数,加具封面,装订成册,经会计中心负责人审核、盖章后装订案卷并归档。封面上应注明村集体经济组织名称、地址、报表所属期间、报出日期,并由单位负责人(代理服务中心负责人或村委会主任)、会计中心负责人(会计主管人员)签名并盖章,其他财务资料的立卷可视资料的多少而定,资料多的,可将其分类立卷,少的也可归为一卷,并编好目录。

③编号。用号码机在案卷右上角逐张编号。在编号前,应抽出空白页,有的账册无法抽出的可以保留,但对卷内的空白页都要编号。原报表封面、原账本封面大都有当时的标题和盖有领导人、经手人的印章,应给予保留。

④填写卷内目录。按照案卷内容目录逐栏填写,如是报表,可填写“××××年××月报表”。如是账内的科目,可以一栏写一个科目,有的账册前后有科目账页的也可代替卷内目录。去掉金属物,将报表、账册内的订书钉、大头针、曲别针等金属物拆除,以防锈蚀。

⑤装订案卷。装订的案卷应结实、整齐、美观,对大的账页要进行折叠,对较小的账页要进行粘贴。折卷皮背脊时,要注意与账册、报表厚度一致,有的案卷太薄,可垫些纸板,使卷背有一定厚度,装订时要用三针引线法装订。

⑥填写案卷封面。封面上依次填写本单位名称、案卷标题名称,要概括卷内的时间、内容。如月报表的案卷,可写成“××××年××月至××月月报表”,如总账,即可写成“××××年总账”。在封面的下面填写好起止日期、张数、保管期限。

⑦案卷排列、编号。会计档案的排列,包括卷内排列和案卷排列。卷内排列主要指会计报表、经济合同、文字资料等的排列。案卷的排列,一般依报表、账簿、凭证、其他财务资料、合同、协议等的顺序排列。会计报表内的文字资料(财务活动分析)应排在前面,会计报表按序号排列在后;文字资料一般都以时间为序排列。根据案卷的排列顺序,编写案卷号。

⑧盖上立卷人封签章。凭证装订好后,会计主管人员、装订人员要在封面上盖章,装订线上应有封口,并加盖骑缝章。账簿装订线上也要贴上封条,盖上立卷人印章。

⑨编制案卷目录。根据案卷排列顺序,将每卷的卷号、案卷名称(标题)等项目填写在案

卷目录栏内。

⑩编写财务档案说明。主要是说明会计核算时间、合并变动情况、历任会计姓名、时间、整理中遇到的问题及处理情况,凡需要交代的事情要具体说明。说明放在财务档案的案卷目录前面。

(3)电子档案管理

实行村级会计委托代理制的村集体经济组织绝大多数实行会计电算化,从而形成了电算化会计档案。会计电算化档案包括系统开发资料、会计软件系统、存储在计算机硬盘中的会计数据以及其他磁性介质或光盘存储的会计数据、计算机打印出来的书面形式的会计数据等。会计数据是指记账凭证、会计账簿、会计报表(包括报表格式和计算公式)等数据。电算化会计档案管理是重要的会计基础工作,是电算化后会计工作连续进行的保障,是保证系统内数据信息安全完整的关键环节,村集体经济组织要严格按照财政部有关规定由专人负责对会计档案进行管理。会计电算化的档案管理主要内容包括:

对存档的会计资料要检查记账凭证上录入人员的签名或盖章、审核人员的签名或盖章,对收付款凭证应该有出纳人员签名或盖章。

①电算化会计档案管理要做好防磁、防火、防潮、防尘、防盗、防霉烂等工作,重要会计档案应准备双份,存放在两个不同的地点。

②用磁性介质保存会计档案,要定期进行检查,定期进行复制,防止由于磁性介质损坏,而使会计档案丢失。

③严格执行安全和保密制度,会计档案不得随意堆放,严防毁坏、散失和泄密。

④各种会计资料(包括已打印出来的)及软盘、硬盘、磁盘、光盘等,未经单位领导批准,不得外借和拿出单位。

⑤借阅会计资料,应该履行相应的手续,经手人必须签字记录。存放在磁介质上的会计资料归还时还应该认真检查计算机病毒,防止感染计算机病毒。

⑥通用会计软件、定点开发会计软件、通用与定点开发相结合会计软件的全套文档资料以及会计软件程序,视同会计档案保管,保管期截至该软件停止使用或有重大更改之后的5年。

(4)会计档案的保管

①会计档案的保管期限。会计档案是重要的经济档案和历史资料。为了保证会计档案的安全与完整,必须严格执行档案管理的有关规定,任何人不得随意销毁。代理服务中心(实行村级会计委托代理制,下同)或村集体经济组织(实行以村核算制,下同)要妥善保管各类会计档案,严格执行《会计档案管理办法》规定的保管期限。

②会计档案保管安全要求。会计档案保管要做到"六防",即防止阳光直接照射、防止水涝浸泡、防止火患破坏、防菌、防虫鼠害,防止由于这些外因使档案毁损、霉变。

(5)会计档案的利用

①查阅。代理服务中心(村集体经济组织)保存的会计档案不能外借。若有特殊需要,如案件审查、政府部门经济内容的检查等,经代理服务中心负责人(村委主任)批准,可以提供查阅或者复制,并办理登记手续。代理服务中心(村集体经济组织)应当设置会计档案查

阅登记清册，及时登记查阅人或复制人的姓名、工作单位、查阅日期、查阅内容、归还日期等。查阅或复制会计档案的人员，不能在会计档案上做任何标记、勾划和涂改，更不能随意拆封、抽换单据。

②复制。任何单位和个人要经代理服务中心负责人（实行村级会计委托代理）或村委主任（实行以村核算）批准后方可进行手抄、打字、摄影、复印等复制工作。

（6）会计档案的销毁

会计档案在保管期满后，其自身参考和利用价值已经不复存在，应遵循保密性原则予以销毁。对已超过保管期限的档案资料，会计人员要同有关人员根据有关规定，结合实际情况进行鉴定。对于其中未了结的债权债务的原始凭证，涉及林、地、房产等产权契约、证券和有关货币收支凭证，以及对处理历史遗留问题有重要参考价值的原始凭证，应单独抽出，另行立卷保管，保管到未了事项完结时为止。对确实可销毁的会计档案资料，应先由代理服务中心（村集体经济组织）会计人员提出销毁意见，编制销毁清册。销毁清册应列明销毁会计档案的名称、卷号、册数、起止年度和档案编号、应保管期限、已保管期限、销毁时间等内容，经代理服务中心（村集体经济组织）负责人审核，并报财政主管部门批准后，方可销毁。在销毁财务会计档案时，要由财会人员和指派的有关人员共同监销。监销人在销毁档案资料前，应认真按照会计档案销毁清册所列内容，清点核对所要销毁的会计档案；销毁后，在销毁清册上签名盖章，并将监销情况公布于众。会计档案销毁清册要永久保存。

1.1.3 村集体经济组织会计账户设置与复式记账

会计记账必须首先解决在哪里记、怎么记的问题。解决在哪里记的问题就必须设置账户，解决怎么记的问题就必须掌握复式记账的方法。

1）设置账户

设置账户是复式记账会计核算的基本方法。由于会计记账是通过记录不同项目的增减变动来完成的，如“用银行存款购买种子”业务，则通过记录“种子的增加”及“银行存款的减少”来进行反映。因而在会计记账前必须先按照管理和核算的需要，将经济内容进行分类，这个分类分为3个层次：第一层次为基本分类，就是将这些经济业务内容按经济特征的不同分为会计要素；第二层次是对会计要素进一步分类形成会计总分类科目，确定记账的总括内容类别；第三层次是将会计总分类科目继续分为明细分类会计科目，确定记账的详细具体内容类别。会计科目的设置仅仅是为会计核算进行了项目的规定，要想对经济业务内容进行增减变动记录，还必须将会计科目与具有一定结构和格式的账页相结合，设置成一个个用来分别反映不同经济内容增减变动情况的会计账户。

（1）会计要素

会计要素是对村集体经济组织的经济业务内容按经济特征进行基本分类，即第一层次的分类。村集体经济组织的会计要素可划分为资产、负债、所有者权益、收入、费用、收益六大要素。资产、负债、所有者权益是财务状况的静态表现，也是资产负债表的构成要素，体现的是基本的产权关系；收入、费用、收益是经营成果的动态反映，也是收益及收益分配表的构成要素，体现的是经营中发生的财务关系。会计要素包括下述几个方面内容。

①资产要素。资产是由过去的交易、事项形成并由村集体经济组织拥有或控制的资源，该资源预期会给其带来经济利益。如村集体经济组织的现金、银行存款、农产品、林业产品、牲畜等，都可以为村集体经济组织带来经济利益，尽管它们的形式不同，但都是村集体经济组织的资产。

村集体经济组织资产有的是现金形式的，有的通过出售等可以转变为现金（如农产品），有的要使用很多年（如收割机等固定资产），各项资产的变现能力不同。为了更好地反映村集体经济组织的会计信息，资产按其流动性的不同可分为流动资产和非流动资产。流动资产是指在一年或者超过一年的一个营业周期内变现或耗用的资产；非流动资产是指在准备超过一年或者超过一年的一个营业周期内变现或耗用的资产。

②负债要素。负债是过去的交易、事项形成的现时义务，履行该业务预期会导致经济利益流出村集体经济组织。如村集体经济组织购买物资后没有支付的应付款、向银行借入的借款等，这些债务以后都要进行偿还。

村集体经济组织的负债有的需在一年内偿还，有的可在一年后偿还，为了提供村集体经济组织短期和长期各需偿还负债的信息，负债按偿还期的长短分为流动负债和非流动负债。偿还期限为一年以内（含一年）的债务为流动负债；偿还期超过一年（不含一年）的债务为非流动负债。

③所有者权益要素。所有者权益是所有者在村集体经济组织资产中享有的经济利益，其金额为资产减去负债后的余额，包括资本、公积公益金、未分配收益等。

负债和吸收所有者投资，都将增加村集体经济组织的资产，但是债权人和所有者在村集体经济组织中却享有不同的权益。负债需要按期偿还，而且银行等债权人不能参与村集体经济组织的经营管理。所有者权益不需偿还，但是所有者可以参与村集体经济组织的经营管理，可以从收益中分得利润。

④收入要素。收入是在销售商品、提供劳务及让渡资产使用权等日常活动中及政府补助等所形成的经济利益的总流入。

⑤费用要素。费用是村集体经济组织为销售商品、提供劳务等日常经营活动所发生的各种经济利益的流出。

收入要素与费用要素都是在日常活动中形成的，如农产品的生产销售活动，林业资产的抚育、出售活动等。

⑥收益要素。收益是指村集体经济组织在一定会计期间的经营成果，是当年实现的各项收入扣除应由当年收入补偿的各项费用支出后的余额。

（2）会计等式

会计六要素作为反映村集体经济组织经济内容的基本分类，它们之间存在着一定的数量关系，这种关系可用会计等式的形式进行反映。

村集体经济组织为进行生产经营活动，必须拥有一定数量的资产，如现金、银行存款、库存物资、固定资产等，而这些资产的来源不外乎两个方面：一方面是投资者（村组织、其他个人或投资者）投入的，另一方面是向债权人借入的。有多少资产，就对应有多少负债和所有者权益，因而资产、负债和所有者权益三者之间存在着一定的等式关系，可表示为：

资产=负债+所有者权益

村集体经济组织产生收入、发生费用，将收入与费用配比后可计算得出收益，三者之间的等式关系为：

收益=收入-费用

将上述两个公式综合后，可得出会计要素之间的综合等式：

资产+费用=负债+所有者权益+收入

会计等式反映了会计六要素之间的平衡关系，是复式记账法、编制试算平衡表、编制资产负债表、编制收益及收益分配表的理论基础，任何经济业务的发生都不会破坏会计要素之间的平衡关系。

（3）会计科目

①会计科目的概念。会计科目是为了核算、监督和分析各种经济业务事项而对会计要素进一步细分所形成的若干项目。每一个会计要素都包含有许多特点不同的经济内容，为了更加系统完整地反映村集体经济组织的经济业务内容，就必须对会计要素按照经济特征进行分类，从而形成不同类的会计科目，这是第二层次的分类。有了会计科目就可以以其为名称在账簿中设置账户，分类系统地记录经济业务、登记会计账簿、编制会计报表。

②会计科目的分类。为了学习理解会计科目，进而为记账打下基础，必须对会计科目进行分类。《村集体经济组织会计制度》将会计科目分为资产类、负债类、所有者权益类、成本类和损益类五大类会计科目的分级。上述会计科目表中的科目划分是《村集体经济组织会计制度》对会计要素所进行的总括分类，它所反映的是一项经济内容的总括信息，将其称为总分类会计科目，也称为一级科目。但是在实际工作中，还需要对这些总括的会计科目再按照村管理工作的需要进行进一步分类，如“应收款”科目提供的是应收款项的总额，如果要想得到“应收 A 公司”或“应收 B 村”款项的具体信息，就必须在“应收款”科目下再开设“A 公司”“B 村”等更具体的会计科目。因此，在会计核算中，会计科目还应按提供信息的详略程度的不同进行分级，分为总分类会计科目和明细会计科目。人们把表示用于提供总括信息的会计科目称为总分类会计科目，总分类科目下设的反映具体详细信息的会计科目称为明细分类科目，也称为二级科目。如果村集体经济组织在核算和管理中还需要在二级科目下进一步进行明细分类科目的划分，可依次称为三级、四级明细科目，一般情况下，村集体经济组织的会计核算设置二级明细科目就可以满足需要了。

（4）会计账户

有了会计科目只是给各项要记账的经济内容起好了名字，如同家里盖房子前就想好了这间房住人，那间房放农产品，但要真正放置这些东西还是要盖好房子，才会有住人或放东西的场所。会计记账也是这样，有了名字后，就要为这些经济内容建立可记录增减变动的场所，这个场所就是账户。

①会计账户的概念。会计账户是指根据会计科目开设的，用来连续、系统、分类记录和反映会计要素变动情况的一种专门工具。实务中，会计账户的设置就是将一个个会计科目写在具有一定格式与结构的账页上，使其成为专门核算某项经济内容的专门场所。

②会计账户的基本结构。账户是用来连续系统地记录经济业务的增减变动情况及其结

果的载体,而企业的经济业务虽然复杂,但在数量上的变化归纳起来,不外乎增加和减少两种情况,例如,企业购入材料验收入库时,原材料的数量及金额就会增加,而当生产领用材料时,材料出库,原材料的数量及金额就会减少。因此,账户的结构就应相应地分为左右两个基本部分:一部分反映经济内容的增加,另一部分反映经济内容的减少,增减相抵后的差额称为账户的余额。在账户的左右两边分别记录经济内容的增加(减少)与减少(增加),从而形成账户的基本结构,而对于一个具体的账户而言,到底是左边记录增加还是右边记录增加,这取决于企业所采用的记账方法与账户的性质。此外,为了随时考查引起资金增减变动的经济业务事项的内容、记账时间与记账依据,账户中除"增加""减少"基本部分外,还应包括"日期""凭证号数""摘要""账户余额"等内容,这样就形成了一般格式账户。作为连续系统地记录经济业务增减变动情况的工具,一般要提供4个金额要素,即期初余额、本期增加发生额、本期减少发生额、期末余额。每个账户的本期发生额反映的是该类经济内容在本期内变动的情况,而期末余额反映的是经济内容变动的结果。会计事项发生后,应将增加额与减少额记在相应的栏目内,一定期间记录到账户增加方的数额合计数,称为本期增加发生额,一定期间记录到账户减少方的数额合计数,称为本期减少发生额,本期增加额与本期减少额的差额就是账户的期末余额,因而账户的余额在方向上应与增加方一致。账户的本期期末余额转入下期即为下期的期初余额。期初余额、本期增加发生额、本期减少发生额、期末余额之间的关系如下:

期末余额=期初余额+本期增加发生额-本期减少发生额

综上所述,账户的基本结构是指账户记录增减变动情况的部位与方向,账户的格式是在账户的基本结构的基础上,为了全面反映经济业务内容发生及完成情况,将经济业务发生的时间、记账凭证号数、摘要等因素考虑进去后而形成的。

2)复式记账法

设置会计账户,仅仅是为记账准备好了场所,那么如何在账户上记账,怎样在账户中反映某项经济内容的增减变动情况,就必须有一套科学的记账方法。会计记账方法随着社会与经济的发展经历了由"单式记账"到"复式记账",由简单到复杂的发展过程。目前,世界上通用的记账方法是借贷复式记账法。

(1)复式记账原理

会计记账必须是完整科学的。例如,用600元现金购入了种子,在记录中,就必须既记录600元现金的减少,又记录价值600元种子的增加。如果只记录其中的一项,记账就不完整,也不科学。因此,在现代记账中,人们通常都会从一项业务所引起的相应的两个或几个方面同时进行记账,而不会只记录一个方面,这就是复式记账的原理。

复式记账是指将村集体经济组织发生的每笔经济业务,都必须以相等的金额,同时在两个或两个以上的账户中相互联系地进行登记的记账方法。例如,用银行存款20 000元支付购买设备的款项,就要一方面在"银行存款"账户上登记减少20 000元,另一方面在"固定资产"账户上登记增加20 000元。可以看出,复式记账原理的关键之处在于"复",即对于所有的经济业务都必须从业务涉及的两个或几个方面进行分析和记录,假设上述业务只记录银行存款减少了20 000元或固定资产增加了20 000元,则无法反映经济业务的全貌。所以,对复式记账法的学习首先应学会对经济业务的复式分析。下面将通过举例具体了解复式记账的原理。

【例1.1】金沙村于2015年1月1日向工商银行借入一笔500 000元的借款,已存入银行存款户。

该笔业务的发生,一方面使金沙村“银行存款”增加了500 000元,另一方面使负债“长期借款及应付款”增加了500 000元,因此应同时记录“银行存款”和“长期借款及应付款”的增加。

【例1.2】金沙村用银行存款支付前欠A公司化肥款5 000元。

该笔业务的发生,一方面使金沙村集体经济组织“银行存款”减少了5 000元,另一方面使村集体经济组织对A公司“应付款”减少了5 000元,因此应同时记录“银行存款”和“应付款”的减少。

【例1.3】金沙村用银行存款支付购入固定资产款项10 000元。

该笔业务的发生,一方面使金沙村集体经济组织“固定资产”增加了10 000元,另一方面使“银行存款”减少了10 000元,因此应同时记录“固定资产”的增加和“银行存款”的减少。

【例1.4】金沙村经成员代表大会讨论通过,将公积公益金100 000元转为资本。

该笔业务的发生,一方面使金沙村集体经济组织“资本”增加了100 000元,另一方面使“公积公益金”减少了100 000元,因此应同时记录“资本”的增加和“公积公益金”的减少。

村集体经济组织所有的经济活动都可以反映为两个或两个以上项目的同增、同减或此增彼减,因此都可以按照复式记账的原理进行分析与记账。

(2)借贷记账法

目前世界上普遍使用的复式记账法是借贷记账法。借贷记账法是以“借”“贷”二字作为记账符号,以“有借必有贷,借贷必相等”为记账规则,来反映经济业务增减变化的一种复式记账方法。

①借贷记账法的记账符号。借贷记账法的记账符号为“借”和“贷”。在借贷记账法下,账户分为左右两个基本部分,账户的左方为借方,右方为贷方。

②账户结构。账户结构是指账户借、贷方分别登记的内容、账户的余额方向及含义。借贷记账法下,账户的借方和贷方分别用来登记其经济内容的增加额和减少额,如用借方登记增加额,则贷方就登记减少额,反之如果用贷方登记增加额,则用借方登记减少额。至于哪一方登记增加金额,哪一方登记减少金额,则取决于各账户的性质。

按照账户反映经济内容的不同,将账户分为资产类、负债类、所有者权益类、成本费用类、损益类账户。损益类账户包括收入损益类账户和费用损益类账户。各类账户应如何记录增减变动,主要取决于其本身的性质。按照会计等式“资产+费用=负债+所有者权益+收入”,可以把账户分为两类性质不同的账户。处于等式左边的资产和费用(包括成本费用、计入损益的费用)账户为一类,它们反映村集体经济组织资金的使用形式,也就是资金用在了哪些方面,这类账户用左方也就是借方记录增加,右方也就是贷方记录减少,期末余额在借方,表示期末资产的实有数额;处于等式右边的负债、所有者权益、收入(损益类账户)账户为一类,它们反映资金是从哪里来的,这类账户用右方也就是贷方记录增加,左方也就是借方记录减少,期末余额在贷方,表示负债和所有者权益的实有数额。可见,两类性质不同的账户,其记录增加、减少的方向是相反的。下面具体介绍资产、负债、所有者权益、成本、损益账户的结构。

资产类账户的结构。借方登记资产账户的增加额,贷方登记资产账户的减少额,其期末余额在借方,表示期末时资产的实有数额。

负债及所有者权益账户的结构。贷方登记负债和所有者权益账户的增加额,借方登记所有者权益账户的减少额,其期末余额在贷方。

成本类账户的结构。成本类账户用来反映生产经营过程中应计入成本的各项费用。成本是资产的一种转化,并在产品生产完工时又转化为资产,因此成本类账户的结构和资产类账户的结构基本相同。其借方登记成本费用的增加额,贷方登记完工产品成本结转额。其期末余额在借方,表示期末时尚未完工的在产品的成本。

损益类账户的结构。损益类账户用来反映生产经营过程中实现的收入和发生的各种不计入成本的费用。村集体经济组织在生产经营过程中要不断地实现收入,同时为了实现收入就要发生费用,收入和费用相抵则为实现的利润,实现利润会使所有者权益增加。因为收入的增加意味着利润的增加,也最终会导致所有者权益的增加,费用的增加会使利润减少,也最终使所有者权益减少,因此,收入类账户的结构和所有者权益类基本相同;费用类账户的结构则与所有者权益类相反,而与资产类基本相同。

需要说明的是,收入类账户从其经济内容看只反映企业生产经营过程中实现的收入,费用类账户也只反映企业生产经营过程中发生的费用。为了期末能够计算当期实现的利润必须把两类账户集中核算,因此,会计期末要将所有本期实现的收入全部从收入类账户转至反映利润的账户;将所有本期发生的费用全部从费用类账户转至反映利润的账户。因而会计期末所有损益类账户没有余额。

收入类账户结构。贷方登记各项收入的增加额,借方登记各项收入的减少额及转出额。期末结转后收入类账户无余额。

费用类账户结构。借方登记各项费用的增加额,贷方登记各项费用的转出额及减少额。期末结转后费用类账户无余额。

③记账规则。每一种记账方法都有其规则,那么借贷记账法的记账规则是什么呢?先来看一个例子。

【例 1.5】以银行存款购进设备一套,价值 100 000 元。

这项经济业务的发生涉及固定资产和银行存款这两个账户,固定资产的增加,应记在固定资产账户的借方,银行存款的减少,应记在银行存款账户的贷方。

【例 1.6】向银行借入短期借款 50 000 元。

这项经济业务的发生涉及银行存款和短期借款两个账户,银行存款的增加,应记在银行存款账户的借方,短期借款的增加,应记在短期借款账户的贷方。

从上述两个例子中可以看到两项业务记账时的共同点,即每项经济业务所引起的资金增减变化,都要在记入一个账户借方的同时,以相等的金额记入另一个账户的贷方;或者在记入一个账户贷方的同时,以相等的金额记入另一个账户的借方。这就是借贷记账法的记账规则,可将其概括为:“有借必有贷,借贷必相等。”

在日常核算中,利用借贷记账规则可以判断账务处理正确与否。如果在实际业务处理过程中,出现了一笔业务同时记入两个账户的借方或两个账户的贷方,或借贷方金额不相等的情况,则说明账务处理发生了错误,应及时查找更正。

④试算平衡。从上面的学习中可以知道,借贷记账法遵循“有借必有贷,借贷必相等”的记账规则,总是以相等的金额在不同账户的借、贷方进行登记,这就会使账户之间存在一定的平衡关系。

借贷记账法下账户间发生额及余额的试算平衡关系,可以用来检查和验证账户记录的正确性。在实务中,账户记录的试算平衡,是通过编制试算平衡表来进行的。会计人员在每一个会计期末,在全部经济业务都已登记入账并结出本期发生额及余额以后,可以将所有账户的发生额和余额记入试算平衡表,并计算期初余额、本期发生额、期末余额借、贷方数额合计数,以验证账户记录是否存在发生额及余额的平衡关系。必须指出,试算平衡只是通过账户借贷方金额的平衡与否来检查账户记录正确性的一种基本方法。如果借贷不平衡,可以肯定账户记录或计算有错误,应进一步查明原因,予以纠正。如果借贷平衡了,也并不意味着账户记录完全正确,因为有些账户记录错误不会影响借贷双方的平衡关系。如发生重记、漏记、错记账户或记反借贷方向时,试算结果仍然是平衡的。因此,为保证账户记录的正确性,除试算平衡外,还应采用其他的专门方法对会计记录进行日常或定期的复核。

(3)会计分录

前面通过账户直观地介绍了如何运用借贷记账法在账户中进行记账,但是在实际会计工作中,为了保证账户记录的正确性,在把经济业务记入账户之前,应先根据经济业务发生时所取得的原始凭证编制会计分录。会计分录是会计的专门用语,其作用是在正式记入账户前用以指明某项经济业务应借、应贷的账户名称以及金额。因此每笔会计分录都包括 3 个要素,即账户的名称及其所属明细分类账户名称、记账符号和金额。在我国的会计实务中,会计分录编制于记账凭证中,在教学过程中,采用下述格式来书写会计分录。

【例 1.7】金沙村于 2015 年 1 月 1 日向工商银行借入 500 000 元,已存入银行存款户,应编制会计分录如下:

借:银行存款　　　　500 000

　贷:长期借款及应付款　　　　500 000

该笔会计分录的会计意义是,指明将 500 000 元记入银行存款账户的借方和长期借款及应付款的贷方。可见,有了会计分录,就可以根据其指示进行记账,避免错账的发生。

上述会计分录的格式是在教学过程中所使用的,在实务工作中,会计分录是写在记账凭证中的,用来反映经济业务应记账户的名称、方向与金额。

1.1.4　村集体经济组织会计凭证

村集体经济组织会计的主要职能之一是记录经济业务活动,比如财政拨款是多少? 购买种子花了多少钱? 支付村务费用花了多少钱? 等等。而记录这些经济业务活动必须有一

定的依据，否则会计记账就不真实、不合法。那么会计记账有哪些依据？

1）会计凭证的概念

村集体经济组织发生业务后，都要取得一定的凭证作为会计记账的依据，如财政拨款要开具收据、购买种子后要取得发票、交纳款项后要取得收据等。这些在经济业务发生或完成时取得的证明经济业务发生或完成情况的凭证称为原始凭证。取得原始凭证后，会计人员经过审核要将原始凭证反映的经济业务内容以会计分录的形式记录于记账凭证中，作为登记账簿的依据。原始凭证和记账凭证合称为会计凭证。

由上可知，会计凭证就是用来记载经济业务发生，明确经济责任的书面文件，是记账的依据。通过对会计凭证的填制和审核，可以保证会计核算资料的真实性、可靠性、合理性，监督各项经济业务遵循财经纪律、法规和制度，发挥会计在经济管理中的作用，维护和发展社会主义集体所有制经济。

2）会计凭证的种类

会计凭证是多种多样的，可以按不同标志进行分类，但主要是按其填制程序和用途分为原始凭证和记账凭证。

（1）原始凭证

①原始凭证的概念。原始凭证是在经济业务发生或完成时取得或填制的书面证明，是记录、证明经济业务已经发生或完成的原始证据，是明确经济责任和记账的原始资料。村集体经济组织常见的原始凭证主要有收据、入库单、出库单、差旅费报销单、借款单等。

②原始凭证的类型。原始凭证可按不同的标准划分不同的种类，原始凭证按取得来源的不同分为自制原始凭证和外来原始凭证。

无论是外来原始凭证还是自制原始凭证，要证明经济业务的发生或完成情况都要包括6项基本内容：原始凭证的名称，如购货发票、领料单等；交易双方的名称；经济业务发生的日期；经济业务的简要说明；经济业务的数量、单价、金额等；有关经办人员的签名、盖章。

③原始凭证的填制。原始凭证作为会计核算的原始依据，是明确经济责任并具有法律效力的证明文件，为了保证原始凭证能够准确完整地反映经济业务的实际情况，应认真填制原始凭证。下面根据原始凭证的内容讲解原始凭证填制应注意的事项。

a. 符合实际情况。原始凭证填制的内容、数字等，必须根据实际情况填列，确保原始凭证所反映的经济业务真实可靠，符合实际情况。从外单位取得的原始凭证如有遗失，应取得原签发单位盖有公章的证明，并注明原来凭证的号码、金额和内容等。由经办单位负责人批准后，才能代作原始凭证。如果确定不能取得证明的，如车、船票等，由当事人写出详细情况，由村委主任批准后，代作原始凭证。

b. 明确经济责任。自制原始凭证，必须有村集体经济组织经办单位负责人或经办人签名或盖章；对外开出的原始凭证，必须加盖村集体经济组织的公章；从外单位取得的原始凭证，必须盖有填制单位公章；从个人取得的原始凭证，必须有填制人的签名或盖章。

c. 填写内容齐全。原始凭证的各项内容，必须详尽地填写，不得遗漏，而且凭证填写的手续必须完备，符合内部控制制度。主要应注意下述几个方面。

• 购买实物的原始凭证，必须有验收证明，如入库单，如果未入库就直接交由个人使用的实物，应由接收人在发票等原始凭证的背面签字查收。

• 支付款项的原始凭证，必须有收款单位和收款人的收款证明，如支付了工资应由领取人在工资结算单上签字。

• 凡填写大写和小写金额的原始凭证，大写和小写金额必须相等，字迹要清晰、工整、不得潦草。

• 一式几联的原始凭证，应当注明各联的用途，只能以一联作为报销凭证；一式几联的发票和收据，必须用双面复写纸套写（发票和收据本身具备复写纸功能的除外），并连续编号，作废时加盖“作废”戳记，连同存根一起保存，不得撕毁。

• 发生销货退回时，除填制退货发票外，还必须有退货验收证明；退款时，必须取得对方的收款收据或汇款单，不得以退货发票代替收据。

• 村集体经济组织成员借款的凭据，必须附在记账凭证上，收回借款时，应当另开收据或者退回借据副本，不得退还原借据。

• 经上级有关部门批准的经济业务，应当将批准文件作为原始凭证附件，如果批准文件需要单独归档的，应当在凭证上注明批准机关名称、日期和文件字号。

• 书写规范正确。原始凭证要用蓝色或黑色钢笔或碳素笔填写，文字、数字书写要规范，大小写金额等书写要求规范。

④原始凭证的审核。原始凭证是会计核算的依据，因此会计人员在编制记账凭证前应对原始凭证进行严格审核：防止弄虚作假、不合法、不完整、不正确的原始凭证入账。原始凭证主要从下述两个方面进行审核。

a. 从政策、法规、制度方面审核凭证的真实性、合法性。包括：原始凭证的内容是否符合国家财经制度和有关经济合同的要求；凭证日期、业务内容、金额、凭证来源、凭证本身是否真实等。对于伪造、涂改、经济业务不合法的凭证，应拒绝受理，并及时报告村委主任处理。

b. 从业务技术方面审核凭证填制的完整性、准确性。包括：原始凭证的基本内容是否逐项填写，经济活动内容的说明是否明确，数字计算是否准确，大小写金额是否一致，有关人员是否签章，有无刮擦挖补涂改等现象。如果发现不完整、不准确、不符合规定的凭证，应退回补填或更正。

⑤错误原始凭证的处理。原始凭证在填制过程中，由于工作人员不慎可能造成凭证的误填。原始凭证的错填主要有两种类型，一种是金额填写错误；另一种是其他内容填写错误。《中华人民共和国会计法》对两类不同错误凭证的处理方法是不同的。

如果原始凭证金额填写错误的，不得在原凭证上进行更正，必须由原开具单位重新开具，并将原错误凭证加盖作废戳记同存根一起保存。

如果原始凭证不是金额发生错误的，应由原开具单位重开或更正。更正的原始凭证，应在更正处加盖更正单位公章及经办人员签章。

村集体经济组织自行填制的提交银行的各种结算凭证，其填制错误一律不得更改，应加盖作废戳记后与存根一起保存，并重新填写正确的结算凭证。

⑥村集体经济组织常见原始凭证举例。

a. 实物收据。实物收据是记录非货币资金，如收到村民交纳的实物产品等收入事项的凭证。当发生这些经济业务时,由会计人员填写。收据一式三联,第一联作为收据存根,第二联作为对方收执,第三联作为会计编制记账凭证的附件,见表1.1。

表1.1 收据

年 月 日　　　　第 号

今收到＿＿＿＿＿＿＿＿＿＿＿＿＿＿＿＿交来

＿＿＿＿＿＿＿＿＿＿＿＿＿＿＿＿款

人民币大写＿＿＿＿＿＿＿＿¥＿＿＿＿＿＿

收入单位:　　　会计:　　　经手人:

b. 收款收据。收款收据是记录货币资金收入事项的凭证。收据应根据现金和存款业务的原始凭证填制,没有相应原始凭证的应由交款人签章。收到款项时,由会计员填写。收款收据一式三联,第一联作为存根,第二联作为交款单位和个人收执,第三联作为会计编制记账凭证的附件,见表1.2。

表1.2 收款收据

年 月 日　　　　第 号

今收到＿＿＿＿＿＿＿＿＿＿＿＿＿＿＿＿交来

＿＿＿＿＿＿＿＿＿＿＿＿＿＿＿＿款

人民币大写＿＿＿＿＿＿＿＿¥＿＿＿＿＿＿

收入单位:　　　会计:　　　经手人:

c. 领款单。领款单是记录支付活劳动费用业务的一种付款单据。领款单由领款人填写,经领导审批后,作为会计员编制付款凭证的依据。领款单只设一联,见表1.3。

表1.3 领款单

年 月 日　　　　第 号

今收到＿＿＿＿＿＿＿＿＿＿＿＿＿＿＿＿交来

＿＿＿＿＿＿＿＿＿＿＿＿＿＿＿＿款

人民币大写＿＿＿＿＿＿＿＿¥＿＿＿＿＿＿

审批人:　　　出纳:　　　领取人:

d. 入库单。入库单是记录产品、物资、固定资产入库业务的凭证。入库单应根据入库产品、物资及固定资产的有关原始凭证填制。发生入库事项时,由保管员填写。入库单一式三联,第一联作为保管员验收入库并登记产品物资明细账或固定资产明细账的依据,第二联作为送、交货单位或个人的收执,第三联作为会计编制记账凭证的附件,见表1.4。

表1.4　入库单

送货人：　　　　　　　　年　月　日　　　　　　　　第　　号

品名	规格	单位	数量	单价	金额	备注
合计金额：（人民币）						

会计：　　　　　　保管：　　　　　　送（交）货人：

e.出库单。出库单是记录产品、物资、固定资产出库业务的凭证。出库单应根据出库业务的原始凭证填制。发生出库业务时，由保管员编制。出库单一式两联，第一联作为保管员办理出库业务并登记产品物资明细账、固定资产明细账的依据，第二联作为会计编制记账凭证的依据，见表1.5。

表1.5　出库单

领货人：　　　　　　　　年　月　日　　　　　　　　第　　号

品名	规格	单位	数量	单价	金额	备注
合计金额：（人民币）						

会计：　　　　　　保管：　　　　　　领货人：

f.差旅费报销单。差旅费报销单是因公外出人员报销差旅费的原始凭证汇总表。差旅费报销单应在出差人回来后，根据出差时的原始凭证和有关规定填写。差旅费报销单只设一联，经村民主理财小组、村主任审批后作为会计编制记账凭证的依据。

（2）记账凭证

原始凭证大小各异，格式也很多，管理起来很不方便，而且在原始凭证上没有列明应记账户的名称、方向和金额，所以只有原始凭证，还不能直接记账，因此在经济业务发生取得或填制原始凭证后，会计人员应分析每笔经济业务的内容，编制会计分录并记载在记账凭证上。

①记账凭证的概念。记账凭证是会计人员根据审核无误的原始凭证进行归类、整理，记载经济业务，确定会计分录，据以登记账簿的一种会计凭证。

②记账凭证的基本内容。在实际工作中，由于各村集体经济组织经营规模、业务特点、管理要求、会计机构的设置及岗位分工的不同，其记账凭证的具体格式、填制方法、填制内容也各不相同。但作为对原始凭证进行分类、整理的记账凭证，无论格式上有何不同，但其主要功能都是将原始凭证所证明的经济业务转换成会计语言——会计分录，并以此作为登记账簿的依据。为此，记账凭证必须具备以下基本内容（凭证要素）：记账凭证名称；记账凭证的编号；填制凭证的日期；经济业务的内容摘要；会计分录，包括会计科目（含总分类科目和明细科目）的名称、记账方向和金额；所附原始凭证的张数；制证、审核、记账、会计主管等有

关人员的签章,反映收款业务和付款业务的凭证还应有出纳人员的签章。

③记账凭证编制基本规范。记账凭证的基本内容对于反映经济业务情况都是必不可少的。如日期是反映入账时间的,会计分录是用来指明应记账户名称、方向、金额的,入账后登记在账簿上的编号在今后作为查账的根据,附件张数说明了证明该业务发生的原始凭证的数量,签字盖章是对会计人员责任的界定。因此,在编制记账凭证时,会计人员必须将各项记账凭证要素按规定方法填写齐全,以便于登记账簿。

④记账凭证的审核。记账凭证可从以下两个方面进行审核。

a.从政策、法规、制度方面审核其合法性、真实性。记账凭证记录的内容是否和所附原始凭证相符,所列会计分录是否符合制度规定。对于不符合制度的记账凭证应及时纠正。

b.从业务技术方面审核其完整性、准确性。包括:记账凭证是否附有原始凭证,原始凭证是否齐全、内容是否合法,记账凭证所记录的经济业务与所附原始凭证所反映的经济业务是否相符,是否合法。记账凭证应借、应贷的会计科目是否正确,账户的对应关系是否正确,所使用的会计科目及其核算内容是否符合会计制度的规定,金额计算是否准确。摘要是否填写清楚,科目是否填写齐全,如日期、凭证编号、二级和明细会计科目、附件张数以及有关人员签章等。

⑤错误记账凭证的更正。记账凭证填制如发生错误的,应根据不同情况进行不同的处理,具体做法见表1.6。

表1.6 错误记账凭证的处理

发现错误记账凭证的时间	记账凭证错误情况	处理规定
填制记账凭证时发现错误	文字、数字、会计科目运用错误等	重新填制
已登记放账的记账凭证在当年内发现填写错误	会计科目错误	用红字填写一张与原内容相同的记账凭证,在摘要栏注明"注销某年某月某号凭证"字样,同时再用蓝字重新填制一张正确的记账凭证,注明"订正某月某日某号凭证"
	金额多记	将正确数字与错误数字之间的差额,另编一张调整的记账凭证,用红字记录调减余额
	金额少记	将正确数字与错误数字之间的差额,另编一张调整的记账凭证,用蓝字记录调增金额
发现以前年度记账凭证有错误	会计分录错误	用蓝字填制一张更正的记账凭证

3)会计凭证整理

(1)原始凭证的整理

在编制记账凭证过程中,每张记账凭证所附的原始凭证都应按一定方法进行整理后粘贴在记账凭证后,或按规定另行保管,以便于查对账目并防止原始凭证的散落丢失。原始凭证的整理应注意下述几个方面。

原始凭证应附在记账凭证后面,要求粘贴的原始凭证应真实、合法、完整、正确,粘贴要干净整洁,排列有序。

对于纸张面积过小的原始凭证,可先按一定次序和类别排列,再粘在一张同记账凭证大小相同的白纸上,粘贴时宜用胶水;对于纸张面积略小于记账凭证的原始凭证,可先用回形针或大头针别在记账凭证后面,待装订时再抽去回形针或大头针;对于纸张面积大于记账凭证的原始凭证,可按记账凭证的面积尺寸,先自右向后,再自下向后两次折叠。注意应把凭证的左上角或左侧面让出来,以便装订后,还可以展开查阅。

证票应分张排列,同类、同金额的单据尽量粘在一起,并在一旁注明张数和合计金额。如果是板状票证,可将票面票底轻轻撕开。

重要原始凭证,需要单独保管的,应编制目录,并在有关的记账凭证上注明附件另行保管,以便查核。

(2)记账凭证的整理

记账凭证应按月整理。每月记账完毕,要将本月各种记账凭证加以整理,检查有无缺号和附件是否齐全,然后按顺序号排列,加具封面封底,装订成册。如果在一个月内,凭证数量过多,可分装若干册,在封面上加注共几册字样。

①按编号整理,加具凭证封面。为了便于事后查阅,会计凭证封面上应注明:单位的名称、所属的年度和月份、起讫的日期、记账凭证的种类、起讫号数、总计册数等,并由会计主管签章保管。

②装订。装订凭证的厚度以1.5~2 cm为宜,一般为30张记账凭证装订一本,装订时要考虑到凭证的整齐均匀,特别是装订线的位置,如果太薄时可用纸折一些三角形纸条,均匀地垫在此处,以保证其厚度与凭证中间的厚度一致。

装订好后,为了防止任意拆装,应在装订线上加贴封签,并在封签处加盖会计主管的骑缝图章。并在装订好的凭证本脊背上面写上“某年某月第几册共几册”的字样。

如果某些记账凭证所附原始凭证数量过多,也可以单独装订保管,但应在其封面及有关记账凭证上加注说明,对重要原始凭证,如合同、契约、押金收据以及需要随时查阅的收据等,需要单独保管的,应编制目录,并在有关的记账凭证上注明附件另行保管,以便查核。

1.1.5 村集体经济组织会计账簿

1)会计账簿体系

账簿是由具有一定格式、相互联结的账页所组成,以会计凭证为依据,全面、连续、系统、科学地记录和反映各项经济业务的簿籍。村集体经济组织会计核算首先要建立账簿体系,然后通过账簿的登记,把会计凭证所提供的大量零散的核算资料加以归类整理,以序时地、分门别类地记入相关的会计账簿,使账簿成为积累、储存会计主体经济业务信息的数据库。

村集体经济组织的会计核算按照《中华人民共和国会计法》《村集体经济组织会计制度》《会计基础工作规范》的要求,应至少设置现金日记账、银行存款日记账、总分类账和明细分类账。实行村级会计委托代理制的村,还应在代理中心设置上述账簿的同时,在村级设置现金日记账、代管资金日记账、固定资产登记簿、库存物资登记簿、内部往来登记簿、发包及上交登记簿、债权债务登记簿、劳务用工登记簿等,对上述内容进行序时登记,以便与代理中心的相关账簿进行核对，保证村集体经济组织资产的安全完整。

2）建立账簿

根据会计核算的需要，会计委托代理中心及村集体经济组织均应设置相应的账簿体系。

(1)委托代理中心建立账簿

①建立现金、银行存款日记账。日记账是按照经济业务发生的时间顺序，逐日逐笔进行登记的账簿。为了加强对货币资金的管理，防止贪污舞弊，我国会计制度规定，所有单位必须设置现金日记账和银行存款日记账。

设置现金日记账、银行存款日记账。现金日记账、银行存款日记账作为对货币资金进行控制的有力手段，应采用装订成册的订本式账簿，以防止丢失、抽换。任何单位都不得采用银行对账单或者其他方法代替日记账。村集体经济组织的现金日记账及银行存款日记账主要采用三栏式账页格式。三栏式现金日记账、银行存款日记账的基本格式包括收入、支出和结余 3 个栏目，分别用来登记库存现金、银行存款每天的收入、支出和结存情况。为了清晰地反映现金及银行存款收入的来源科目和现金、银行存款支出的用途科目，在账页中还设有“对方科目”栏。启用现金日记账、银行存款日记账。现金日记账、银行存款日记账由出纳人员启用。出纳人员启用现金日记账、银行存款日记账时，应详细填列账簿扉页的“账簿启用表”的内容，包括单位名称、账簿名称、启用日期、账簿册数、账簿编号、账簿页数等。填列完毕后，由出纳人员在“账簿启用表”的出纳一栏内签名盖章，再交由会计机构负责人（会计主管人员）审核后签名盖章，最后加盖村集体经济组织的公章和村委主任的名章。签名盖章后由出纳人员在“账簿启用表”的“印花税粘贴栏”内粘贴印花税票，并划线完税。

登记“现金日记账”“银行存款日记账”期初余额。出纳人员在启用账簿后，在现金日记账、银行存款日记账的首页登记现金及银行存款的期初余额。银行存款日记账同时还需要登记开户银行名称和账号。

②建立总分类账。总分类账簿是按照总分类账户分类登记全部经济业务的账簿。它是总分类账户的集合体，其账页是按照总账科目（一级科目）开设的，并且要按照总账科目的编码顺序分设账户。所有村集体经济组织都必须开设总分类账簿，对村集体经济组织经济业务的内容进行全面、总括、分类的反映。

设置总分类账。由于总分类账户具有统驭的作用，因而其外表形式一般应采用订本式账簿，其账页格式一般采用三栏式账页，即设置“借方”“贷方”“余额”3 个栏目，分别反映经济业务内容的增减变动与结余情况。总账三栏式账页格式同日记账三栏式账页格式基本相同，主要区别在于总账账页在余额栏前设“余额方向”栏，用以选择记录总账账户的余额方向。

设置三栏式总账的具体做法是：以所有的总分类会计科目为依据在总账账页上开设总分类账户。由于总账大多采用订本式的外表形式，因此应根据实际需要为每一个总分类账户事先预留空白账页，保证每一个总账账户可以连续、完整地反映其经济内容，从而保证总分类账簿可以连续、完整、分类地反映村集体经济组织经济业务全貌。总账账内应包括村集体经济组织核算所需的所有总账账户。

启用总账。总账由会计人员启用。同启用现金日记账、银行存款日记账一样，会计人员需要填列总账扉页的“账簿启用表”，并在审核后依次加盖会计人员、会计机构负责人（会计主管人员）名章、村集体经济组织公章和村委主任的名章。最后粘贴印花税票并划票完税。

登记各总分类账户的期初余额。会计人员在启用总账后，应根据村集体经济组织经济内容的期初情况登记总账内各总分类账户的期初余额，与现金日记账、银行存款日记账所不同的是，总账账户的期初余额前须按照账户的性质选择余额的方向。

③建立明细分类账。明细分类账是按照明细分类账户分类登记的账簿。明细分类账是在总分类账户总括分类的基础上，按照更加详细的分类来反映某一类别经济活动和财务收支情况，对总分类账簿起补充说明的作用。明细分类账的开设对于监督财产物资的收发和保管、往来款项的结算、收入的取得以及费用的开支等，都起着非常重要的作用。所以，村集体经济组织在设置总账的基础上，还应根据会计核算和经营管理的需要设置明细分类账，进行明细分类核算。至于一个总账账户应设几级以及每一级应设多少明细分类账户，并没有统一的规定，村集体经济组织应根据各自的实际需要来确定。

设置明细分类账。明细分类账的外表形式一般为活页式账簿，也有的采用卡片式账簿，如固定资产明细账。明细分类账的格式多种多样，主要有三栏式、数量金额式。

三栏式明细分类账。三栏式明细分类账的账页特点是，在账页上只设有“借方”“贷方”和“余额”3 个金额栏，不设数量栏。它适用于那些只需要进行金额核算而不需要进行数量核算的明细账户。如“应收款”“应付款”等结算账户。

数量金额式明细分类账。数量金额式明细分类账的账页，是在“借方”“贷方”和“余额”3 大栏内，再分设“数量”“单价”“金额”3 小栏。这种格式适用于既要进行金额核算，又要进行实物数量核算的各种财产物资账户。

启用明细分类账。明细分类账应由会计人员启用，启用时应登记明细分类账扉页的“账簿启用登记表”，并在审核后依次加盖会计人员、会计机构负责人（会计主管人员）名章、村集体经济组织公章和村委主任的名章。最后粘贴印花税票并划票完税。

明细分类账是由若干明细分类账户组成的，因此也应根据明细科目的顺序及页码填表列“科目索引表”。但与总分类账不同的是，由于明细分类账为活页账簿的形式，并可根据记账的需要增加或抽减账页，因此，明细账可在年度结束，结完账装订成册后才在“科目索引表”标出每张账页的页码。

登记各明细分类账户的期初余额。会计人员在启用明细账后，应根据各经济内容的期初情况登记明细账内各明细分类账户的期初余额，明细账户的期初余额前须按照账户的性质选择余额的方向。登记数量金额式明细账的期初余额，还需登记财产物资的期初数量与单价。

（2）村集体经济组织建立村级账簿

在委托代理制下，村集体经济组织设置的账簿一般为备查性质的账簿，其目的主要是为村级财、物、人管理进行原始记录，并可将相关记录与村级会计委托代理中心进行核对，以保证村集体经济组织资产的安全完整。村集体经济组织设置的现金日记账、代管资金日记账、库存物资日记账的格式同委托代理中心相关账簿的设置内容与要求基本相同。下面分别介绍几种村集体经济组织设置的由村级报账员登记的备查账簿。

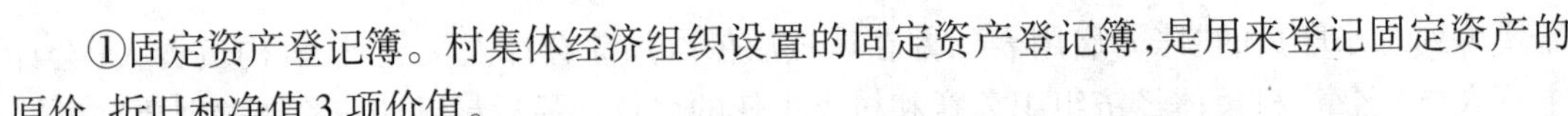

①固定资产登记簿。村集体经济组织设置的固定资产登记簿,是用来登记固定资产的原价、折旧和净值3项价值。

②集体用工登记簿。集体用工登记簿是记录村集体经济组织统一组织村民投工情况的专用登记簿。用工登记簿要求以用户为单位开设,根据村集体经济组织按照"一事一议"筹劳程序规定的投工数和实际投工记录(记工单)登记。集体用工登记簿分上下两部分,上部分记录每个农户的投工情况,下部分为投工结算情况。结算结果的处理可以现金结算或结转往来账户。

③发包及上交款物登记簿。发包及上交款物登记簿是用以登记村集体经济组织所属单位和个人向村集体经济组织上交款物的登记簿。所属单位和村民上交的款物主要包括"一事一议"筹资款项、承包款、租赁费、利润等项目。发包及上交款物登记簿应按上交者名称开设账户,由报账员根据上交者每次上交的实际情况逐项逐笔登记。报账员根据应上交款和实际上交数进行结算,对结算结果,不论长、欠都应全部结转。

3)登记账簿

登记账簿主要是指手工记账的要求,由于委托代理机构现多采用电算化核算,因此本内容主要针对"以村核算"村组织的记账要求进行介绍。

(1)现金日记账、银行存款日记账的登记

现金日记账、银行存款日记账由出纳员根据审核无误的反映现金、银行存款收付业务的记账凭证逐日逐笔地进行登记。其登记内容及方法如下所述。

①日期栏:登记记账凭证的日期应与实际收付日期一致,月初登记余额或第一笔业务时及每一页第一行应登记年、月、日,其余各行只登记日。

②凭证栏:登记据以入账的记账凭证编号,以便于查账和核对。

③摘要栏:简要说明经济业务的内容。

④对方科目栏:登记收入的来源科目或支出的用途科目,其作用在于了解资金的来龙去脉。

⑤收入、支出栏:登记实际收付的金额。每日终了,应分别计算出现金、银行存款收入、支出金额的合计数,并计算出本日余额。

记账完毕,出纳人员应在记账凭证的过账栏内做"V"标记,并在所依据的原始凭证上加盖"收讫"或"付讫"章,在记账凭证的"出纳"栏内签字或加盖名章。

现金、银行存款是最容易发生错弊的财产,所以其核算要用日记账,逐日逐笔地记账,而且要做到"日清月结"。对于现金,每日终了,应由出纳人员同另一个指定的专门盘点人员一起对现金进行盘点,核对现金的账面数与实存数,以检查每日现金的收付是否有误,如果存在账款不符的情况,应及时查明原因进行处理,这就是通常所说的"日清"。月末同样要计算收入、支出的合计数并结出余额,通常称为"月结"。对于银行存款,每日终了,应分别计算银行存款收入、支出的合计数和余额,做到"日清",以便于检查监督各项收支款项;月末,要计算全月银行存款收入,支出合计数并结出余额,做到"月结",并与银行存款对账单核对相符。

(2)总账与明细分类账的登记

总账的登记。总账一般采用三栏式账页,因为总账中包括所有类型的账户,其中资产类、成本类账户的余额在借方，而负债类、所有者权益类账户余额在贷方，因此，总账三栏式账页与日记账三栏式账页在格式上有所不同，必须在余额前设置“借或贷”余额选择栏来反映不同账户的余额方向。

总账可以根据审核无误的记账凭证或科目汇总表进行登记。如果村集体经济组织的经济业务较少，可以根据记账凭证直接登记；如果村集体经济组织经济业务较多，根据记账凭证逐笔登记总账会使总账登记工作量较大，因而可将记账凭证汇总编制科目汇总表，再根据科目汇总表登记总账，以减少总账的登记工作量，并通过科目汇总表进行试算平衡。

科目汇总表是一种特殊的记账凭证，它是月终由会计根据记账凭证汇总编制的用以登记总账的凭证。其编制程序一般可分为 3 步：首先是将本期全部的记账凭证按科目的借贷双方分别加总；其次是将各科目借贷双方分别加总的总额，填入科目汇总表中该科目的借方和贷方栏；最后将科目汇总表中各科目的借方和贷方发生额各自加总起来，看借贷方总额是否相等平衡。二者的合计金额相等时表示加总正确，如不平衡，应立即查找原因，直到平衡为止。平衡后的科目汇总表即可作为登记总账和明细账的依据。明细分类账的格式多种多样，主要有三栏式、数量金额式、多栏式和横线登记式等，各种不同格式的明细账页适用于不同的经济业务内容。

①三栏式明细分类账。三栏式明细分类账的账页特点是，在账页上只设有“借方”“贷方”和“余额”3 个金额栏，不设数量栏。其适用于那些只需要进行金额核算而不需要进行数量核算的明细账户。如“应收账款”“应付账款”等结算账户。其账页格式与内容同总账三栏式账页。

②数量金额式明细分类账。数量金额式明细分类账的账页，是在“借方”“贷方”和“余额”三大栏内，再分设“数量”“单价”“金额”三小栏。这种格式适用于既要进行金额核算，又要进行实物数量核算的各种财产物资账户。如“原材料”“库存商品”等账户。

明细账是由会计人员根据审核无误的记账凭证和所附的原始凭证进行登记的。三栏式明细账的登记内容及方法与三栏式总账的登记基本相同，数量金额式明细账在登记时，应注意不仅要登记借贷方金额，而且还要登记借、贷、余栏内的数量单价，对于采用一次加权平均法计算发出存货单价的村集体经济组织，平时在登记财产物资明细账时，其贷方栏和余额栏可只登记数量，待月末计算出全月加权平均单价后，再统一计算发出存货及结余存货的金额。

【例 1.8】12 月 2 日购入红薯，单价 0.25 元、数量 30 000 kg，金额 7 500 元，记账凭证上的会计分录为：

借：库存物资——红薯　　　　7 500

　　贷：现金　　　　7 500

根据该记账凭证，应登记“库存物资——红薯”明细账和现金日记账，总账与明细账平行登记。

(3)总账与明细账平行登记

总分类账户和明细分类账户是对同一经济业务的不同详细程度的反映，二者的关系主要表现在下述两个方面。

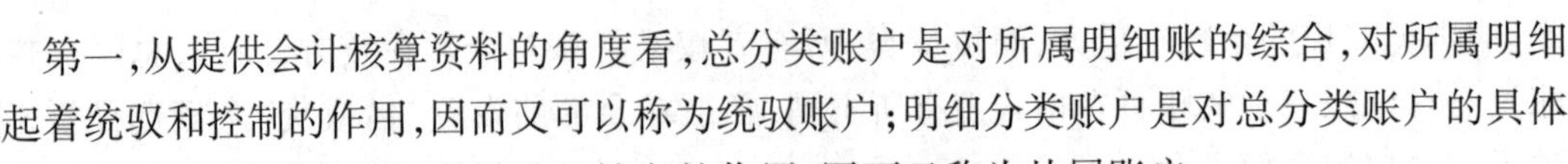

第一,从提供会计核算资料的角度看,总分类账户是对所属明细账的综合,对所属明细账起着统驭和控制的作用,因而又可以称为统驭账户;明细分类账户是对总分类账户的具体化,对其所属的总分类账起着辅助和补充的作用,因而又称为从属账户。

第二,从数量上看,总分类账作为明细分类账的总和,其借(贷)方本期发生额及余额,应与其所属的明细分类账户的借(贷)方本期发生额及余额的合计数相等。

①总分类账户与明细分类账户的平行登记要点。由于总分类账户和明细分类账户是对同一经济业务所做的详细程度不同的记录,因而两者在记账时所依据的原始凭证是相同的。为了使总分类账户与其所属的明细分类账户之间能起到统驭与补充的作用,便于账户的核对,并保证核算资料的正确、完整,必须采用平行登记的方法,将经济业务在总分类账户及其所属的明细分类账户中进行登记。

总分类账户与明细分类账户的平行登记,是指一项经济业务发生后,根据其会计凭证在记入一个总分类账户的同时,还要以相同的方向和相等的金额记入其所属的各有关明细分类账户。平行登记主要有下述 3 个要点。

第一,同依据。同依据是指对于每项经济业务进行总分类会计核算和明细分类核算所依据的是同一个记账凭证及其所附的原始凭证。

第二,同期间。同期间是指对于每项进行明细核算的经济业务,一方面要在有关总分类账户中进行总括登记,另一方面要于同一会计期间在有关明细分类账户中进行登记。这里所指的同期间是指在同一个会计期间,而并非同一时点。因为在会计实务中,明细账户一般于平时业务发生时根据会计凭证进行登记,而总分类账户的登记因采用的账务处理程序的不同,可能在平时登记,也可能定期(如在月末)汇总登记,但总分类账和明细分类账必须在同一会计期间内登记完成。

第三,同方向。同方向是指在将经济业务记入总分类账户和其所属的明细分类账户时,两者的记账方向必须一致。即如果记入总分类账户的借方,也必然要记入明细分类账户的借方;反之,如果记入总分类账户的贷方,也必然要记入明细分类账户的贷方。

第四,等金额。等金额的要求是指对每一项经济业务,记入总分类账户的金额必须与记入其所属的明细分类账户金额之和相等。

②总分类账户与明细分类账户的试算平衡。总分类账户和明细分类账户是平行登记的,其登记结果必然是某个总分类账户的本期发生额等于所属各明细分类账户本期发生额合计数;某个总分类账户的期末余额应等于所属各明细分类账户期末余额之和。总分类账户与所属明细分类账户本期发生额及余额平衡关系如下:

总分类账户期初借(或贷)方余额=所属明细分类账户期初借(或贷)方余额之和

总分类账户本期借(或贷)方发生额=所属明细分类账户本期借(或贷)方发生额之和

总分类账户期末借(或贷)方余额=所属明细分类账户期末借(或贷)方余额之和

在会计实务工作中,根据总分类账户与其所属明细分类账户之间的这种平衡关系,通过编制“明细分类账户本期发生额及余额平衡表”,来检查总分类账户和所属明细分类账户的记录是否正确。

(4)登记账簿基本规范

前面讲述了各类账簿的格式内容和填制内容,但是在登记账簿时,大小写金额写法有什么要求?如何写余额?如何进行前后账页之间的连接?因此,还需要掌握登记账簿的规范。

为了保证账簿记载正确,要根据审核无误的会计凭证进行登记。不许凭空记账,不许伪造凭证,不许弄虚作假,不许设账外账。

登记账簿要用蓝黑墨水或者碳素墨水书写,不得使用圆珠笔或铅笔书写。红色墨水只能用于划线、改错,冲账账簿中书写的文字和数字要留有适当空格,不要写满格;一般应占格距的1/2。

登记账簿时,应将记账凭证的日期、编号、业务内容摘要、金额和其他有关资料逐项记在账内,以便查考;登记完毕后在记账凭证上签名或者盖章,同时在记账凭证的"账页"栏内注明页数或者作一个"V"号,表示已经记账,以免重记和漏记。

登记账金额以人民币"元"为单位,元以下记到角、分,分以下四舍五入。实物量应按国家规定的单位记账,如kg、t、m等。

各种账簿按页次顺序连续登记,不能跳行、隔页。如不慎发生跳行、隔页,应当将空行、空页划线注销,或者注明"此行空白""此页空白"字样。登记本账发生跳页时,不能撕毁,应在空页上划四角交叉红线注销。空行跳页划线后,应由记账人员及会计机构负责人(会计主管人员)签名或者盖章。

凡需要结出余额的账户,结出余额后,应在"借或贷"栏内登记标明余额方向的"借"或"贷"字样。没有余额的账户,应在"借或贷"栏内写"平"字,并在余额栏内用"0"表示。现金日记账和银行存款日记账必须逐日结出余额。

每一账页登记完毕结转下页时,应结出本页发生额合计数及余额,写在本页最后一页和下页第一行有关栏内,并在摘要栏内注明"过次页"和"承前页"字样。

实行会计电算化的单位,总账和明细账应当定期打印。

4)对账

对账就是核对账目,一般是在会计期间(月度、季度、半年度、年度)终了时检查和核对账证、账账、账实是否相符,以确保账簿记录和会计报表数字真实可靠。会计核算要求账簿登记清晰、准确,但在日常会计工作中,有时难免发生各种各样的差错和账实不符的情况。这些情况有的是客观原因造成的,如因财产物资本身的属性和自然条件发生变化引起的溢余或损耗等;有的是主观原因造成的,如会计人员在制证、记账、算账上无意造成的差错,或者违法人员有心作假,借以掩饰其舞弊行为等。因此,为了确保账簿记录正确、完整,如实反映单位经济活动情况,为编制会计报表提供真实可靠的数据资料,同时也为了保护各项资产的安全完整,必须做好对账工作。对账工作包括账证核对、账账核对和账实核对。

(1)账证核对

账证核对是指各种账簿记录与有关原始凭证和记账凭证进行核对。它是将原始凭证、记账凭证与账簿中对应的经济业务进行核对,以查明其时间、凭证字号、内容、数量、金额和会计科目是否一致,记账方向是否相符。这种核对,一般是在日常编制凭证和记账过程中进行的。期末如果发现账账不符时,就应回过头来对账簿记录与会计凭证进行检查核对,以确保账证相符，纠正记账错误。

(2)账账核对

账账核对是指对各种账簿之间的有关数字进行核对。单位的各种会计账簿组成了一个有机的账簿体系，既有分工，又有衔接，共同完成了全面、系统、综合地反映单位经济活动情况与财务收支情况的任务。各种账簿之间的这种衔接依存关系就是账簿的勾稽关系。利用这种关系，可以通过账簿的相互核对，发现记账工作是否有误，并予以改正，从而做到账账相符。账账核对的主要内容包括：

①总分类账簿的核对。总分类账中各账户的借方发生额合计数与贷方发生额合计数、期末的借方余额合计数和贷方余额合计数分别核对相符。这项核对工作，可以通过编制"试算平衡表"来完成。在试算平衡表中，如果借贷合计数相等，说明总分类账的登记是基本正确的；如果借贷双方合计数不平衡，则说明有差错，须作进一步检查。

②总分类账簿与明细分类账簿的核对。总分类账中各账户的本期借、贷方发生额和期末余额与所属各明细分类账的本期借、贷方发生额合计数和期末余额合计数核对相符。常用的核对方法有两种：一种是通过编制"本期发生额及余额明细表"或"财产物资收、发、结存表"与总分类账户进行核对，如有不符，再进一步查找差错所在及其原因。这种方法在总账与明细分类账的平行登记部分已作过说明，在此不再赘述。另一种是根据各明细分类账户加计的发生额或余额合计数，直接与有关总分类账户的相应数进行核对，以省略上述明细表的编制工作。总分类账簿与序时账簿的核对。总分类账中的"现金""银行存款"账户的本期借、贷方发生额和期末余额，与现金日记账和银行存款日记账的本期借、贷方发生额和期末余额核对相符。

③村级委托代理中心的财产物资明细账与村集体经济组织设置的有关明细账定期核对。村级委托代理中心的各种财产物资明细账的收入、发出、结存数应与村集体经济组织的有关明细账的相应数据记录核对相符。如有不符，再进一步查对，找出导致差错的原因。

(3)账实核对

①账实核对的内容。账实核对是指在账账核对的基础上，各项财产物资等的账面余额与实有数额相核对。其主要内容包括：

a. 现金日记账的账面余额与现金实际库存数相核对。

b. 银行存款日记账的账面余额与开户银行对账单相核对。

c. 财产物资明细分类账的账面结存数与实存数相核对。

d. 各种债权、债务明细分类账的账面余额与有关债权人、债务人的账目相核对。

②账实核对的方法。村集体经济组织账实核对工作是通过财产清查进行的。下面分别以实物资产、现金、银行存款的清查为例介绍财产清查的方法及财产清查结果的处理。

实物资产的清查如下所述。

a. 实物资产清查的方法。实物资产包括具有实物形态的各种财产，如库存物资、固定资产等。各项实物资产因其存在形态、体积质量、堆放方式及单位价值等的不同，所采用的清查方法也不同。实物资产的清查方法主要有以下 4 种：第一，实地盘点法，即对财产物资按其存放地点进行逐一清点，或用计量器具(如磅秤、米尺等)进行实地称量，以确定其实有数量，其适用范围较广，大多数财产物资一般都可采用这种方法。第二，技术推算盘点法，又称为测量计算法，对于那些体积大、质量重、单位价值较低，但存放有一定规则的财产物资，如露天堆放的原煤，不便于称量，可以在抽样盘点的基础上，进行技术推算，一般通过量方、计尺等方法加以确定其实存数量。第三，抽样盘点法，即对那些单位价值较小，但数量多，质量比较均匀特别是已经包装好的实物资产，一般不便于逐一点数，则可以通过抽样的方法检查单位实物资产的质量与数量，以确定该项资产的质量与数量。第四，外调核对法，即对于委托外单位加工、保管的材料、产品等，可以采用去函、去人调查，并与本单位账存数相核对的方法。

b. 实物资产清查的凭证。在财产清查中，为了如实反映财产清查的结果及账实核对情况，单位应设置盘存单及实存账存对比表等原始凭证对其进行记录。

盘存单是实物财产盘点结果的书面证明，也是反映实物财产实有数量的原始凭证。财产清查人员应将清查的数量及质量情况如实登记在"盘存单"上。其中，盘存单的"数量"栏，应按清查结果如实填写；"单价"栏一般按有关明细账记录的单价填写，如为账外财产物资，单价可按市价填写，如果该项财产物资是残旧物品或已变质、毁损，则应按质论价，确定单价；"金额"栏根据数量和单价计算填列；"备注"栏内应注明储备不足或超储积压、不配套以及质量等方面的情况。财产清查结束后，应由盘点人员和保管人员签章。

实存账存对比表是根据盘存单和有关账簿的记录资料编制的原始凭证，其所反映的实存账存之间的差异，是调整账簿记录的依据，也是分析差异原因、明确经济责任的依据。

在实物资产的清查中，财产清查人员应根据被清查实物的特点选择合适有效的清查方法，同时为了明确经济责任，在财产清查时，实物保管人员必须在场，并在相关的会计凭证上签名盖章。实物的财产清查不仅要认真清点实物数量，还要检查实物的质量，对财产物资的清查结果，如实编制盘存单及实存账存对比表，并对发生的盘盈盘亏情况进行分析，作出处理。

③现金的清查。库存现金清查的基本方法是实地盘点法，通过对库存现金的实地盘点确定库存现金的实有数，然后与现金日记账的账面结存数余额相核对，以查明账实是否相符。

库存现金的清查包括以下两个方面：

第一，日常现金清查。日常的现金清查是出纳人员的岗位职责之一，但是根据内部牵制的原则，日常的现金清查不应由出纳人员独自完成，会计机构内部应指定专门人员配合出纳人员进行日常清查。具体做法是，在指定专门人员的监督下由出纳人员清点现金实有数额，并与现金日记账账面余额相核对，以查明是否账实相符。现金的日常清查是加强现金的内部控制和管理，保证现金安全的有效方法，但如只采用这一种方法，也会由于各种原因而出现种种漏洞。因此，在坚持现金日常清查的前提下，还应该同其他财产物资一样，定期或不定期地由财产清查人员对现金进行专门清查。

第二，专门现金清查。专门现金清查是指由专门的财产清查人员进行的定期或不定期的清查，在清查时，应注意以下问题：a. 出纳人员必须在场；b. 是否有违反现金管理条例的收支；c. 不允许以借条、收据等白条充库；d. 检查是否有超限额库存；e. 发现盘盈、盘亏，当场核实盈亏数额。

④银行存款的清查。银行存款的清查通常采用与开户银行核对账目的方法，一般每月核对一次。具体应于每月月末将单位“银行存款日记账”与“银行对账单”逐笔、逐项进行核对。银行对账单是开户银行记录各个单位银行存款增减结余情况，并用于同开户单位核对账目的账单。

在会计实务中，如发现双方余额不符时，一般应首先查找是否存在未达账项，并通过编制银行存款余额调节表的方法对未达账项进行调整，如经调整后双方余额相符，则基本证明账簿记录正确，银行存款账实相符；如经调整后双方余额仍不符，则说明账簿登记有误，应进一步逐笔进行核对，查找有无重记、错记、漏记、串户等情况，并及时更正。下面就未达账项及银行存款余额调节表的编制作进一步介绍。

a. 未达账项。未达账项是指由于收、付款的结算凭证在传递、接收时间上的不一致而导致的一方已经入账，另一方因没有接到凭证尚未入账的事项。

未达账项是单位与银行、往来单位之间在款项结算过程中发生的正常现象。单位与银行之间的未达账项，总的来说有两大类：一是单位已经入账而银行尚未入账的事项；二是银行已经入账而单位尚未入账的事项。从收、付款的角度划分，又可以把这两类未达事项分为以下 4 种情况：

第一，单位已经收款入账，而银行未作收款入账的事项，如单位送存收到的转账支票，而银行尚未入账。

第二，单位已经付款入账，而银行未作付款入账的事项，如单位开出转账支票并已入账，而持票人尚未到银行办理转账业务。

第三，银行已经收款入账，而单位未作收款入账的事项，如采用委托收款方式进行结算时，银行已代单位划收货款，但单位因尚未收到收账通知而没有入账。

第四，银行已经付款入账，而单位未作付款入账的事项，如银行受单位委托代单位按期支付的水电费、通信费等，单位因没有收到付款通知而没有入账。

当存在上述未达账项时，由于一方入账而另一方未入账，则必然会导致双方余额的不相符。在第一、第四种情况下，单位银行存款日记账余额大于银行对账单余额；在第二、第三种情况下，单位银行存款日记账余额小于银行对账单余额。银行存款日记账余额、银行对账单余额、未达账项之间的关系如下：

单位银行存款日记账余额+银行已收单位未收款项-银行已付单位未付款项=银行对账单余额+单位已收银行未收款项-单位已付银行未付款项

利用上述公式所揭示的未达账项与银行存款日记账余额、银行对账单余额之间的关系，可以通过编制银行存款余额调节表的方法对未达账项进行调整。

b. 银行存款余额调节表的编制。编制银行存款余额调节表，是在银行对账单和单位银行存款日记账账面余额的基础上，各自加上对方已收，本方未收的款项；减去对方已付，本方未付的款项，以调整双方账面余额使其一致的用以验证银行存款账簿记录正确与否的一种方法。银行存款余额调节表有两个作用，其一是单位核对银行存款的工具，其二是表中调节后的余额表示单位当时可以实际动用的银行存款数额。但需要特别注意的是，银行存款余额调节表只是单位对账的工具,而不是原始凭证,因而不能作为调节单位账簿记录的依据,对于银行已入账而单位尚未入账的未达账项,必须在收到银行的收、付款通知时,方可进行账务处理。对于长期闲置的未达账项,应及时查询原始凭证、账簿及有关资料,弄清原因。必要时与银行联系,查明情况,及时解决悬账问题。

⑤财实核对不符的处理。对于账实不符的情况,村集体经济组织应及时查明账实不符的原因,处理多余物资、清理各项债权债务,建立健全各项财产物资管理制度,并对账实不符的情况进行账务处理,做到账实相符。

a. 盘亏的核算。发生库存物资的盘亏,说明账面的数额大于实际的数额,应减少账面数额以保证账实相符。同时,盘亏要根据其产生的不同原因经审核批准后记入不同的账户。如果是由于保管员等责任人保管不力造成的盘亏,应由相关人员赔偿,记入"内部往来"账户;如果造成的盘亏应由保险公司赔偿的应记入"应收款"账户,扣除过失人和保险公司赔偿后的净损失应记入"其他支出"账户。

【例1.9】南汇村工厂年终盘库,发现丢失面粉20袋,账面成本为1 000元,经查,主要属于保管员王明保管过失责任,经研究决定由其赔偿800元。其会计分录为:

借:内部往来——王明	800	
其他支出	200	
贷:库存物资——面粉		1 000

b. 盘盈的处理。发生库存物资的盘盈,说明账面的数额小于实际的数额,应增加账面数额以保证账实相符。经审核批准后,盘盈的资产应借记"库存物资"账户,贷记"其他收入"账户。

5)更正错账

村集体经济组织经过对账后如发生错账,应采用正确的方法进行更正,错账更正的方法主要包括划线更正法、红字更正法、补充登记法。

(1)划线更正法

①适用范围。划线更正法适用于结账前发现的,记账凭证正确无误,只是在过账时发生的文字或数字错误。包括:数字抄写与计算错误和文字书写方面的错误,比如过账记错方向、金额写错、错写摘要或者过错账户等。但如果是结账后发现的数字错误,且其错误影响到以后多项数字的计算,为了保证账簿记录的整洁清晰,则不宜采用划线更正法,而应在账簿记录中采用红字冲销或补充登记的方法予以更正。

②更正的方法与要求。如出现上述错账,应先将错误文字或数字用单红线划去,表示注销;再在划线的上面用蓝字写上正确的文字或数字,并由记账人员(更正人)及会计机构负责人(会计主管人员)在更正处盖章,以明确责任。

使用这一方法应该注意的是:第一,文字错误可只划掉错误的文字,数字错误则需划掉整笔数字,不能只划掉其中一个或几个写错的数字。例如,把5 289.68元误记为5 298.68元,不能只划去其中的后位整数"98",改为"89";而是应把"5 298.68"全部用红线划去,并在其上方写上"5 289.68"。第二,被划掉的文字或数字仍应清晰可辨,不得涂成模糊一片。

(2)红字更正法

红字更正法是指用红字冲销原有错误账户或数字，以更正或调整账簿记录的一种方法。红字更正法按其适用错账的不同可分为四步红字更正法和二步红字更正法。

①四步红字更正法。

适用范围：四步红字更正法适用于记账凭证中使用的会计科目或记账方向发生错误，并已按错误凭证登记入账所造成的错账。

更正的方法及要求：

第一步，用红字金额编制一张与原错误记账凭证内容一致（账户名称、记账方向和金额均一致）的记账凭证，在摘要栏中注明"冲销×日×号错误凭证"，填制日期为错账的更正日期，凭证编号按本日已编凭证顺序编号。

第二步，根据上述红字冲销凭证登记有关账户，以冲销原来的错误记录。

第三步，用蓝字编制一张正确的记账凭证，在摘要栏中注明"更正×日×号错误凭证"，作为更正错账的依据。

第四步，根据上述更正凭证用蓝字登记有关账户，以达到正确记录的目的。

②二步红字更正法。

适用范围：二步红字更正法适用于记账凭证中使用的应借、应贷会计科目正确，只是所记金额大于应记金额，并已登记入账所造成的错账。

更正的方法与要求：

第一步，填制一张红字金额为正确金额与错误金额差额的记账凭证（账户及对应关系均与原记账凭证相同），在摘要栏中注明"冲销×日×号凭证多记金额"。第二步，根据上述红字凭证，据以用红字金额登记有关账户，冲销多记金额。

【例1.10】生产车间4月23日领用原材料60 000元，填制记账凭证时误记为80 000元，并已登记入账。

本例中的错误是由于记账凭证金额多记而造成的账簿记录错误，应采用二步红字更正法进行更正，具体方法为：

第一步，编制一张与错误凭证会计科目及对应关系相同的记账凭证，将多记的20 000元以红字登记记账凭证，其会计分录为：

借：生产成本　　　　　　　　20 000

　贷：库存物资　　　　　　　　　20 000

第二步，根据上述凭证，红字登记"生产成本""库存物资"账户，冲销错误记录。

(3)补充登记法

①适用范围。补充登记法适用于记账凭证中应借、应贷的会计科目正确，但所记金额小于应记金额，并已登记入账，而造成的账簿记录金额少记的错账。

②更正的方法与要求。第一步，将少记的金额用蓝字填制一张与原记账凭证账户对应关系相同的记账凭证，在摘要栏中注明"补充登记×号凭证少记金额"；第二步，根据上述凭证用蓝字据以登记有关账户，补记少记金额。

【例1.11】4月23日生产车间领用原材料50 000元，填制记账凭证时误记为30 000元，并已登记入账，在 4 月 27 日发现此错账，转账凭证已编至 45 号。

本例中的错误是由于记账凭证金额少记而造成的账簿记录错误，应采用补充更正法进行更正，具体方法为：

第一步，编制一张与错误凭证会计科目及对应关系相同的记账凭证，将少记的 20 000 元以蓝字登记记账凭证。其会计分录为：

借：生产成本　　　　20 000
　贷：库存物资　　　　20 000

第二步，根据上述补充凭证蓝字登记“生产成本”“库存物资”账户，补记少记金额。

6）结账

结账是在将本期内所发生的经济业务全部登记入账的基础上，按照规定的方法对该期内的账簿记录进行小结，结算出本期发生额合计数并计算出账户的余额，并将期末余额结转下期或者下年新账。根据会计期间的不同，结账工作可以在月末、季末、年末进行，但不得为赶制会计报表而提前结账，或将本期发生的经济业务延至下期登记，更不得先编制会计报表后结账。

根据会计期间的不同，结账时间可以为月末、季末、年末，因而结账按照时间的不同可以分为月结、季结和年结 3 种。

（1）月结

月度结账时，应该结出本月借、贷双方的月内发生额及期末余额，对于有余额的账户应在摘要栏内注明“本月发生额及期末余额”，对于没有余额的损益类等账户应在摘要栏内注明“本月合计”，同时在该行的上下端各划一条通栏红线，表示本月的账簿记录已经结束。如果本月只有一笔记录，结账时，可只在这笔记录下面划一条通栏红线，不用结计本月发生额，表示本月记录到此为止。如果本月没有发生额的账户，则不必进行月结。

对于收入、费用、成本等账户，为了满足会计报表编制的需要，应在本月合计的基础上结计本年累计发生额。本月结账时，应在“本月合计”行下结出自年初起至本月末止的累计数额。具体做法是，在“本月合计”行下的摘要栏内注明“本年累计”字样，并进行该账户本年累计数的计结，然后在该行下再划一条通栏红线。

（2）季结

季度终了，在本季最后一个月的月结（需按月结出本年累计发生额的，应在“本年累计”）下一行中的摘要栏内填写“第×季度合计”字样，在“借方”“贷方”“余额”各栏，计算出本季发生额和余额，再在季结下面划一道通栏单红线，以便与下季度发生额划分清楚。

（3）年结

年度终了，要在第四季度季结的下一行的摘要栏内填写“本年合计”或“结转下年”字样，在“借方”“贷方”“余额”各栏计算出本年发生额及余额，再在年结下面划通栏双红线，以表示本年度经济业务记录的结束。对于月结时需要结计本年累计发生额的某些明细账户，12 月末的“本年累计”就是全年累计发生额，在该栏下通栏划双红线即办理了年结。

年度终了结账时，有余额的账户，要将其余额结转至下年。结转的方法是，在下年新账的第一行的摘要栏内填写“上年结转”字样，并在余额栏内填入上年末结转的余额，余额方向

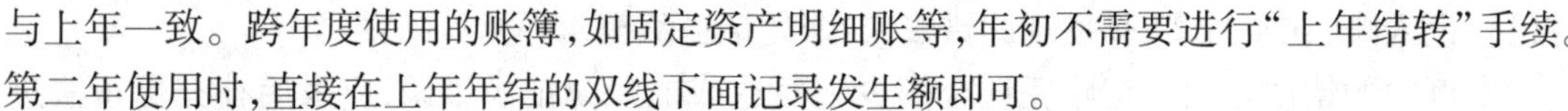

与上年一致。跨年度使用的账簿,如固定资产明细账等,年初不需要进行"上年结转"手续。第二年使用时,直接在上年年结的双线下面记录发生额即可。

7)更换与保管账簿

(1)账簿的更换

账簿的更换是指在会计年度终了时,将上年度的账簿更换为下年度的新账簿。在每一会计年度结束,新的会计年度开始时,应按会计制度规定,更换总账、日记账和多数明细账。但有些财产物资明细账和债权债务明细账,如固定资产明细账、原材料明细账等,由于财产物资品种、规格和往来单位较多,更换新账,重抄一遍工作量较大,因此可以跨年度使用,不必每年更换一次。各种备查账簿也可以连续使用。

更换账簿时应将上年度各账户的余额直接结转记入新年度相应的账簿中,并在旧账簿中各账户年终余额的摘要栏内加盖"结转下年"的戳记;同时,在新账簿中相关账户的第一行摘要栏内填写"上年结转"戳记,并在余额栏内记入上年余额,以保证会计记录的连续性。

(2)账簿的保管

会计账簿是会计工作的重要历史资料,也是重要的经济档案,对于单位经营管理及财务分析具有重要的作用。因此,各单位应按照《中华人民共和国会计法》《会计档案管理办法》《会计基础工作规范》等国家会计制度的规定,加强对会计账簿的管理,妥善保管各类账簿,以供日后检查、分析和审计。

账簿的保管应由专人负责,以明确责任,保证账簿的安全和会计资料的完整。账簿的日常保管应由各自分管的记账人员专门保管,未经单位负责人和会计机构负责人(会计主管人员)批准,不允许非经管人员翻阅、查看、摘抄和复制,会计账簿除非特殊需要或司法介入,一般不允许携带外出。年终,会计人员应对更换下来的活页账、卡片账装订成册,顺序编号,加具封面封底,登记存档保管。采用计算机进行会计核算的单位,应当保存打印出的纸质会计档案。当年形成的会计档案,在会计年度终了后,可暂由会计机构保管一年,期满之后,应当由会计机构编制移交清册,移交本单位档案机构统一保管;未设立档案机构的,应当在会计机构内部指定专人保管。

账簿应当按照国家统一规定的保管期限保管,不得在保管期限未满时销毁账簿。各账簿的保管期限为:日记账一般为15年,其中现金日记账和银行存款日记账为25年;固定资产卡片在固定资产报废清理后应继续保存5年;总分类账、明细分类账、备查账簿保管期限为15年。保管期满,需要销毁时,由本单位档案部门提出销毁意见,会同会计部门共同鉴定,严格审查编造会计档案销毁清册,报经单位负责人批准后由专人监销,并由其在销毁清册上签章并向单位负责人报告。

1.1.6 村集体经济组织会计报表

会计报表是反映村集体经济组织一定时期内经济活动情况的书面报告,是以账簿记录为主要依据,以一定的指标体系,反映村集体经济组织某一特定日期的财务状况、一定时期的经营成果以及有关经济活动情况的书面文件。会计报表是村集体经济组织会计核算的总结,全面体现了会计核算的要求和质量;是村集体经济组织传递会计信息的主要手段与渠道;是考核生产财务计划、承包合同执行情况和评价经营业绩的重要资料;是进行科学合理的经济预测和决策、改善经营管理的重要依据;也是政府和有关部门了解情况、加强指导和监督、为制定合理的农村经济政策、增加农民收入的有效参考。

1)会计报表的种类

会计报表一般可以按照其所反映的经济内容、编报时间和编报单位进行分类。

(1)按其反映的经济内容分类

村集体经济组织的会计报表,按其反映的经济内容,可分为以下几类:

①科目余额表。科目余额表是反映村集体经济组织会计所设会计科目在每个月末或季末余额的会计报表,是月(季)末结算账目的试算表,是编制资产负债表的重要依据。

②资产负债表。资产负债表是反映村集体经济组织年末财务状况的会计报表。即反映村集体经济组织年末资产、负债及所有者权益状况的报表。

③收益及收益分配表。收益及收益分配表是反映村集体经济组织年度内收益实现及其分配情况的报表。

④收支明细表。收支明细表是反映村集体经济组织在会计年度内的各月份或各季度各项收入、支出以及收益情况的会计报表。它根据损益类账户的明细账户的本期发生额填列编制,是收益分配表的附表,用来补充说明村集体经济组织收入的主要来源、支出的主要去向以及收益实现的详细情况。

(2)按照编报的时间分类

会计报表按其编报的时间可分为月报、季报和年报。

月报是按月编报,以简明扼要的形式反映某一月份财务状况和收支情况的会计报表。如科目余额表和收支明细表就是每月或每季都要编报的会计报表。

季报是按季度编报的会计报表。

年报是按会计年度编制和报送,以全面反映村集体经济组织全年的经济活动、财务收支和财务成果的报表。

(3)按编报的单位分类

会计报表按编报单位的不同可分为单位报表和汇总报表。

单位报表是由村集体经济组织在日常会计核算基础上编制的报表。

汇总报表是农村经营管理部门和财政部门,根据单位会计逐级综合汇总编制的会计报表。各级农村经营管理部门,应对所辖地区报送的村集体经济组织的会计报表进行审查,然后逐级汇总上报。

2)会计报表的编制要求

为了使会计报表真正成为各级使用者进行管理和决策的重要依据,会计报表应当根据已登记完整、核对无误的账簿记录和其他有关资料编制。村集体经济组织在编制会计报表时,必须遵守的基本要求如下所述。

(1)数字真实

报表填写的数字必须真实地反映单位的经营情况。要求必须依据客观的账簿核算记录填写，不得任意估计数字，严禁弄虚作假，歪曲和篡改有关指标内容。

(2)计算准确

会计报表上反映的各项指标都是通过数字表示的，报表中的每一个数字必须核对清楚、计算无误后再填列，并确保各会计报表在数字上的衔接，以保证会计报表的质量。

(3)内容完整

对国家规定应予填报的各种报表和表内各项目，要填报齐全，不得随意漏编、漏报；各补充资料和应该编制的附表及财务状况说明书，必须同时编报。

(4)报送及时

会计报表应根据规定的报送日期及时向有关部门报送，保证会计报表提供信息的及时性，充分发挥会计报表的作用，以供各方了解单位的情况。

按《村集体经济组织会计制度》的规定，村集体经济组织应按规定准确、及时、完整地编报会计报表，定期向财政部门或农村经营管理部门上报，并向全体成员公布。各省、自治区、直辖市农村经营管理部门年终应汇总年度的资产负债表和收益及收益分配表，同时附送财务状况说明书，按规定时间报农业部。

3）会计报表格式及编制方法

(1)月份、季度会计报表格式及其编制方法

村集体经济组织的月份、季度会计报表包括科目余额表和收支明细表，它们分别反映村集体经济组织截至报告月份或季度的各账户发生额、余额和财务收支情况的会计报表。《村集体经济组织会计制度》规定，月份或季度会计报表的格式，由各省、自治区、直辖市的财政部门或农村经营管理部门根据本制度进行规定。

①科目余额表。科目余额表是村集体经济组织按月、季度编制，用以反映月末或季度末各会计科目余额的会计报表。通过科目余额表，可以检查账目是否正确，分析村集体经济组织的财务状况和收支情况。

A.科目余额表的格式。科目余额表，一般格式从左至右分为“科目编号”“科目名称”“期初余额”“本期发生额”和“期末余额”5 大栏，除科目编号和科目名称外，其余三栏又分为“借方”“贷方”两小栏，每个大栏的借方合计等于其贷方合计。村集体经济组织每年 12 月份，除正常编制一张年终科目余额表外，还要于决算后再编制一张年终科目余额表，以作为平衡账务、将有关账户余额结转下年的依据。这张科目余额表同时也属于自制会计凭证，应与当年会计凭证一起装订入档。

B.科目余额表的编制方法。

a.“科目编号”根据《村集体经济组织会计制度》规定的科目编号及其顺序，逐个科目对应编列。

b.除“内部往来”科目外，其他各科目的“期初余额”“本期发生额”“期末余额”应在月末结账后，根据总账科目的期初余额(借方或贷方)、本期发生额(借方或贷方)、期末余额(借方或贷方)逐个科目填列。

c.“内部往来”科目，应按往来明细账户，分别汇总借方余额和贷方余额，填入期初余额和期末余额的借方或贷方。

②收支明细表。收支明细表是反映村集体经济组织各月及年内至每个月末累计发生的各项收入和各项支出情况的会计报表。

收支明细表由收入和支出两大部分组成,各项收入合计减各项支出合计等于各项收支差额,反映了每个月及年初至每个月末累计实现的收益数额。收支明细表各项目"本月数"和"本年累计数",分别根据损益类各账户及所属明细账户的本月发生额和月末余额以及账务处理记录分析填列。

(2)年度会计报表格式及编制方法

年度会计报表是全面反映村集体经济组织年度财务状况和经营成果的报表,包括资产负债表、收益及收益分配表。

①资产负债表。资产负债表是反映村集体经济组织年末全部资产、负债和所有者权益状况的报表。资产负债表可以向报表使用者提供以下几个方面的信息:①村集体经济组织在某一年所掌握的经济资源及这些资源的分布结构状况;②村集体经济组织某一年末负债总额及其结构情况;③村集体经济组织净资产情况;④通过对资产负债表的分析,可以了解村集体经济组织的财务实力、短期偿债能力和支付能力。

资产负债表的格式。村集体经济组织资产负债表是采用账户式结构编制的。《村集体经济组织会计制度》规定资产类列在报表的左边,反映资产各项目;负债与所有者权益类列在报表的右边,反映负债和所有者权益各项目。表中各项目均按一定的顺序排列:资产类按其流动性排列,容易变现的项目排在前面,不易变现的项目排在后面;负债类按其流动性顺序排列,偿还期短的排在前面,偿还期长的排在后面;所有者权益类按其重要性顺序排列。资产各项目合计等于负债和所有者权益各项目的合计。

资产负债表的编制方法。资产负债表是在年末编制工作底稿,登记有关总账和明细账的基础上编制的。资产负债表中的项目,有的同总账科目一致,有的稍有差别。因此,资产负债表的填列方法可分为直接填列法和间接填列法。

a. 直接填列法是根据总分类账或明细分类账有关账户的期末余额直接填列表中的有关项目。包括"短期投资""牲畜(禽)资产""林木资产""长期投资""固定资产""累计折旧""在建工程""固定资产清理""短期借款""应付工资""应付福利费""长期借款及应付款""一事一议资金""资本""公积公益金"等项目。

b. 间接填列法是根据有关总账或明细账分类整理计算填列,主要包括以下几个项目:

"货币资金"项目,应根据"现金""银行存款"科目的年末余额合计填列。

"应收款项"项目,根据"应收款"科目年末余额和"内部往来"各明细科目年末借方余额合计数合计填列。

"存货"项目,应根据"库存物资""生产(劳务)成本"科目年末余额合计填列。

"应付款项"项目,应根据"应付款"科目年末余额和"内部往来"各明细科目年末贷方余额合计数合计填列。

"未分配收益"项目,应根据"本年收益"科目和"收益分配"科目的余额计算填列;未弥补的亏损,在本项目内数字以"-"号表示。

另外需要注意的是"固定资产清理"项目的填列,如果"固定资产清理"科目年末为借方余额,该项目用正数金额填列;如为贷方余额,该项目用负数金额填列。

②收益及收益分配表。收益及收益分配表是反映村集体经济组织年度内收益实现及其分配的实际情况的报表。通过收益及收益分配表,可以判断村集体经济组织的经营成果,评价业绩,预测未来发展趋向。

收益及收益分配表的格式。村集体经济组织收益及收益分配表由本年收益和收益分配两大部分组成。本年收益部分包括经营收入、经营收益和本年收益3个大的项目;收益分配部分包括本年收益、可分配收益、年末未分配收益3个大的项目,它们之间存在以下滚动性计算关系。

经营收益=经营收入+发包及上交收入+投资收益-经营支出-管理费用

本年收益=经营收益+农业税附加返还收入+补助收入+其他收入-其他支出

年末未分配收益=本年收益+年初未分配收益+其他转入-可分配收益

收益及收益分配表的编制方法。

a."经营收入""发包及上交收入""投资收益""经营支出""管理费用""经营收益""农业税附加返还收入""补助收入""其他收入""其他支出"应分别根据相应账户的本年发生额分析填列。

b."本年收益"项目,反映村集体经济组织本年实现的收益总额。如为亏损总额,本项目数字以"-"号填列。

c."年初未分配收益"项目,应根据上年度收益及收益分配表中的"年末未分配收益"数额填列。如为未弥补的亏损,本项目数字以"-"号填列。

d."其他转入"项目,反映村集体经济组织按规定用公积公益金弥补亏损等转入的数额。

e."可分配收益"项目,应根据"本年收益"项目、"年初未分配收益"项目和"其他转入"项目的合计数填列。

f."年末未分配收益"项目,应根据"可分配收益"项目扣除各项分配数额的差额填列。如为未弥补的亏损,本项目数字以"-"号填列。

会计报表是会计核算的产品,村集体经济组织的所有经济业务经过填制会计凭证、登记会计账簿进行记录,形成了全面、完整、系统的会计信息,这些信息最终以会计报表的形式对外报送。编制会计报表是会计核算的终点。

1.2 村集体经济组织会计一般核算业务

村集体经济组织一般业务是指村集体经济组织发生的非经营性收入、管理性支出及货币资产的管理,主要包括财政拨款、一事一议资金、村务管理性支出、收益的形成与分配和货币资金的管理。村集体经济组织日常业务是所有村集体经济组织均涉及的业务,具有广泛性和代表性,其核心监督内容为财政拨款的管理与使用,是乡财政重点监督的内容。

1.2.1 资金筹集业务核算

村集体经济组织资金筹集的方式有很多种,如财政拨款、一事一议资金、公积公益金、专项应付款、投入资本、银行借款等。其中财政拨款、一事一议资金、专项应付款、公积公益金等资金来源主要用于村级事务管理支出和收益分配，而投入资金、银行借款等主要用于村组织的生产经营活动。

1）财政拨款

为了扎实推进社会主义新农村建设，统筹城乡发展，做好"三农"工作，全面建设小康社会，各级财政部门在农村实施税费改革之后，为保障农村基层组织的正常运转，每年按照国家支农惠农政策向各村集体经济组织拨付财政补助款项，包括财政转移支付资金及其他补助资金。其中，财政转移支付资金只能用于农村干部补助、日常办公经费和五保户补助；其他补助资金如大豆、小麦、水稻等良种补贴，粮食种植补贴，超过机具价格30%的农业机械购置补贴，退耕还林补助，植树绿化补助，防火护林补助，防洪、清理河道补助，兴建农村水利设施，一事一议财政奖补等，应按国家政策规定的用途使用和支付。

(1)财政拨款的会计处理

村集体经济组织会计核算应区别不同情况对上述财政补助款项进行处理。

①财政补助对象为村集体经济组织的，补助款项将直接划拨到村集体经济组织账户上，并按补助款项的用途分别记入"补助收入""公积公益金""专项应付款""应付福利费"账户。具体分析如下：

第一，如补助款项为财政转移支付资金中用于支付村干部报酬和村管理费用的，以及财政拨付的用于补助村组织本年度其他费用支出的补助款项，如植树绿化补助，防火护林补助，防洪、清理河道补助等，应通过"补助收入"账户对其进行核算，并严格按照财政拨款的用途使用。

第二，如补助款项为兴建村集体经济组织设备、设施或其他专门项目，且项目受益期超过一年的，该批拨款不应记入"补助收入"，而应视拨款的补助方式不同分别记入"公积公益金"账户或"专项应付款"账户。其中如为补助已完成项目的，且项目形成固定资产的，可直接将拨款记入"公积公益金"账户，如项目未形成固定资产的，则应将补助款项直接冲减项目支出；如财政拨款为财政拨入的尚未开支的具有专门用途的款项，可先通过"专项应付款"账户进行核算，待项目完成后如形成固定资产的，转入"公积公益金"账户，未形成固定资产的，冲减项目成本支出，以利于对专项财政拨款的管理。

第三，如补助款项为计划生育专项补助或财政转移资金中用于支付五保户、残疾人救济款的部分，应记入"应付福利费"账户，并用作其专项支出的资金来源。

②财政补助对象为农户个人。财政补助给个人款项一般会通过一卡(折)通直接拨付给农户个人，如种粮农民补贴等，村集体经济组织因不经手该项补助款项，所以不需对其进行会计核算，但由于这些直接补贴款的申请、发放等须通过村集体经济组织提供农户的姓名、补助项目的数量、补贴金额等信息，村集体经济组织应建立备查账簿，对本村农户直接获得的补贴进行备查登记，以便向各级财政、农业管理部门提供综合信息。财政补助给个人的款项如不通过一卡(折)通直接拨付，而是通过村集体经济组织进行分付的，应将该笔款项先记入"专项应付款"账户，待发放给村民后再予以转销。

(2)账户设置

为准确反映财政拨款的到位、使用、结存情况，村集体经济组织必须设置"补助收入"

“公积公益金”“专项应付款”“应付福利费”账户对其进行反映。

“补助收入”账户核算村集体经济组织收到的财政等有关部门的补助资金，反映收入的损益类账户，收到财政部门的补助资金时，记入账户的贷方，表示收入的增加，年末结转本年收益时，记入账户的借方，期末无余额。按补助项目设置明细账户，如村级转移支付资金收入(村级管理费)、新农村建设补助收入、植树绿化补助、防火护林补助、防洪、清理河道补助等。

“公积公益金”账户核算村集体经济组织公积公益金，公积公益金是按规定从收益中提取的和从其他来源渠道取得的，用于扩大再生产、承担经营风险和集体文化、福利、卫生等公益事业设施建设的专用基金。主要来源包括：①筹集资金时，投资者实际出资额超过约定资本金比例的那部分差额；②接受捐赠的资产及有关部门无偿拨付的专项款项；③收到的土地征用补偿费及拍卖荒山、荒坡、荒滩和荒地等使用权得到的款项；④使用一事一议资金后无论使用情况如何，全部转增公积公益金；⑤通过一事一议资金程序筹劳时增加公积公益金；⑥以固定资产形式对外进行投资时，双方协议价高于账面净值的差额；⑦按规定从收益中提取的公积公益金。公益金增加时记入账户的贷方，公积公益金减少时，记入账户的借方，期末为贷方余额，反映期末时公积公益金的实有数额。

“专项应付款”账户核算村集体经济组织已经收到国家或有关单位拨付但尚未开支的具有专门用途的款项，如一事一议奖补资金。贷方登记收到的专项应付款，借方登记使用的专项应付款，余额一般在贷方，反映村集体经济组织尚未支付的各种专项应付款。

“应付福利费”账户核算村集体经济组织从收益中提取或从其他渠道取得的，用于集体福利、文教、卫生等方面的福利费(不包括兴建集体福利等公益设施支出)，包括照顾军烈属、五保户、困难户的支出，计划生育支出，农民因公伤亡的医药费、生活补助及抚恤金等，借方登记应付福利费的减少，贷方登记应付福利费的增加，余额在贷方，表示期末时应付福利费的实有数额。本科目应按支出项目设置明细科目，进行明细核算，如支付计划生育支出、整改低压线路支出等。

(3)业务举例

①收到与本年度支出相关的财政拨款。

【例1.12】金沙村集体经济组织收到乡财政所转来的财政转移支付资金18 000元，其中用于五保户救济款的为3 000元(注：财政转移支付资金中用于支付五保户、残疾人救济款的部分记入应付福利费账户)。其会计分录为：

借：银行存款　　18 000
　贷：补助收入——财政转移支付资金　　15 000
　　应付福利费——财政转移支付资金　　3 000

【例1.13】金沙村集体经济组织按照规定收到村属补贴收入，包括每亩10元的优质小麦良种补贴60 000元和每亩30元的优质小麦良种繁殖基地补贴款30 000元，共计90 000元，已存入银行。其会计分录为：

借：银行存款　　90 000
　贷：补助收入——优质小麦良种补贴　　60 000
　　——小麦良种繁殖基地补贴　　30 000

【例 1.14】金沙村集体经济组织按照规定收到植树绿化补助 20 000 元，其会计分录为：

借：银行存款　　20 000

　　贷：补助收入——植树绿化补助　　20 000

【例 1.15】金沙村集体经济组织按照规定收到防火护林补助 50 000 元，其会计分录为：

借：银行存款　　50 000

　　贷：补助收入——防火护林补助　　50 000

【例 1.16】金沙村集体经济组织按照规定收到防洪、清理河道补助 100 000 元，其会计分录为：

借：银行存款　　100 000

　　贷：补助收入——防洪清理河道补助　　100 000

②收到受益期超过一年的财政拨款。

【例 1.17】金沙村集体经济组织收到财政拨付的卫生所改造费 30 000 元，卫生所项目已改造完成，其会计分录如下：

借：银行存款　　30 000

　　贷：公积公益金——卫生所改造费　　30 000

【例 1.18】金沙村集体经济组织为造福于民，决定采用竞标发包的方式修建村农田水利设施，工程资金预算 130 000 元，具体筹资方式如下：收到乡财政转来的小型农田水利设施建设财政补助款 50 000 元，一事一议筹资 9 000 元，社会各界捐款 30 000 元，村集体经济组织自由资金 20 000 元，信用社贷款 10 000 元，缺口资金 11 000 元暂由竞标方垫付。村集体经济组织在收到上述筹集的资金时，其会计分录如下：

借：银行存款　　99 000

　　贷：专项应付款——农田水利设施款　　50 000

　　　　公积公益金　　30 000

　　　　一事一议资金——水利设施资金　　9 000

　　　　短期借款——信用社　　10 000

注：该项目完成后，由于形成村集体经济组织固定资产，则专项应付款账户转入公积公益金账户。

【例 1.19】金沙村集体经济组织准备修建村内水泥路，为此筹集一事一议资金 100 000 元，申请财政拨入的一事一议财政奖补资金 50 000 元。收到一事一议资金和财政奖补资金时，其会计分录如下：

借：银行存款　　150 000

　　贷：一事一议资金　　100 000

　　　　专项应付款——财政奖补　　50 000

注：由于水泥路不作为固定资产核算，项目完成时，专项应付款应冲减用来归集修路成本的在建工程账户的成本。

③收到福利费用拨款。

【例 1.20】金沙村集体经济组织收到财政拨付的计划生育补助款 10 000 元，其会计分录如下：

借：银行存款　　10 000

　　贷：应付福利费——计划生育补助　　10 000

2）征地、拍卖、接受捐赠等收入

村集体经济组织的资金来源还包括收到的土地征用补偿费，拍卖荒山、荒坡、荒滩和荒地等使用权的收入款项及接受捐赠的资产等，对于这部分资金，应通过“公积公益金”账户和“专项应付款”账户进行核算。

(1)征地补偿费

征地补偿费包括土地补偿费、安置补助费以及地上附着物和青苗补偿费，是对被征地农民和农村集体经济组织失地后的经济补偿。根据政策规定，征地补偿费分为两部分，一部分是属于村集体经济组织的征地补偿费，另一部分是属于农户个人或承包经营者的征地补偿费。按照《村集体经济组织会计制度》的规定，征地补偿费中属于村集体经济组织的部分应记入“公积公益金”账户进行核算，属于农户的应发放给农户个人。在实际工作中，村集体经济组织在收到征地补偿费时，并不能及时地划清哪部分征地补偿费是属于集体的，哪部分是属于农户个人或承包经营商的，征地补偿费从资金划拨到按分配方案进行分配需要一段时间。在此期间，多数村集体经济组织的征地补偿费就以银行存款的形式存入银行（或信用社）。在这种情况下，有可能造成征地补偿费的挪用，资金的安全完整性得不到保障。为此，在处理相关业务时，如分配计划时间较长的可先将这部分资金通过“专项应付款”账户核算，然后视其分配方案将归属村集体经济组织的部分转作“公积公益金”，将归属于个人的部分贷记“现金”账户，并予以发放。

【例 1.21】国家建设征用土地，金沙村集体经济组织收到村属土地征用补偿费 200 000 元，款存银行，其会计分录为：

借：银行存款　　200 000

　　贷：公积公益金　　200 000

【例 1.22】金沙村集体经济组织收到征地补偿款 10 000 000 元，其中按规定 4 000 000 元用于失地农民安置费，2 000 000 元用于为失地农民购买养老保险，其余用于生产性、建设性支出和必要的办公经费等，但用于办公经费必须经过村民会议讨论通过并报上级批准，相关会计分录为：

①收到征地补偿款时：

借：银行存款　　10 000 000

　　贷：专项应付款——征地补偿款　　10 000 000

②支付失地农民安置费 4 000 000 元：

借：专项应付款——征地补偿费　　4 000 000

　　贷：银行存款　　4 000 000

③为失地农民购买保险 2 000 000 元：

借：专项应付款——征地补偿款　　2 000 000

　　贷：银行存款　　2 000 000

④将剩余的款项转作公积公益金：

借：专项应付款——土地补偿款　　4 000 000

　贷：公积公益金　　4 000 000

⑤确实因村级经费不足，经村民会议通过并报上级批准用于办公经费100 000元：

借：管理费用　　100 000

　贷：现金　　100 000

(2)拍卖荒山、荒坡、荒滩和荒地等使用权、拍卖村属企业取得的款项

村集体经济组织拍卖荒山、荒坡、荒滩和荒地等使用权或拍卖村属企业所取得的村属款项应作为“公积公益金”入账。如同上述征地占用补偿费的核算，如上述拍卖款项中有属于村民个人的部分，也应先将全部拍卖款作为专项应付款进行核算，其后再按照款项的用途将属于村集体经济组织集体所有部分转作公积公益金。

【例1.23】金沙村集体经济组织拍卖荒山一座，计102公顷，期限100年，收到款项250 000元，其会计分录为：

借：银行存款　　250 000

　贷：公积公益金——拍卖荒山款项　　250 000

【例1.24】金沙村集体经济组织收到拍卖村属企业款项620 000元，其会计分录如下：

借：银行存款　　620 000

　贷：公积公益金——拍卖村属企业款　　620 000

同时，将村属企业的资产、负债、所有者权益等账户余额对冲销账。

(3)接受捐赠收到的款项或其他资产

村集体经济组织接受捐赠的款项，如收到驻地各单位过节资助款、收到相关单位或个人的捐赠款项时，应作为“公积公益金”进行核算。

【例1.25】金沙村集体经济组织收到驻地单位捐赠的过节资助款50 000元，其会计分录如下：

借：银行存款　　50 000

　贷：公积公益金——接受捐赠　　50 000

【例1.26】金沙村集体经济组织收到乡镇企业捐赠的水泥50 t，计价10 000元，入库备用。

借：库存物资——水泥　　10 000

　贷：公积公益金——接受捐赠　　10 000

(4)村民以劳动力筹工

村集体经济组织在兴办生产、公益事业时，常通过一事一议的方式向村民筹资、筹工，无论筹资还是筹工，最终都需记入“公积公益金”账户，所不同的是，如为筹资，应将先筹集的资金作为“一事一议资金”进行核算，待工程完工后再将该款项转入“公积公益金”，如为筹工，则直接记入“公积公益金”账户，并同时增加“在建工程”成本。

3）一事一议资金

(1)一事一议资金的内容

村集体经济组织兴办生产、公益事业，可经村集体经济组织成员大会讨论决定按一事一议的形式筹集专项资金，进行专门项目的建设，如为了兴建农田水利设施、人畜饮水设施、村道路建设、植树造林工程等全体村民直接受益的工程建设而筹集的资金。

(2)账户设置

村集体经济组织通过一事一议的形式筹集资金，通常会与村民发生内部往来结算，因此在核算此项业务时，除需要设置“一事一议资金”账户外，还需要设置“内部往来”账户。

“一事一议资金”账户核算村集体经济组织兴办生产、公益事业，可按一事一议的形式筹集专项资金，贷方登记一事一议资金的增加，借方登记一事一议资金使用后转入“公积公益金”的金额。期末如为贷方余额，反映村集体经济组织应当用于一事一议专项工程建设的资金，如为借方余额，反映村集体经济组织一事一议专项工程建设的超支数，该账户按所议项目设置明细科目，如修路、建桥、植树造林。

“内部往来”账户核算村集体经济组织与所属单位和农户的经济往来业务。借方登记村集体经济组织与所属单位、农户发生的应收款项和实际偿还的应付款项，贷方登记村集体经济组织与所属单位、农户发生的应付款项和实际收回的应收款项。各明细科目期末借方余额合计数反映村集体经济组织所属单位和农户欠其的款项总额，各明细科目期末贷方余额合计数反映村集体经济组织欠所属单位和农户的款项，总额按村集体经济组织所属单位和农户设置明细科目。

【例 1.27】2015 年 6 月 10 日，金沙村集体经济组织通过成员大会决定通过一事一议筹资的方式修建本村学校，按照预算每人筹资 20 元，共计 46 000 元。2015 年 6 月 15 日，上述一事一议款项收回 45 000 元，1 000 元暂欠。2015 年 6 月 20 日工程开工至 2015 年 8 月 15 日完工，施工中购买物资 41 000 元，支付工人工资 6 000 元，超支部分村集体经济组织通过成员大会决定待下次议事时筹取，将本次实际支出全部转为集体积累。其会计分录为：

①2015 年 6 月 10 日，筹资方案审核批准时：

借：内部往来　　46 000

　　贷：一事一议资金——学校　　46 000

②2015 年 6 月 1 日，收到 45 000 元筹资款时：

借：现金　　45 000

　　贷：内部往来　　45 000

③使用筹资款时：

借：在建工程——学校　　(41 000+6 000)47 000

　　贷：银行存款　　41 000

　　　　现金　　6 000

④工程完工，结转固定资产时：

借：固定资产——学校　　47 000

　　贷：在建工程——学校　　47 000

⑤将实际支付金额转为集体积累：

借：一事一议资金　　　　47 000

　　贷：公积公益金　　　　47 000

【例1.28】接【例1.27】，如学校在建造过程中，村民以劳动力筹工，共投入劳动力500工时，计价5 000元，应将其计入在建工程成本，并同时作为“公积公益金”的增加，其会计分录为：

借：在建工程——学校　　　　5 000

　　贷：公积公益金　　　　5 000

由于增加了筹劳，固定资产成本增加至52 000元：

借：固定资产——学校　　　　52 000

　　贷：在建工程——学校　　　　52 000

4）其他收入

村集体经济组织除上述财政拨款、征地补偿款、拍卖所得款、接受捐赠款及一事一议资金外，其日常资金来源还包括罚款收入、存款利息收入、盘盈资产等，这些业务应通过“其他收入”账户进行核算。

“其他收入”账户核算村集体经济组织除“经营收入”“发包及上交收入”“农业税附加返还收入”和“补助收入”以外的其他收入。如罚款收入、存款利息收入、固定资产及库存物资的盘盈收入等。贷方登记其他收入的当年发生额，借方登记年终转入“本年收益”科目的全年结转额，平时（年终结转前）账户余额在贷方，反映村集体经济组织已取得的其他收入总额，年终结转后本账户应无余额。因其他收入内容不固定、收入额较小，因此一般不设明细账户。

【例1.29】金沙村集体经济组织收到银行利息收款通知，收到本期结算账户银行存款利息3 007元。其会计分录为：

借：银行存款　　　　3 007

　　贷：其他收入　　　　3 007

【例1.30】金沙村集体经济组织收到村民王某交来的损害公物的罚款500元。其会计分录为：

借：银行存款　　　　500

　　贷：其他收入　　　　500

【例1.31】金沙村集体经济组织盘存资产时，盘盈玉米400 kg，计价400元。其会计分录为：

借：库存物资——玉米　　　　400

　　贷：其他收入　　　　400

【例1.32】金沙村集体经济组织出售房屋5间，原值40 000元，已折旧10 000元，售价50 000元，款存银行。其会计分录为：

将处置资产转入清理：

借：固定资产清理——房屋　　　　30 000

累计折旧　　10 000
　　贷:固定资产——房屋　　40 000

出售资产:

借:银行存款　　50 000
　　贷:固定资产清理——房屋　　50 000

结转清理账户:

借:固定资产清理——房屋　　20 000
　　贷:其他收入　　20 000

【例1.33】金沙村集体经济组织盘盈水泵一台,经查同类型资产原价为6 000元,估计折旧1 000元。其会计分录为:

借:固定资产——水泵　　6 000
　　贷:累计折旧　　1 000
　　　　其他收入　　5 000

1.2.2 资金使用业务核算

村集体经济组织资金使用业务包括村干部报酬支出,村务管理费用支出,兴建各种设施、设备等固定资产支出,村福利支出,利息支出,罚没支出等。村集体经济组织发生资金使用业务时,应按资金支出内容的不同,分别记入“管理费用”“在建工程”“固定资产”“应付福利费”“其他支出”等账户。需要注意的是,村集体经济组织的资金使用必须遵循专款专用的原则,其中“管理费用”账户所核算的支出应使用财政转移支付资金村务管理费部分;“在建工程”账户所核算的支出应使用通过“一事一议资金”“公积公益金”“专项应付款”核算的村民自筹资金或财政拨入的用于固定资产购建的专项拨款;“应付福利费”账户所核算的支出应为村集体经济组织从本年收益中提取的应付福利费或财政拨入的用于计划生育、残疾人补助等个人福利性拨款。

1)管理费用的核算

管理费用一般包括村干部工资支出、办公费、管理用固定资产的折旧和维修费用,其中办公费主要用于差旅费、办公用品购置费、报刊征订费、邮电费、水电费、取暖费等项支出,这些支出均应通过管理费用账户进行核算。

(1)账户设置

为了核算村干部报酬及村务管理费用支出,应设置“管理费用”“应付工资”等账户。其中管理费用是指村集体经济组织用于管理方面的支出,应付工资是村集体经济组织应支付给管理人员及其他固定人员的报酬,包括工资、奖金、津贴和福利补助等。

“管理费用”账户核算村集体经济组织发生的各项管理费用。管理费用是指村集体经济组织用于管理方面的支出,如管理人员的工资、办公用品购置费、报刊征订费、邮电费、水电费、取暖费、差旅费、管理用固定资产折旧和维修费用等。借方登记管理费用的当年发生额,贷方登记年终转入“本年收益”科目的全年结转额,平时(年终结转前)账户余额在借方,反映村集体经济组织已发生的管理费用总额,年终结转后,本账户应无余额。本科目应按费用项目设置明细科目,进行明细核算。

“应付工资”账户核算村集体经济组织应付给村管理人员及固定员工的报酬总额。包括各种工资、奖金、津贴、福利补助等,不论是否在当月支付,都应通过本账户核算。村集体经济组织应付给临时员工的报酬,不通过本账户核算,在“应付款”或“内部往来”账户进行核算。按照经过批准的金额提取工资时记入账户的贷方,实际发放工资时记入账户的借方;余额在贷方,反映村集体经济组织已提取但尚未支付的工资额。计提工资时应按人员岗位贷记“应付工资”账户,同时借记相关账户。

(2)业务举例

【例1.34】金沙村集体经济组织结算当月村干部工资补助3 000元,随后在乡经管站领取。其会计分录为:

①结算时:

借:管理费用——干部报酬　　3 000

　贷:应付工资——××　　3 000

②领取时:

借:应付工资——××　　3 000

　贷:应收款——乡经管站　　3 000

注:本业务中,村干部工资是由乡经管站直接发放的,由乡经管站从财政转移支付资金中扣除后将其余转移支付资金下拨至各村账户,村集体经济组织与乡经管站之间的往来通过“应收款”账户进行核算,因而村干部工资的发放作为“应收款——乡经管站”的减少额记入该账户的贷方;如乡经管站将全部财政转移支付资金下拨至村集体经济组织,由其自行支付工资,则该业务的会计分录为:

借:应付工资　　3 000

　贷:现金　　3 000

【例1.35】金沙村集体经济组织年终按10%的折旧率提取管理用固定资产折旧费6 000元,其会计分录为:

借:管理费用　　6 000

　贷:累计折旧　　6 000

【例1.36】金沙村集体经济组织会计李××参加会计培训,借现金1 000元。培训结束后,经领导审核准予报销车票、补助等差旅费800元,余200元退回。其会计分录为:

①借款时:

借:内部往来——李××　　1 000

　贷:现金　　1 000

②报销时:

借:管理费用——差旅费　　800

　现金　　200

　贷:内部往来——李××　　1 000

【例1.37】金沙村集体经济组织用现金购买办公用品,共计500元。其会计分录为:

借:管理费用——办公费　　500

　贷:现金　　500

【例 1.38】金沙村用银行存款购入煤 10 t,价款 10 000 元,用于办公室取暖。其会计分录为:

借:管理费用——办公费　　10 000

　贷:银行存款　　10 000

【例 1.39】金沙村集体经济组织用银行存款支付办公电话费,共计 1 000 元。其会计分录为:

借:管理费用——办公费　　1 000

　贷:银行存款　　1 000

2)应付福利费支出的核算

村集体经济组织的福利费支出是指用于村集体福利、文教、卫生等方面的福利费,包括照顾军烈属、五保户、困难户的支出,计划生育支出,农民因公伤亡的医药费、生活补助及抚恤金支出,不包括兴建集体福利等公益设施支出。该项支出发生后应从"应付福利费"中专项列支,记入"应付福利费"账户的借方。

【例 1.40】金沙村集体经济组织本月用现金支付计划生育支出 1 000 元。其会计分录为:

借:应付福利费——计划生育支出　　1 000

　贷:现金　　1 000

【例 1.41】金沙村集体经济组织本月用现金支付五保户、残疾人救济款 2 000 元。其会计分录为:

借:应付福利费——五保户、残疾人救济款　　2 000

　贷:现金　　2 000

【例 1.42】金沙村集体经济组织本月用现金支付治理环境卫生清倒垃圾费、购买工具费 1 000 元。其会计分录为:

借:应付福利费——卫生清理费　　1 000

　贷:现金　　1 000

【例 1.43】金沙村集体经济组织用现金支付春节文艺开支(唱戏、歌舞)3 000 元,其会计分录如下:

借:应付福利费　　3 000

　贷:现金　　3 000

【例 1.44】金沙村集体经济组织以现金 5 000 元购入水果、油等为村民发放中秋福利,其会计分录如下:

借:应付福利费　　5 000

　贷:现金　　5 000

注:如用村自产的农产品发放福利的,则会计分录为:

借:应付福利费　　5 000

贷:库存物资　　　　5 000

3）其他支出的核算

村集体经济组织的其他支出是指发生的不属于经营支出和管理费用的费用支出,包括公益性固定资产折旧、固定资产及库存物资盘亏、防汛抢险支出、利息支出、确实无法收回的坏账损失等。村集体经济组织应设置"其他支出"账户对上述内容进行核算。

"其他支出"账户核算村集体经济组织与经营管理活动无直接关系的其他支出。如公益性固定资产折旧费用、利息支出、农业资产的死亡毁损支出、固定资产及库存物资的盘亏、损失、防汛抢险支出、无法收回的应收款项损失、罚款支出等。借方登记其他支出的当年发生额,贷方登记年终转入"本年收益"科目的年结转额,平时(年终结转前)账户余额在借方,反映村集体经济组织已发生的其他支出总额,年终结转后,本账户应无余额。由于其他支出内容不固定、支出数额一般较小,可不设明细账户。

【例 1.45】金沙村集体经济组织归还到期的短期借款本金 100 000 元,利息 7 000 元。其会计分录为:

借:短期借款　　　　100 000
　其他支出　　　　7 000
　贷:银行存款　　　　107 000

【例 1.46】金沙村集体经济组织支付防火护林费用 5 000 元。其会计分录为:

借:其他支出　　　　5 000
　贷:现金　　　　5 000

【例 1.47】金沙村集体经济组织以现金支付防洪、清理河道费 2 000 元。其会计分录为:

借:其他支出　　　　2 000
　贷:现金　　　　2 000

【例 1.48】金沙村集体经济组织以现金支付村民为村集体经济组织催收欠款补助 200 元。其会计分录为:

借:其他支出　　　　200
　贷:现金　　　　200

【例 1.49】金沙村集体经济组织年终进行资产盘存时,盘亏产成品价值 1 000 元、库存材料价值 1 200 元,盘亏固定资产 1 件原值 4 000 元、已提折旧 1 200 元。经村民代表会议讨论通过,报乡经管站审核批准,以上损失全部由集体承担。其会计分录为:

①盘亏库存物资时:

借:其他支出　　　　2 200
　贷:库存物资　　　　2 200

②盘亏固定资产时:

借:其他支出　　　　2 800
　累计折旧　　　　1 200
　贷:固定资产　　　　4 000

【例 1.50】金沙村集体经济组织经批准核销因债务人死亡而确实无法收回的应收款

3 000元。其会计分录为:

借:其他支出　　3 000

　贷:应收款　　3 000

【例 1.51】金沙村集体经济组织因发生水灾损失库存水泥 8 t,价值 3 200 元。其会计分录为:

借:其他支出　　3 200

　贷:库存物资——水泥　　3 200

【例 1.52】6 月 25 日金沙村支付合同违约金 6 000 元。其会计分录为:

借:其他支出　　6 000

　贷:银行存款　　6 000

4)购建设施、项目的核算

建设新农村需要进行农村各项集体设施建设,如兴建小型水利设施,修建村小学,修建村级娱乐室、图书室、卫生所,进行村路硬化等。这些集体设施的购建支出通常由财政拨款、村民一事一议自筹、借款、接受捐赠等渠道共同筹资解决,在进行核算时,需综合考虑上述内容。

村集体经济组织进行集体设施的购建,有的会形成固定资产,如兴建农田水利设施、村小学校、村卫生所等,有的则不会形成固定资产,如村路硬化等,因此在核算中对上述情况需通过不同的账户进行核算。一般情况下,如该项支出形成固定资产,应先经过"在建工程"账户归集该项设施成本总额,待竣工验收后再转入固定资产账户;如不形成固定资产,也应先通过在建工程账户进行成本归集,待项目完工后,在建工程账户的成本额先冲减该项目的财政补助款(如专项应付款),其余额记入"其他支出"账户。

(1)固定资产购建及折旧核算

①固定资产购建的核算。固定资产是指使用期限超过 1 年、单位价值在 500 元以上的房屋、建筑物、机器、设备、工具、器具等劳动资料,某些主要生产工具和设备,虽然单位价值低于 500 元的单价标准,但使用期限在 1 年以上的,也可以列为固定资产。未作为固定资产管理的工具、器具等,作为低值易耗品在库存物资中核算。村集体经济组织应当建立健全固定资产内部控制制度,建立人员岗位责任制;定期对固定资产进行盘点清查,定期或不定期对固定资产内部控制进行监督检查,年度终了前必须进行一次全面的盘点清查,以做到账实相符,对发现的薄弱环节,应当及时采取措施,加以纠正和完善。

a. 账户设置。为了核算村集体经济组织固定资产的购建成本,并对固定资产的原值进行记账,应设置"在建工程""固定资产"账户。

"在建工程"账户核算村集体经济组织进行工程建设、设备安装、农业基本建设设施大修理等发生的实际支出。购入不需要安装的固定资产,不通过本科目核算。借方登记在建工程成本的增加,贷方登记工程完工后转为固定资产的成本及完成未形成固定资产时应结转为"经营支出""其他支出"的成本,期末为借方余额,反映村集体经济组织尚未完工或虽已完工但尚未办理竣工决算手续的工程项目实际支出。该账户按工程项目设置明细科目,进行明细核算。

"固定资产"账户核算村集体经济组织所有的固定资产的原值,借方登记增加固定资产的原值,贷方登记固定资产减少或转出时的原值。余额为借方,反映村集体经济组织所有固定资产的原始价值总额。

b. 业务举例。

【例 1.53】承【例 1.18】,金沙村集体经济组织为造福于民,决定采用竞标发包的方式修建村农田水利设施,工程资金预算 130 000 元,具体筹资方式如下:收到乡财政转来的小型农田水利设施建设财政补助款 50 000 元,"一事一议"筹资 9 000 元,社会各界捐款 30 000 元,村集体经济组织自由资金 20 000 元,信用社贷款 10 000 元,缺口资金 11 000 元暂由竞标方垫付。其会计分录如下:

资金筹集时的会计分录为:

借:银行存款　　99 000
　贷:专项应付款——农田水利设施款　　50 000
　　公积公益金　　30 000
　　一事一议资金——农田水利设施资金　　9 000
　　短期借款——信用社　　10 000

工程开工时,预付款项 91 000 元,会计分录为:

借:在建工程——水利设施　　91 000
　贷:银行存款　　91 000

工程完工验收合格后,补付部分工程款 28 000 元,尚欠竞标方 11 000 元,会计分录为:

借:在建工程——水利设施　　39 000
　贷:银行存款　　28 000
　　应付款——竞标方　　11 000

工程使用前,为完善配套设施,用劳动积累工 800 个,当地劳务价格为每工日 20 元,会计分录为:

借:在建工程——水利设施　　16 000
　贷:公积公益金　　16 000

工程使用后,结转全部建造成本,会计分录为:

借:固定资产——水利设施　　146 000
　贷:在建工程——水利设施　　146 000

结转已使用一事一议资金、专项应付款金额,会计分录为:

借:一事一议资金　　9 000
　专项应付款——农田水利设施款　　50 000
　贷:公积公益金　　59 000

②固定资产折旧的计算与核算。固定资产在使用的过程中会发生损耗,房屋会越来越旧,机器会越来越老,这种损耗就是固定资产的折旧。发生固定资产折旧,意味着固定资产的价值已作为费用损耗或逐渐转移至所生产的产品中。因此,村集体经济组织应在固定资产预计使用年限内,按照国家规定的方法对固定资产计提折旧,并按照"谁受益谁承担"的原

则将折旧费用计入受益对象的成本或费用中。

a. 折旧计提的范围。折旧计提的范围是指哪些固定资产要计提折旧，哪些固定资产不计提折旧。固定资产增加后从什么时候计提折旧，固定资产减少时什么时候不再计提折旧。

b. 影响折旧的因素。固定资产折旧的计提是要将固定资产的价值总损耗在预计使用年限中分别计入相关的成本或费用。因此，要计提固定资产折旧，首先要估计固定资产的总损耗，其次要预计固定资产的使用年限，最后要选择固定资产折旧的计提方法。上述 3 项构成了影响固定资产折旧的因素。

固定资产的总损耗是指固定资产的原值减去固定资产报废时的净残值的余额。固定资产的净残值是指固定资产到期清理时，预计可收回的残余价值扣除预计清理费用后的余额。通常用固定资产净残值率估计净残值，净残值率是指净残值与固定资产原值的比例，净残值率通常按 3% ~5% 确定。假设单位的某机器设备的原值为 30 000 元，报废时预计可收回的残余价值为 1 400 元，清理费用为 200 元，则固定资产的总损耗价为 28 800 元(30 000-1 400+200)，净残值率为 4%(1 200/30 000)。

固定资产的预计使用年限应由村集体经济组织根据固定资产的性质和消耗方式合理确定。

c. 固定资产折旧的计算方法。固定资产折旧的计算方法包括年限平均法、工作量法等，村集体经济组织可选择一种计提本村折旧，但折旧方法一经确定后，不得随意变更。

d. 固定资产折旧的账务处理。为了反映固定资产因折旧而带来的价值的减少，应设置“累计折旧”账户，“累计折旧”账户核算村集体经济组织所有的固定资产计提的累计折旧。借方登记因为出售、报废等固定资产减少时转出的折旧金额，贷方登记计提折旧的金额，期末为贷方余额，反映村集体经济组织提取的固定资产折旧累计数，固定资产计提折旧时按固定资产用途的不同，分别计入不同的借方账户，比如，管理费用、其他支出、生产(劳务)成本、经营支出等。

(2)购建未形成固定资产的设施或项目

按照制度规定，村集体经济组织所购建的设施有时并不作为固定资产核算，如村组织修建的水泥路，一般不作为固定资产核算，而是在“其他支出”中核算。在实际核算时，为了核算这部分购建支出金额，通常可将购建过程中发生的支出先通过“在建工程”账户进行归集；项目完工后，以“在建工程”账户的余额冲减该项目的财政补助款(如专项应付款)，将其余额记入“其他支出”账户。需要注意的是，如购建集体设施支出是采用一事一议资金方式进行筹资的，在工程完工后，即使其未形成固定资产，也应将一事一议资金转为“公积公益金”。

【例 1.54】金沙村集体经济组织为造福于民，决定硬化村路，工程资金预算 60 000 元，具体筹资方式如下：乡财政拨付村村通油路补贴款 50 000 元，其余 10 000 元由“一事一议资金”筹资。其会计分录如下：

资金筹集时的会计分录为：

借：银行存款　　60 000

　贷：专项应付款——村村通油路补贴款　　50 000

　　　一事一议资金——水泥路资金　　10 000

工程支出时,虽然水泥路硬化按制度规定不作为固定资产核算,但先将其支出记入“在建工程”账户,其会计分录为:

借:在建工程　　60 000

　贷:银行存款　　60 000

项目完工时,将在建工程成本冲减“专项应付款”后的余额作为“其他支出”核算,其会计分录为:

借:专项应付款——村村通油路　　50 000

　其他支出　　10 000

　贷:在建工程　　60 000

结转已使用一事一议资金金额,其会计分录为:

借:一事一议资金　　10 000

　贷:公积公益金　　10 000

1.2.3　货币资金与往来款项核算

村集体经济组织通过财政拨款、一事一议、收取征地占用补偿费及拍卖款等形式取得资金时,就会增加现金和银行存款等货币资金;村组织支付管理费用、工程支出、福利费、其他支出时,就会减少货币资金。同时,如果在上述资金筹集与使用的过程中,由于结算不及时,就可能会与村民、村属单位及外部单位与个人形成往来结算关系。因此,在村集体经济组织的日常核算中,必须掌握货币资金与往来款项的管理与核算内容。

1)货币资金的管理与核算

货币资金是村集体经济组织在生产经营管理活动过程中处于货币形态的那部分资金,主要包括现金和银行存款。

(1)现金

现金是货币资金的重要组成部分,它可以随时用来购买其他资产和清偿债务,支付有关费用。

①现金的管理。村集体经济组织向单位和农户收取现金时手续要完备,应使用统一规定的收款凭证。所有现金均应及时入账,不准以白条抵库,不准坐支,不准挪用,不准公款私存。

村集体经济组织必须建立现金开支审批制度,严格现金开支审批手续。

村集体经济组织要组织专人定期或不定期清点核对现金,做到账款相符。

村集体经济组织应严格遵守库存现金限额(为保证村集体经济组织日常零星开支的需要,允许其留存现金的最高数额)制度。

村集体经济组织应按照《现金管理暂行条例》的规定,在规定的范围内使用现金,如不属于现金使用范围的各项支出,应通过银行转账的形式予以支付。允许使用现金结算的范围包括:

a. 职工工资、津贴。

b. 个人劳务报酬。

c. 根据国家规定颁发给个人的科学技术、文化艺术、体育等各种奖金。

d. 各种劳保、福利费用以及国家规定的对个人的其他支出。

e. 向个人收购农副产品和其他物资的价款。

f. 出差人员必须随身携带的差旅费。

g. 零星支出(1 000 元以下)。

h. 中国人民银行确定需要支付现金的其他支出。

②账户设置。为准确反映和核算村集体经济组织库存现金的收付和结存情况,应设置"现金"账户,用来核算村集体经济组织的库存现金。借方登记现金增加,贷方登记现金减少,余额在借方,表示期末村集体经济组织实际持有的库存现金额。

③业务举例。

【例 1.55】6 月 1 日,金沙村从银行提取现金 5 000 元。其会计分录为:

借:现金　　5 000

　贷:银行存款　　5 000

【例 1.56】6 月 18 日库存现金 11 000 元,银行核定限额为 10 000 元,超过限额部分存入银行。其会计分录为:

借:银行存款　　1 000

　贷:现金　　1 000

【例 1.57】6 月 30 日现金账面余额 3 300 元,但盘点现金有 3 450 元,无法查明原因,经批准后处理。其会计分录为:

发生现金溢余:

借:现金　　150

　贷:应付款——应付现金溢余——××单位或农户　　150

因无法查明原因,经批准将上述现金溢余转作"其他收入"处理:

借:应付款——应付现金溢余——××单位或农户　　150

　贷:其他收入　　150

【例 1.58】承【例 1.57】,假如盘点现金有 3 200 元,经查是出纳工作失误,并责成其赔偿现金。其会计分录为:

发生现金短缺:

借:应收款——应收现金短缺——××单位或农户　　100

　贷:现金　　100

收到出纳赔偿的现金:

借:现金　　100

　贷:应收款——应收现金短缺——××　　100

(2)银行存款

银行存款是指村集体经济组织存放于银行、信用社或其他金融机构的款项。

①银行存款的管理。村集体经济组织应当按照国家有关支付结算办法,进行银行存款收支业务的结算。

村集体经济组织要定期与银行、信用社或其他金融机构核对账目。

空白支票、财务印鉴等不得由一人保管。

②账户设置。为准确反映和核算村集体经济组织银行存款的取得、支付和结存情况，应设置"银行存款"账户，该账户核算村集体经济组织存入银行、信用社或其他金融机构的款项。借方登记银行存款的增加，贷方登记银行存款的减少，余额在借方，反映村集体经济组织实际存在银行、信用社或其他金融机构的款项。该账户按银行、信用社或其他金融机构名称，分别设置银行存款日记账。

③主要业务举例。

【例 1.59】6 月 3 日，金沙村集体经济组织销售稻谷一批，取得收入 12 000 元，款项于当日存入银行。其会计分录为：

借：银行存款　　12 000

　　贷：经营收入　　12 000

【例 1.60】6 月 19 日金沙村集体经济组织购入化肥，价款合计 21 000 元，发票等结算凭证已经收到，货款已通过银行转账支付，化肥已验收入库。其会计分录为：

借：库存物资——化肥　　21 000

　　贷：银行存款　　21 000

2）往来款项的管理与核算

村集体经济组织的往来款项主要包括内部往来、应收款、应付款。其中内部往来用作与村民及村属各单位的债权、债务结算；应收款、应付款用作与外村、外部单位和个人的债权债务结算。

(1) 内部往来

内部往来是村集体经济组织与所属单位和农户发生经济往来的款项。内部往来有时是农户欠村集体经济组织的钱，如应交未交的一事一议资金、预借差旅费、某农户向村里所借钱款等，这对于村集体经济组织而言是债权；有时是村集体经济组织欠农户的钱，如应付给本村农户的临时用工费等，这对村集体经济组织而言是债务。因此，"内部往来"是村集体经济组织与本村农户及所属单位之间进行结算的一个账户，既可反映与村民的债权，也可反映对村民的债务，是一个双重性质的账户。"内部往来"账户的性质取决于账户的余额方向，如果是借方余额表示债权，贷方余额表示债务，将会在资产负债表的不同项目中进行表示。

【例 1.61】7 月 10 日，金沙村借给农户王某 700 元。其会计分录为：

借：内部往来——王某　　700

　　贷：现金　　700

若在 7 月 17 日收回款项时，会计分录为：

借：现金　　700

　　贷：内部往来——王某　　700

【例 1.62】7 月 16 日金沙村从所属某农场购入幼猪一批，价款合计 17 500 元，款项尚未支付。其会计分录为：

借：牲畜（禽）资产——幼猪　　17 500

贷:内部往来——村农场　　17 500

若在7月28日偿还款项时:

借:内部往来——村农场　　17 500

贷:银行存款　　17 500

【例1.63】金沙村12月31日结算出村砖瓦厂欠交承包金10 000元。其会计分录为:

发生欠交承包金时:

借:内部往来——砖瓦厂　　10 000

贷:发包及上交收入　　10 000

实际收到款项时:

借:银行存款　　10 000

贷:内部往来——砖瓦厂　　10 000

【例1.64】金沙村借给村干部张某差旅费1 000元,张某出差归来报销差旅费900元,余款退回。其会计分录为:

借款时:

借:内部往来——张某　　1 000

贷:现金　　1 000

报销时:

借:现金　　100

管理费用——差旅费　　900

贷:内部往来——张某　　1 000

(2)应收款

应收款是指村集体经济组织因销售产品、提供劳务或因其他业务,应向购买单位或农户收取的款项或代垫的运杂费等。应收款属于村集体经济组织的债权。村集体经济组织应设置"应收款"总账对上述债权进行核算,该账户核算村集体经济组织与外部单位和外部个人发生的各种应收及暂付款项。应收款通常按实际发生额计价入账,借方登记发生的应收及暂付款项,贷方登记收回或经批准核销的应收款,余额在借方,表示应收而未收回和暂付的款项。

【例1.65】金沙村于7月29日,批准核销因乙债务人死亡而确实无法收回的应收款810元。其会计分录为:

借:其他支出　　810

贷:应收款——乙债务人　　810

(3)应付款

应付款是指村集体经济组织因采购材料和商品、接受劳务或因其他业务,应向销售单位或个人支付的款项等。应付款是村集体经济组织欠外部的单位或个人的款项,是村集体经济组织的负债。村集体经济组织应设置"应付款"账户对该项内容进行核算。

"应付款"账户核算村集体经济组织与外部单位和外部个人发生的偿还期在一年以下(含一年)的各种应付及暂收款项,贷方登记发生的应付及暂收款项,借方登记偿还或确实无法支付的应付款，余额在贷方，表示应付而未付和暂收的款项。

【例1.66】3月7日，金沙村租赁A村场地进行文艺活动，应付租金5 000元。其会计分录为：

借：应付福利费　　5 000

　贷：应付款——A村　　5 000

【例1.67】承【例1.66】，3月30日，金沙村以银行存款支付了上述款项。其会计分录为：

借：应付款——A村　　5 000

　贷：银行存款　　5 000

【例1.68】金沙村于12月31日，发现因债权B单位已经撤销而无法支付欠其的货款2 800元。其会计分录为：

借：应付款——B单位　　2 800

　贷：其他收入　　2 800

1.2.4　收益的形成与分配核算

1）收益的形成

(1)收益的构成

收益是指村集体经济组织在当年通过从事生产经营服务和管理活动所取得的净收入。村集体经济组织如不进行生产经营活动，则没有经营收入、发包及上交收入、投资收益等收入，也相应地不存在经营支出、投资损失等，其年末只需将补助收入和其他收入之和减去管理费用和其他支出，则为其本年收益。

(2)账户设置

从本年收益的计算中，可以看到本年收益是由各项收入、费用、支出形成的，因而本年收益的核算就是将本年度所产生的各项收入、费用、支出由原损益类账户转入“本年收益”账户，为此必须设置“本年收益”账户。

“本年收益”账户核算村集体经济组织本年度实现的收益，年终结转时，该账户借方核算“经营支出”“管理费用”“其他支出”“投资收益(净损失)”等费用和支出账户的结转额，贷方核算“经营收入”“发包及上交收入”“投资收益(净收益)”“补助收入”“其他收入”等收入账户的结转额，结转后将本年度的收入与支出相抵计算本年实现的收益，如为借方余额，表示本年度村集体经济组织发生了亏损，如为贷方余额，表示本年度村集体经济组织取得了盈利。

年度终了，应将本年收入和支出相抵后结出的本年实现的收益，转入“收益分配”科目，借记本科目，贷记“收益分配——未分配收益”科目；如为净亏损，做相反会计分录，结转后本科目应无余额。

【例1.69】年终，将各损益类账户余额结转“本年收益”账户，各损益类账户本年余额见表1.7。

表 1.7　金沙村本年收益金额表

账户名称	余额	账户名称	余额
经营收入	330 000	经营支出	230 000
发包及上交收入	102 200	其他支出	25 800
其他收入	25 400	管理费用	21 100

会计分录为：

借：本年收益　　276 900

　　贷：经营支出　　230 000

　　　　其他支出　　25 800

　　　　管理费用　　21 100

借：经营收入　　330 000

　　发包及上交收入　　102 200

　　其他收入　　25 400

　　贷：本年收益　　457 600

2）收益的分配

(1)收益分配的内容

村集体经济组织通过一定的生产经营活动取得了收益，这个收益是属于村集体经济组织及其所有者的，因此，应当按照一定的顺序和标准将村集体经济组织当年产生的收益在有关单位和个人之间进行分配。按照《村集体经济组织会计制度》规定，村集体经济组织一般应按照以下顺序进行分配：

①提取公积公益金。村集体经济组织有了收益后，首先应留存一部分用于村集体经济组织自身资本的扩大和村集体经济组织的公益事业。因此，在收益分配中，首先应按一定比例提取用于村集体经济组织扩大再生产、承担经营风险和集体文化、福利、卫生等公益事业设施建设的公积公益金。公积公益金提取的比例和份额由村集体经济组织依据有关政策规定，制订符合实际情况的方案，经成员大会或成员代表大会讨论通过后执行，并向群众公布。公积公益金提取后，其用途主要有：第一，可以通过公积公益金转增资本，扩大资本积累，增加集体经济实力，强化村集体经济组织的生产能力和服务功能；第二，可用于集体文化福利和卫生等公益设施建设，包括修建学校、卫生所、福利院、电影院等设施建设；第三，可以以丰补欠。

②提取福利费。村集体经济组织进行收益分配时，还可以提取一定的福利费。提取福利费的比例，要根据有关政策规定和本村实际情况提出方案，经村民代表会议讨论通过后执行，并向群众公布。村集体经济组织从收益中提取的福利费，主要用于集体福利、文教、卫生等事业的支出，如照顾军烈属、五保户、困难户，计划生育以及农民因公伤亡的医疗费、生活补助及抚恤金等日常福利方面的支出。村集体经济组织福利费的使用必须坚持先提后用的原则，严格限制在提取的数额内，不准超支。

③外来投资分红。如果村集体经济组织吸收了外来投资者的投资，则应向外来投资者分配收益。一般应根据外来投资的资本总额、合同约定和当年收益情况，在收益分配时提取

资金用于向投资者分红。分配情况要向群众公布。

④农户分配。农户是村集体经济组织的主体，村集体经济组织当年的经营成果在提取上述各项资金后的剩余部分，应当向所属农户进行分配。村集体经济组织在收益分配时，要妥善处理好集体、投资者、农户之间的利益关系，向农户分配的比例要制订方案，经村集体经济组织成员大会或成员代表大会（村民大会或村民代表大会）讨论通过后执行，并向群众公布。

⑤其他分配。村集体经济组织对当年的收益，除上述各项分配外，对其他应该从收益中进行分配的事项，要合理划分，确保村集体经济组织各项事业的顺利发展。

村集体经济组织在进行收益分配前，对当年的收益以及应该分配的各种项目和分配比例，必须编制收益分配方案。收益分配方案应当经村集体经济组织成员大会或成员代表大会（村民大会或村民代表大会）讨论通过后方可执行，确定的收益分配方案要上报主管部门审核备案，并向群众公布。

(2)收益分配的核算

为了反映和监督村集体经济组织的收益分配情况，村集体经济组织在总分类账中应当设置"收益分配""公积公益金""应付福利费"等账户。

"收益分配"账户核算村集体经济组织当年收益的分配（或亏损的弥补）和历年分配后的结存余额。该账户设置"各项分配"和"未分配收益"两个二级账户进行明细核算，借方登记可分配收益的减少，如提取公积公益金、提取福利费、向外来投资者和村民分配收益、转入本年净亏损等，贷方登记可分配收益的增加，如年末转入本年净收益、公积公益金补亏等。年度终了，应将本科目所属的"各项分配"明细账户的余额转入"未分配收益"账户，结转后"各项分配"明细科目应无余额；"未分配收益"明细科目的贷方余额表示未分配的收益，借方余额表示未弥补的亏损。

【例1.70】村集体经济组织当年实现收益100 000元，根据有关政策规定，经村民代表会议讨论通过，并上报乡（镇）经营管理站审核批准，按下列方案进行收益分配：按45%提取公积公益金、按10%提取福利费、按5%进行投资分利、按15%分配农户。其会计分录为：

①结转本年收益时：

借：本年收益　　100 000

　　贷：收益分配——未分配收益　　100 000

②提取公积公益金时：

借：收益分配——各项分配　　45 000

　　贷：公积公益金　　45 000

③提取福利费时：

借：收益分配——各项分配　　10 000

　　贷：应付福利费　　10 000

④提取投资分利款时：

借：收益分配——各项分配　　5 000

　　贷：应付款——应付投资分利款　　5 000

⑤转付分利款时：

借:应付款——应付投资分利款　　5 000

　贷:银行存款　　5 000

⑥农户分配时：

借:收益分配——各项分配　　15 000

　贷:内部往来——各农户　　15 000

⑦实际支付农户时：

借:内部往来——各农户　　15 000

　贷:现金　　15 000

⑧结转各项分配时：

借:收益分配——未分配收益　　75 000

　贷:收益分配——各项分配　　75 000

1.3 村集体经济组织会计特殊业务核算

村集体经济组织业务内容分为工业品生产加工型、租赁承包型、对外投资型、农作物生产型、林木种植型和牲畜(禽)养殖型6类,所以本节内容以这些组织为主体,以其典型业务为例介绍村集体经济组织特殊业务的处理。

1.3.1 工业品生产加工型村集体经济组织会计业务处理

工业品生产加工型村集体经济组织一般开设有村属工厂,作为村集体经济组织所属的工厂,其主要生产活动是以当地生产的农产品为原材料进行生产加工,并最终生产成各种工业产品进行销售。该类型村集体经济组织的主要业务为村属工厂发生的筹资业务、生产准备业务、生产业务、销售业务、收益形成与分配业务等。以下以南汇村所属工厂为例进行介绍。南汇村所属工厂是一个以收购当地农村种植的土豆、红薯为原料,并将其加工成各类红薯粉条、土豆粉条出售的村属工厂。

1)筹集资金业务核算

农村集体经济组织资金的筹集主要来源于以下5个方面:投资者投入资本,从银行、金融机构及企业、个人处借入资金,财政拨款,一事一议资金和其他收入。本节将重点介绍投入资本、借款和经营性生产获得的财政补助款项。

(1)投资者投入资本

村集体经济组织首先可以通过投资者投入资本进行资金的筹集,资本是指投资者投入村集体经济组织的财产物资及劳务的价值。“投资者”包括村集体经济组织本身、外单位及个人、村集体经济组织所属单位及农户等。每个投资者投入的资本不同,其享受的权益和承担的风险就不同,投资者应按照投入资本的比例或依照合同、章程、协议的约定参与村集体经济组织的收益分配和承担风险。当这些资本投入村集体经济组织后,村集体经济组织就对这些资本依法享有经营权,投资者除依法转让外,不得随意抽出,如在特殊情况下确需抽出的须经村成员大会讨论决定。

①账户设置。为准确反映和核算村集体经济组织资本的投入、增减及结存情况,应设置“资本”总账账户,该账户核算村集体经济组织实际收到的投入资本。村集体组织实际收到投资者投入的资金或劳务超过其所占份额的,应作为资本溢价,在“公积公益金”科目中核算,不记入“资本”账户。本账户贷方登记资本增加,借方登记资本减少,余额在贷方,表示期末资本的实有数额。

②业务举例。

【例1.71】6月1日南汇村集体经济组织收到红星企业投入的全新机器设备一台,计价20 000元,红星企业拥有的资本金额为20 000元。其会计分录为:

借:固定资产　　20 000

　贷:资本——外单位资本——红星企业　　20 000

【例1.72】6月5日,南汇村集体经济组织收到农户张某投入的现金3 000元,其会计分录为:

借:现金　　3 000

　贷:资本——个人资本——张某　　3 000

(2)借入款项

村集体经济组织筹集资金的第二个渠道是借款。借款是村集体经济组织从银行、信用社和有关单位、个人借入的款项。其中,借款期限在一年(含一年)的借款为短期借款,借款期限在一年以上(不含一年)的借款或应付款项为长期借款及应付款。

①账户设置。为准确反映和核算村集体经济组织长、短期借款的借入、偿还、结存及利息等情况,应设置“短期借款”“长期借款及应付款”等账户。

“短期借款”账户核算村集体经济组织从银行、信用社和有关单位、个人借入的期限在一年以下(含一年)的各种借款。贷方登记短期借款的增加,借方登记短期借款的减少,余额在贷方,反映尚未归还的短期借款的本金。

“长期借款及应付款”账户核算村集体经济组织从银行、信用社和有关单位、个人借入的期限在一年以上(不含一年)的借款及偿还期在一年以上(不含一年)的应付款项。贷方登记长期借款及应付款的增加,借方登记长期借款及应付款的偿还,余额在贷方,表示期末尚未偿还的长期借款及各种应付款的实有数额。

②业务举例。

【例1.73】6月1日,南汇村集体经济组织向农村信用社借入一笔期限为6个月的借款100 000元,年利率为12%,到期一次还本付息,其会计分录为:

借:银行存款　　100 000

　贷:短期借款——农村信用社　　100 000

【例1.74】承【例1.73】,6月末计提利息时,其会计分录为:

借:其他支出　　(100 000×12%÷12)1 000

　贷:应付款——应计利息　　1 000

【例1.75】承【例1.74】,11月30日,偿还本金及利息:

借:短期借款——农村信用社　　100 000

　应付款——应计利息　　(1 000×6)6 000

　贷:银行存款　　106 000

(3)财政补贴

为了扎实推进社会主义新农村建设,统筹城乡发展,做好"三农"工作,全面建设小康社会,各级财政部门每年按照国家支农惠农政策除向各村集体经济组织拨付财政转移支付资金及其他农业项目和集体福利设施补助款项外,还通过农业综合开发等项目向符合政策的村集体经济组织经营项目拨付专项资金。

①账户设置。工业品生产加工型村集体经济组织收到的生产加工相关的财政补贴应通过"专项应付款""公积公益金"等账户进行核算。

②业务举例。

【例1.76】南汇村工厂收到农业综合开发办拨来的项目补贴款100 000元,已存入银行,假设该款项今后不需归还。会计分录为:

借:银行存款　　100 000

　贷:专项应付款——粉条加工　　100 000

【例1.77】承【例1.76】南汇村工厂用上述财政拨款及自有款项购买了机器设备一台,价值200 000元。其会计分录为:

借:固定资产　　200 000

　贷:银行存款　　200 000

同时结转专项应付款100 000元:

借:专项应付款　　100 000

　贷:公积公益金——财政补贴　　100 000

2)生产准备业务核算

工业品生产加工类型的村集体经济组织要进行生产加工活动必须购买加工用的原料和机器设备,下面以南汇村为例介绍生产准备业务的核算。

南汇村所生产的产品是以红薯和土豆为原料,先加工成红薯粉和土豆粉,再由其加工成各种宽窄不同的粉条和粉丝。为了满足生产的需要,南汇村工厂需购买粉条加工生产线等固定资产及当地村民种植的红薯和土豆。

(1)购建固定资产

南汇村工厂在生产中须购买粉条加工生产线,并购建厂房等房屋建筑物。固定资产购建业务核算应通过在建工程、固定资产账户进行,其中对于具有一定的购建过程的固定资产先通过在建工程账户进行成本的归集,待竣工后再将其成本转作固定资产账户;对于购买后不需安装调试可直接使用的固定资产,可直接将其原价记入固定资产账户。村集体经济组织取得固定资产的途径有很多,包括购入、自建、投资者投入等形式。

【例1.78】南汇村工厂购入不需安装的机器设备一台,发票价格100 000元,支付包装费6 000元;运输费4 000元以银行存款付讫。

本例中,固定资产的成本=100 000+6 000+4 000=110 000(元)

会计分录为:

借:固定资产　　110 000

　　贷:银行存款　　110 000

【例 1.79】南汇村工厂从山西天天机械厂购入需要安装的粉丝生产线一条,发票价格 900 000 元,支付运输费 10 000 元,安装费 50 000 元,合同略,款项尚未支付。

本例中购入固定资产需安装后才可使用,因此其成本应先记入在建工程账户,待完工生产时再转入固定资产账户。同时由于其款项没有支付,因此构成了对外单位的负债,应记入应付款账户的贷方。其会计分录为:

借:在建工程——红薯粉生产线　　900 000

　　贷:应付款——天天机械厂　　900 000

设备运输费 10 000 元:

借:在建工程——红薯粉生产线　　10 000

　　贷:应付款——天天机械厂　　10 000

设备的安装费用 50 000 元:

借:在建工程——红薯粉生产线　　50 000

　　贷:应付款——天天机械厂　　50 000

设备安装完毕交付使用:

借:固定资产——红薯粉生产线　　960 000

　　贷:在建工程——红薯粉生产线　　960 000

【例 1.80】6 月 2 日南汇村工厂为修建办公室领用库存红砖 280 000 元,库存水泥 320 000元,6 月 30 日,用现金支付办公室建造工程耗用临时人工费 45 600 元,用银行存款支付工程机械费 80 000 元,7 月 1 日修建完工并交付使用。其会计分录为:

修建领用红砖、水泥时:

借:在建工程——办公室　　600 000

　　贷:库存物资——红砖　　280 000

　　　　　　　——水泥　　320 000

发生临时人工费时:

借:在建工程——办公室　　45 600

　　贷:现金　　45 600

支付工程机械费时:

借:在建工程——办公室　　80 000

　　贷:银行存款　　80 000

工程完工,交付使用:

办公室实际成本 = 600 000+45 600+80 000 = 725 600(元)

其会计分录为:

借:固定资产　　725 600

　　贷:在建工程——办公室　　725 600

(2)收购加工材料

村集体经济组织的主要加工材料一般为收购当地生产的农副产品,如南汇村工厂就以收购当地所生产的红薯和土豆作为主要材料用以加工红薯粉和土豆粉。

①账户设置。为了记录这些红薯、土豆的出入库情况,应设置“库存物资”账户,在红薯、土豆的收购过程中,可能会出现暂欠村民收购款的情况,所以应设置“内部往来”账户对其进行记录,如果除了向本村村民收购物资外还向其他单位和个人收购物资且没有付款,就要通过“应付款”账户进行核算。

库存物资又称为存货,是指在日常生产经营过程中持有以备出售,或者仍然处在生产过程,或者在生产或提供劳务过程中将消耗的材料、物料、产品等,包括原材料、农用材料、燃料、机械零部件、低值易耗品、在产品等。其中原材料又包括原料及主要材料、辅助材料、外购半成品、其他材料农用材料(包括种子、饲料、肥料、农药等,饲料又包括饲草、青贮、青割、干草、骨粉等)。库存物资核算村集体经济组织库存的各种原材料、农用材料、农产品、工业产品等物资,借方登记入库库存物资的金额,贷方登记出库物资的金额,期末余额在借方,表示库存物资的实际成本。

②业务举例。库存物资的取得来源主要有购入、自制、投资者投入以及接受捐赠等,库存物资的来源不同,其计价与会计处理也不相同。

【例 1.81】南汇村工厂根据收购合同在年内向村民收购红薯 3 600 000 kg,每千克 0.4 元,村集体经济组织先支付收购款 1 440 000 元的 90%,其余款项按合同规定于购入种苗时付清。另用现金支付挑选整理费 36 000 元,红薯已验收入库。

库存物资的成本=1 440 000+36 000=1 476 000(元)

借:库存物资——红薯　　1 476 000

　贷:现金　　1 332 000

　　内部往来——种植户　　144 000

【例 1.82】承【例 1.81】,南汇村工厂除上述收购红薯业务外,还购入了非本村村民的红薯 5 000 kg,共计 2 000 元,尚未支付款项。

在本例中,因购入的是非本村村民的红薯并与之发生了欠款事项,这个债务则不能通过内部往来账户进行记录,必须通过应付款账户进行记录。其会计分录为:

借:库存物资——红薯　　2 000

　贷:应付款——××　　2 000

应当注意的是,工业品生产加工类型的村集体经济组织按照国家税法的规定应交纳增值税。按加工类型,村集体经济组织可分为一般纳税人和小规模纳税人两类。一般纳税人购入农产品作为原料时应将收购价的 13% 作为进项税额进行核算,留待以后销售加工产品时用销项税额扣除进项税额后计算应交增值税,这样其计入“库存物资”的成本就是收购价的 87%;如果为小规模纳税人,则采用简易征收法,在收购农副产品时不扣进项税额,而是在销售时直接按照销售额的 3% 计算应交增值税。为简化核算,同时也为更加切合农村经济的实际,本节假设南汇村工厂为小规模纳税人,在销售发生时一次性计算交纳应交增值税。

3）生产过程业务核算

工业品生产加工型村集体经济组织的生产过程是将原材料通过机器设备及人工加工后，成为可出售的产品。为了生产产品，会发生各种费用支出，如材料费、人工费、固定资产折旧费等，把为了生产某种产品而发生的这些费用支出称为产品的成本。村集体经济组织必须认真计算其产品的成本，明确成本的构成，不断采取有效措施降低成本，增加效益。同时，成本也是产品定价的底线，是重要的经济信息。

（1）成本计算程序

成本计算首先要确定计算“哪个产品”的成本，然后选择确定产品生产周期，这样才能按照某产品的构成划分成本应包括的项目，并按项目合理地归集和分配成本项目，最终计算出产品的成本，因此，成本计算应按下述程序进行。

①确定成本核算对象。确定成本核算对象，就是确定需要核算成本的某产品或某劳务。只有确定了成本核算对象，才便于按各个成本对象归集和分配费用，从而核算出各种产品或劳务的实际成本。

②确定成本计算期间。确定成本计算期间，就是确定多长时间计算一次成本。工业品生产加工类型村集体经济组织的成本计算期一般为 1 个月。

③明确成本项目。成本项目是指其在生产农产品、工业产品和对外提供劳务过程中发生的各种耗费，既包括为生产产品和提供劳务而耗费的直接费用，也包括为生产产品和提供劳务而耗费的间接费用。成本项目主要包括：

直接耗费的材料，包括在生产中耗用的红薯、种苗等。

直接耗费的人工费用，包括直接从事加工业生产人员的工资、工资性津贴、奖金、福利费等。

间接费用，包括应该摊销、分摊计入各产品的间接生产费用。如生产单位管理人员的工资，固定资产的折旧费、修理费，不能直接计入某种、某类产品的生产单位水电费、办公费等。

④正确划分成本开支范围。为了正确计算出产品或劳务成本，还必须正确划分和严格遵守成本开支范围。产品成本是指产品价值中物化劳动消耗和活劳动消耗的补偿价值。因此，产品成本开支范围，必须以此为依据。凡是有专门资金来源的开支，如公积公益金等开支，不能计入产品成本；凡是不符合财务制度规定的不合理、不合法的开支，不能支付，也不允许计入产品成本。正确划分费用界限应遵循“谁受益、谁承担”的原则，属于为了生产产品或提供劳务所发生的费用必须计入产品成本或劳务成本，属于期间费用的应计入当期损益。

⑤要选择合理的简便易行的费用和用工的分摊方法。村集体经济组织的生产费用和劳务成本，按照计入产品（劳务）成本的方法，可分为直接费用和间接费用。直接费用是指与一定种类产品或劳务直接联系的费用。这类费用可直接计入一定种类的产品或劳务成本内，如为加工红薯粉而发生的红薯材料费等费用。间接费用是指与若干种产品有联系的费用，这种费用不能直接计入而需要按照适当的分摊方法计入一定种类的产品（劳务）成本内。如生产粉条的车间，其生产线是一样的，只是在最后一道工序上，将粉条切割为长宽不等的样子，这个为了生产多种粉条而发生的固定资产折旧费就是应该由其所生产的多种粉条共同承担的费用，应在各种粉条的成本间采用一定的方法进行分配。

间接费用一定要按照分摊合理、切合实际和简便易行的原则，选择适当的分摊标准在有关产品（劳务）之间进行分摊。例如，为生产多种粉条而发生的固定资产折旧费，可按各类粉条的产量作为标准进行分配。假设车间本月固定资产折旧费为60 000元，而生产宽粉条40万kg，细粉条20万kg，这样60 000元就可按两种粉条的生产数量进行分配，很显然这时宽粉需负担折旧费40 000元，而细粉只需承担20 000元。

⑥正确计算产成品和在产品的成本。村集体经济组织生产的产品，在成本结算期末，可能有一部分产品尚未完工，因此，必须将上述成本费用采用合理的方法在产成品和在产品之间进行分配，以计算并结转入库产品的总成本和单位成本。

(2)生产成本及其账户

为准确汇集产品的成本费用，村集体经济组织必须设置"生产成本"账户进行会计核算。

生产成本核算的基本原则是"谁受益、谁承担"，也就是发生了费用支出后，必须根据原始凭证判断该费用的受益对象是谁。假设村集体经济组织生产两种产品——宽粉条和细粉条。如果本月生产线上生产的都为宽粉条，则本月生产所发生的材料费、人工费、固定资产折旧费就都由宽粉条承担；而如果本月生产的粉条有宽粉和细粉两种产品，那就需要根据各种单据区分宽粉和细粉各自的材料费、人工费等，对于固定资产折旧费这样的共同费用，还需要按照宽粉、细粉的产量在两者之间进行分配。

根据上述分析，在发生产品生产成本的同时，可能会带来材料的减少、应付工资的增加和固定资产折旧费用的增加等，为了对这些成本费用进行核算，除需开设"生产成本"账户外，还需相应开设"应付工资""累计折旧"等账户。

"生产成本"账户核算村集体经济组织直接组织生产或对外提供劳务等活动所发生的各项生产费用和劳务成本。借方登记村集体经济组织发生的各项生产费用和劳务成本，贷方登记生产完成并验收入库的工业产成品和农产品成本或对外提供劳务实现销售所配比的成本。余额在借方，反映村集体经济组织尚未完成的产品及尚未结转的劳务成本，本科目应按生产费用和劳务成本的种类设置明细科目，进行明细核算。

(3)材料费用的核算

①按"谁受益、谁承担"的原则分配材料费用。材料费用的核算是指将生产过程中领用的原材料，按照材料费用发生的受益对象，归集分配到有关成本、费用账户的业务。村集体经济组织在生产过程中领用的材料，根据有关领料单、领料登记簿等原始凭证，属于生产产品领用的材料，如果能够确定是生产某一种产品耗用的，则直接计入"生产成本"账户的借方，如果是生产几种产品共同耗用的原材料，应采用简便、合理的分配标准及分配方法在各种产品之间进行分配后计入"生产成本"，账户借方的消耗性材料经过分配后计入"生产成本"账户的借方；属于办公室等管理部门领用的消耗性材料计入"管理费用"账户的借方。

②库存物资发出的计价。生产过程的材料费用其实就是库存物资的发出成本，应该通过"库存物资"账户的贷方进行记录，并按受益对象的不同分别计入"生产成本""管理费用"等账户的借方。

库存物资发出应根据一定的方法计算发出物资的金额。发出物资的金额应是发出物资的数量乘以单价。其中，数量可根据"出库单"确定，关键是单价的确定，因为同一种库存物资由于取得时间、地点、途径甚至人员的不同，其单价是不完全相同的，如南汇村所收购的红薯有的按每千克0.4元收购，有的按每千克0.41元收购，当以红薯为原料加工宽粉条时，就必须采用一定的方法确定发出红薯的单价。村集体经济组织对于发出的库存物资主要有以下3种计价方法。

a.个别计价法。个别计价法是指每次发出库存物资的实际成本，按照购入时的实际成本分别计价的方法。

个别计价法计价符合成本的真实情况，但是在库存物资收发频繁的情况下，难以一一区别每次发出物资的来源，同时这种方法要求在库存物资的保管中必须对同一种物资区别其不同的进价分别保管，这也加大了保管的工作量，因此，个别计价法不适合单价频繁变动的库存物资的发出计价，也就是说，除非是按照统一的收购价收购的单位，否则一般不采用个别计价法。

b.先进先出法。先进先出法是基于“先购进的先发出”的假设，即先按期初库存存货的单价计算发出存货的成本，将期初的存货发出完毕后再按入库存货的单价计算，以此类推。采用先进先出法，必须按照取得物资的顺序逐笔登记入库物资的数量、单价和金额。

c.加权平均法。加权平均法是用某种库存物资的总金额除以该物资的总数量以确定平均单价，进而用该平均单价乘以发出物资数量计算发出物资金额的方法。

③发出库存物资业务处理举例。

【例1.83】南汇村工厂本月共发出红薯900 000 kg用于加工宽粉条，发出红薯600 000 kg用于加工细粉条，红薯为本月统一收购，由于与农民签订了采购合同，这批红薯的价格为统一收购价为0.4元，计算过程与其会计分录为：

宽粉条的成本＝900 000×0.4＝360 000（元）

细粉条的成本＝600 000×0.4＝240 000（元）

借：生产成本　　宽粉　　　　360 000

　　　　　　——细粉　　　　240 000

　贷：库存物资——红薯　　　　600 000

（4）人工费用的核算

①按“谁受益、谁承担”的原则分配人工费用。人工费用包括支付给职工的工资、福利费、补贴、奖金和津贴等，既包括生产工人发生的直接人工费用，也包括厂间管理人员发生的间接费用以及行政管理人员的工资。人工费用应按照费用受益的对象，归集分配到有关成本、费用账户。村集体经济组织为生产产品发生的人工费应计入“生产成本”账户，其中如果该人工费是为生产一种产品发生的，则直接计入“生产成本——×产品”账户的借方，如果是为几种产品共同耗用的人工费，应采用适当的分配标准及分配方法在各种产品之间进行分配后计入“生产成本——×产品”账户的借方；属于生产车间管理人员的人工费用也应采用一定的方法分配后计入“生产成本”账户的借方；属于村行政管理人员人工费的计入“管理费用”账户的借方。

②业务举例。

【例1.84】月末南汇村工厂分配本月人工费用，本月发生工人工资100 000元，其中生产宽粉工人的工资为60 000 元,细粉工人的工资为40 000 元。本月发生车间管理人员工资10 000元,行政管理部门人员工资20 000 元,车间管理人员工资按生产工人工资比例在宽粉和细粉之间进行分配。

车间管理人员工资应计入宽粉的成本=10 000/100 000×60 000=6 000(元)

车间管理人员工资应计入细粉的成本=10 000/100 000×40 000=4 000(元)

应计入宽粉成本的人工费用=60 000+6 000=66 000(元)

应计入细粉成本的人工费用=40 000+4 000=44 000(元)

按照上述人工费用不同的受益对象,应编制会计分录如下:

借:生产成本——宽粉　　66 000
　　　　　　——细粉　　44 000
　　管理费用　　20 000
　　贷:应付工资　　130 000

【例1.85】南汇村工厂提取现金130 000 元支付工资。

借:现金　　130 000
　　贷:银行存款　　130 000
借:应付工资　　130 000
　　贷:现金　　130 000

(5)其他费用的核算

其他费用主要包括固定资产折旧费、生产车间发生的水电费、办公费、差旅费等有关费用,其他费用在核算时,通常先将其分为车间发生的费用和行政管理部门发生的费用。如果是行政管理部门发生的上述水电费、办公费、折旧费等应作为行政管理部门的管理费用,计入"管理费用(村属工厂)"账户的借方,如果是车间发生的折旧费、水电费等,应作为计入产品成本的间接费用。间接费用通常应该由所生产的产品共同承担,所以应选择合适的方法将间接费用在其受益产品之间进行分配,再分配计入受益产品的生产成本中。因此,间接费用的核算有两个方面,一是发生了多少间接费用,二是这些间接费用怎样分配计入产品的成本。

(6)产品成本的计算与结转

通过上述的计算与记账,已将产品加工过程中所发生的所有生产费用,包括直接费用和间接费用都已计入了"生产成本"账户。"生产成本"账户的借方反映了本期为生产产品所发生的全部费用。月末,将生产完工的产品称为产成品,对其应及时办理验收入库手续,并将完工产品成本从"生产成本"账户转入"库存物资"账户;生产的产品有的尚未完工,称为在产品,其成本则继续保留在"生产成本"账户,反映月末在产品的生产成本。因此,每月月末应正确计算完工产品成本,产成品的计算公式为:

期初在产品成本+本期的生产费用=完工产品成本+期末在产品成本

假设期末没有在产品时,产成品的计算公式为:

完工产品成本=期初在产品成本+本期的生产费用

4）销售过程业务核算

村集体经济组织生产出产品后将以一定的价格在市场上出售。产品销售一方面会带来收入的增加，作为“经营收入”进行核算，另一方面会增加产品销售成本，作为“经营支出”进行核算，同时对于按照国家税收政策应交纳增值税的村集体经济组织还应按时交纳增值税。

（1）经营收入与经营支出的确认

经营收入的取得是以一定的经营支出为代价的，因此，在确认经营收入的同时，要确认与该项经营收入相配比的经营支出。

①经营收入与经营支出确认的会计处理基础——权责发生制。会计处理基础就是指处理会计业务的基本出发点。之所以要设定会计处理基础，是因为在经济活动过程中，有的会计事项的发生与款项的收付是一致的，如当期销售发出商品并收到款项，有的会计事项的发生与款项的收付是不一致的，如本期销售并发出商品，但款项却是在以后期间才能收到，或本期发生了费用，但并未实际支付款项，对于这些业务的收益、费用应确认归属为哪一个会计期间？这就是处理会计业务的出发点，即会计处理基础。根据确认收入、费用的不同出发点，会计处理基础包括权责发生制和收付实现制两种。

权责发生制又称为应计制，是以应收应付作为标准来处理经济业务，确定本期收入和费用以计算本期盈亏的会计处理基础。在权责发生制下，凡当期已经实现的收入和已经发生或应当负担的费用，无论款项是否收付，都应当作为当期的收入和费用；凡是不属于当期的收入和费用，即使款项已在当期收付，也不应作为当期的收入和费用。

收付实现制，也称现金收付制或现金制，是以收到或支付的现金作为确认收入和费用的依据。在收付实现制下，凡是在本期实际收到的现金的收入，不论是否应归属于本期，均应作为本期的收入处理，凡在本期实际以现金支付的费用，不论是否应由本期负担，均应作为本期的费用。

比较权责发生制与收付实现制，可以看到按权责发生制确认有关收入和费用，将使各相关会计期间的收入与费用进行合理配比，从而使其损益的确定更为合理，所以有经营业务的村集体经济组织应当以权责发生制为基础对经营收入、经营支出等进行会计确认。但是对于没有经营业务的村集体经济组织，由于业务简单，可采用收付实现制确认收入、费用，以简化核算，降低会计成本。

②经营收入的确认。经营收入是指村集体经济组织从当年直接经营的各项生产、服务等项目中所取得的收入，包括产品销售收入、出租收入、劳务收入等。对于加工类型的村组织而言，经营收入主要是指销售产品的销售收入。经营收入的确认应注意以下几个方面：

对外销售库存物资或提供劳务时，应遵循权责发生制原则，以是否应收作为收入的确认时间，只要收款条件已经具备，并且有理由确定最终能够收到价款，就应当确认经营收入的实现。一般情况下，当库存物资已经发出、劳务已经提供时，不论款项是否收到，均可以确认经营收入；在采用“托收承付”或“委托收款”结算方式时，只要发出实物并办妥手续后即可确认经营收入的实现；采取“长期劳务合同”结算方式时，可按照合同约定的期限分期确认经营收入。

收获的农产品应于农产品销售时，确认取得经营收入。

非经济林木及林产品应于出售时,确认经营收入。

③经营支出的确认。经营支出是指村集体经济组织从事各项生产、服务等直接经营活动所耗费的支出,包括销售商品或农产品的成本、销售牲畜或林木的成本、提供对外劳务的成本、维修费、运输费、保险费,产役畜的饲养费用及其成本摊销等。对于加工型村集体经济组织而言,经营支出主要指所销售加工产品的成本。经营支出通常与经营收入有着直接的关联性,即如果没有某些经营支出,就不会有某些经营收入,正因为两者的这种配比关系,所以经营支出与经营收入的确认是一致的,在经营收入确认的同时,应结转与之配比的经营支出。

(2)账户设置

为准确反映和监督单位通过直接经营活动所取得的经营收入以及与其相配比的经营支出,应设置"经营收入"和"经营支出"账户。

"经营收入"主要核算村集体经济组织当年发生的各项经营收入。贷方登记经营收入的当年发生额,借方登记年终转入"本年收益"科目的全年结转额,平时(年终结转前)账户余额在贷方,反映村集体经济组织已实现的经营收入总额,年终结转后本账户应无余额。本科目设置"农产品销售收入""物资销售收入""租赁收入""劳务收入""服务收入"等明细科目,进行明细核算。

"经营支出"账户主要核算村集体经济组织因商品、农产品、对外提供劳务等活动而发生的实际支出。借方登记经营支出的当年发生额,贷方登记年终转入"本年收益"科目的全年结转额,平时(年终结转前)账户余额在借方,反映村集体经济组织已发生的经营支出总额,年终结转后,本账户应无余额。本科目设置"农产品支出""工副业产品销售支出""物资销售支出""劳务支出""服务支出"等明细科目,进行明细核算。

(3)业务举例

【例 1.86】南汇村工厂出售已入库宽粉 100 000 kg,每千克售价 4 元,已收到款并存银行,宽粉入库成本为每千克 2.368 6 元。

在进行这笔业务的核算前,先强调业务所涉及的增值税的计算及交纳问题,按照国家对农副产品生产、销售的优惠政策,如果村集体经济组织生产销售的是初级农业产品的,可以免收增值税;但如果所销售的是以农产品为原料的红薯粉就不是免税的范围了,应交纳税金。作为南汇村工厂这样的小规模纳税人,其交纳的增值税应在销售收入发生时计算,计算公式为:销售额/(1+3%)×3%,将销售额减去税金的金额作为经营收入进行记录,将应交的税额记入"应交税费"账户。

出售时:

应交纳的增值税税额=400 000/(1+3%)×3%=11 650.49(元)

经营收入额=400 000-11 650.49=388 349.51(元)

编制会计分录如下:

借:银行存款	400 000
贷:经营收入——宽粉销售收入	388 349.51
应交税费——应交增值税	11 650.49

结转成本时：

经营成本＝2.368 6×100 000＝236 860（元）

借：经营支出——宽粉销售成本　　　　236 860

　贷：库存物资——宽粉　　　　236 860

【例 1.87】假定【例 1.86】中销售款项尚未收到，其余条件不变。

如果销售款项尚未收到，则意味着出现了应收而未收的款项，为准确反映和核算单位因销售商品、提供劳务等而发生应收及暂付款项，应通过“应收款”账户进行核算，本业务会计分录如下：

出售时：

借：应收款——某超市　　　　400 000

　贷：经营收入——宽粉销售收入　　　　388 349.51

　　应交税费——应交增值税　　　　11 650.49

结转成本时：

借：经营支出——宽粉销售成本　　　　236 860

　贷：库存物资——宽粉　　　　236 860

从【例 1.86】和【例 1.87】可以看到销售时可能出现的两种情况：一种是一手交钱一手发货，及时收回了货款，此时记录银行存款的增加；另一种情况是销售了但没有及时收回款项，这时增加的是债权，应通过“应收款”账户进行记录，当村集体经济组织发生“应收款”之后，就要指定专人对应收款进行催收和管理，及时收回货款，保证资金供应。

【例 1.88】承【例 1.86】，年终，本笔业务所产生的经营收入和经营成本将至“本年收益”账户，其分录为：

借：经营收入　　　　388 349.51

　贷：本年收益　　　　388 349.51

借：本年收益　　　　236 860

　贷：经营支出　　　　236 860

1.3.2　承包租赁型村集体经济组织会计业务处理

承包租赁型村集体经济组织是以农户和其他单位承包集体耕地、林地、果园、鱼塘及村（组）办企业等以取得发包及上交收入，以及将村集体经济组织的资产如房屋等对外租赁以取得租赁收入为收入来源的村组织。该类型村集体经济组织的主要业务是与承包商、租赁方签订合同，并对取得的发包收入、租赁收入及与租赁承包相关的支出等进行核算。租赁、承包是当前村集体经济组织较为常见的业务内容。

下面以东兴村集体经济组织为例进行介绍。东兴村地理位置靠近乡镇，周围已开发了不少工业园区，该村将村属的企业、机动地、果园等承包给个人或单位经营，将靠近城镇的房屋及村属运输设备租赁给其他企业、个人使用，取得发包及上交收入和租赁收入。

1) 发包及上交收入

(1)发包及上交收入业务内容

发包及上交收入包括发包收入和上交收入两部分。发包收入是指村集体经济组织通过将集体资产发包给农户、所属单位或其他单位和个人,按合同规定取得的承包收入,如发包集体的耕地、林地、果园、水面、鱼塘等收取的承包费。上交收入是指村办企业或与村集体经济组织有一定关系的企业及单位向村集体经济组织上交的利润或其他款项。

(2)发包及上交收入的确认

发包及上交收入的确认应遵循权责发生制原则,即村集体经济组织只要能确定发包及上交收入有可能发生,具有了收取发包或上交收入的凭据即可确认发包及上交收入,具体包括两种情况:一是村集体经济组织已收讫农户、承包单位上交的承包金及村办企业上交的款项,可在收讫款项时确认收入;二是村集体经济组织虽已取得了收取承包费或者上交收入的凭据,但是尚未实际收到该款项,应在取得相关凭据时确认收入,同时登记"应收款"或"内部往来"的增加,待实际收到款项时,再冲减"应收款"或"内部往来"。

(3)账户设置

为准确反映和监督村集体经济组织取得的发包及上交收入情况,村集体经济组织必须设置"发包及上交收入"账户,"发包及上交收入"账户核算农户和其他单位承包集体耕地、林地、果园、鱼塘等上交的承包金及村(组)办企业上交的利润等。贷方登记发包及上交收入的当年发生额,借方登记年终转入"本年收益"科目的全年结转额,平时(年终结转前)账户余额在贷方,反映村集体经济组织已取得的发包收入与上交收入总额,年终结转后本账户应无余额。该账户设置"发包收入""上交收入"两个二级账户,并按承包单位名称设置三级明细账户,实行明细核算。同时,为了更好地对发包及上交收入进行监督,村集体经济组织可设置"发包及上交款物登记簿",对发包及上交款物进行序时登记并及时进行财务公开。

【例 1.89】东兴村集体经济组织收到王某承包集体林场承包费 9 000 元。其会计分录为:

借:现金　　9 000

　　贷:发包及上交收入——发包收入——王某　　9 000

【例 1.90】东兴村集体经济组织收到某单位转来集体果园承包费 40 000 元。其会计分录为:

借:银行存款　　40 000

　　贷:发包及上交收入——发包收入　　40 000

同时要登记"发包及上交款物登记簿"。

【例 1.91】东兴村集体经济组织收到村办水泥厂上交利润 90 000 元,款存银行。其会计分录为:

借:银行存款　　90 000

　　贷:发包及上交收入——上交收入——村办水泥厂　　90 000

同时要登记"发包及上交款物登记簿"。

【例 1.92】村民张某承包集体机动地 2 hm^2,合同规定每年上交承包费 3 200 元,张某当

年实际上交 2 400 元现金,余 800 元经村民代表会议讨论通过转为往来。其会计分录为:

借:现金　　2 400

　内部往来——张某　　800

　贷:发包及上交收入发包收入——张某　　3 200

同时要登记“发包及上交款物登记簿”。

【例 1.93】年终,村集体经济组织根据“发包及上交款物登记簿”结算当年应交未交的承包费 20 000 元,经村民代表会议讨论通过转为往来。其会计分录为:

借:内部往来——××　　20 000

贷:发包及上交收入——发包收入　　20 000

同时登记“发包及上交款物登记簿”。

【例 1.94】年终,村集体经济组织将承包收入 72 200 元、上交收入 90 000 元,全部结转。其会计分录为:

借:发包及上交收入——发包收入　　72 200

　　　　　　　　——上交收入　　90 000

　贷:本年收益　　162 200

2)租赁收入

(1)租赁收入的内容

租赁收入是指村集体经济组织将集体的资产租赁给村民或其他单位及个人所取得的收入,如将集体所有的房屋、运输设备、土地使用权出租等。

(2)租赁收入的确认

村集体经济组织发生的租赁收入应作为“经营收入”进行核算,为取得租赁收入而发生的租赁支出,应作为“经营支出”进行核算。

在租赁收入核算时必须注意划分清楚哪些业务是承包收入,哪些业务是租赁收入。两者的性质是不同的,承包收入通过“发包及上交收入”账户进行核算,租赁收入通过“经营收入”账户进行核算。那么,承包和租赁到底有哪些区别呢? 承包和租赁有很多相似点,村集体经济组织的集体资产可以承包,也可以租赁。但是,如果是承包业务,村集体经济组织除了提供固定资产、土地等承包物外,还必须有承包任务或指标,如果对外承包的是一个生产性的企业,还需提供企业营业执照、卫生许可证和税务登记证等材料,有的还要提供企业工作人员。而租赁却没有提供原材料、技术或人员等其他条件,只提供固定资产、生产场所或工具设备等动产或不动产的使用权。更为重要的是,承包是一个整体的概念,比如将村办企业承包给个人,则在承包过程中企业由税后利润形成的新增资产仍属于村企业,而不属于承包经营者个人。但如将其租赁给个人,租赁经营的承租者在租赁经营期间所形成的资产增值部分则全部或者部分地为承租者所有,而不归村集体经济组织。

租赁收入在确认时间上采用权责发生制,即当取得了可以收取租金的有关凭据时,就可以确认租赁收入,具体包括两种情况:一是村集体经济组织已收讫租金,即可在收讫款项时确认收入;二是村集体经济组织虽已取得了收取租金的凭据,但是尚未实际收到该款项,应在取得相关凭据时确认收入,同时登记“应收款”或“内部往来”的增加。

(3)业务举例

【例1.95】东兴村集体经济组织将村属的临街房屋出租给康达销售公司作为其办公用地,租赁合同规定每年租金收入为200 000元,于每年年初时一次性以银行存款付清。收到银行存款时的会计分录为:

借:银行存款　　200 000

　　贷:经营收入——租赁收入　　200 000

【例1.96】如【例1.95】中,东兴村集体经济组织尚未收到银行存款,也应在确认很可能收到该租金时,确认租赁收入,其会计分录如下:

借:应收款——康达销售公司　　200 000

　　贷:经营收入——租赁收入　　200 000

【例1.97】东兴村集体经济组织将村属的运输设备租赁给村民王某进行运输营运,租赁合同规定每月租金收入为5 000元,于月初时以现金款付清。收到现金时的会计分录为:

借:银行存款　　5 000

　　贷:经营收入——租赁收入　　5 000

【例1.98】如【例1.97】中,村民王某尚未交纳款项,也应确认经营收入,其会计分录为:

借:内部往来——王某　　5 000

　　贷:经营收入——租赁收入　　5 000

1.3.3 对外投资型村集体经济组织会计业务处理

村集体经济组织为了更好地经营村集体经济组织的资产,可利用本村的现金、银行存款、实物资产等资产对其他企业、村集体经济组织等进行长、短期投资。村集体经济组织财政资金结余、村属工厂、农场、果园、林场、养殖场等单位都可以对外投资。为了更好地学习相关内容,现以金沙村对外进行的长短期投资业务为例,学习长短期投资取得、股利利息收入、投资收益的核算。

1)对外投资的概念及分类

投资是指村集体经济组织根据国家法律、法规规定,以货币资金、实物资产或者购买股票、债券等有价证券方式向其他单位的投资。其中,能够随时变现、持有时间不准备超过一年(含一年)并且符合一定条件的为短期投资,不准备在一年内(不含一年)变现的有价证券等投资为长期投资。

2)账户设置

为准确反映和核算村集体经济组织长、短期投资的取得、持有期间的损益和处置等情况,应设置"短期投资""长期投资"等账户。

"短期投资"账户核算村集体经济组织购入的各种能随时变现并且持有时间不准备超过一年(含一年)的股票、债券等有价证券的投资。借方登记短期投资的增加,贷方登记短期投资的减少,余额在借方,反映实际持有的对外短期投资的成本。

"长期投资"账户核算村集体经济组织准备在一年内(不含一年)变现的投资,包括股票投资、债券投资和村集体经济组织企业等投资。借方登记长期投资的增加,贷方登记长期投资的减少,余额在借方,反映期末长期投资的实有数额。

3）业务举例

【例 1.99】2015 年 1 月 10 日,金沙村购入平庄能源公司股票 5 000 股,买入价 12 元,其中买价中含有已宣告发放尚未支付的股利 1 元,另付佣金等费用 1 000 元,均以银行存款支付该股票准备随时变现。其会计分录为:

借:短期投资——平庄能源　　56 000
　　应收款——应收平庄能源股利　　5 000
　　贷:银行存款　　61 000

【例 1.100】2015 年 2 月 10 日金沙村收到平庄能源公司派发的股利 5 000 元,其会计分录为:

借:银行存款　　5 000
　　贷:应收款——应收股利　　5 000

【例 1.101】2015 年 10 月 30 日,金沙村因资金需要出售短期持有的平庄能源公司股票,实际收到 60 000 元。其会计分录为:

借:银行存款　　60 000
　　贷:短期投资——平庄能源公司　　56 000
　　　　投资收益　　4 000

【例 1.102】2015 年 6 月 30 日,金沙村以拥有的房屋对红星公司进行投资,该房屋的账面价值为 1 200 000 元,已提折旧 200 000 元。投资协议约定的价值为 950 000 元。其会计分录为:

借:长期投资——红星公司　　950 000
　　累计折旧　　200 000
　　公积公益金　　50 000
　　贷:固定资产——房屋建筑物　　1 200 000

【例 1.103】红星公司于 2016 年 2 月 10 日宣告分配利润 1 500 000 元,金沙村可分得利润 35 000 元,其会计分录为:

借:应收款——红星公司股利　　35 000
　　贷:投资收益　　35 000

【例 1.104】2016 年 2 月 27 日,金沙村收到红星公司支付的利润分配款 35 000 元。其会计分录为:

借:银行存款　　35 000
　　贷:应收款——红星公司股利　　35 000

【例 1.105】2016 年 11 月 30 日,金沙村以 890 000 元的价格转让了对红星公司的投资,款项于当日存到银行。其会计分录为:

借:银行存款　　890 000
　　投资收益　　60 000
　　贷:长期投资——红星公司　　950 000

1.3.4 农作物生产型村集体经济组织会计业务处理

农作物生产主要指以大田作物栽培和蔬菜栽培为主的农业种植业。农作物生产型村集体经济组织一般开设有村属农场，生产粮食、蔬菜等农作物。该类型村集体经济组织的主要业务包括购买农作物种子、计算农产品生产成本并出售农产品等。农作物生产型村集体经济组织与工业品生产加工型村集体经济组织的资金运动过程基本相同，但由于农作物生产周期、生产管理环境与工业品的不同性，使农作物的成本计算过程与工业品有所不同。目前广大农村的农作物生产基本上承包给了村民个人，农作物生产型村集体经济组织较为少见，因而本节只就农作物成本计算过程进行讲解，与工业品生产型村集体经济组织相似的生产准备、产品销售等业务不再重复介绍。为了更好地学习本节内容，现以北华村集体经济组织农场为例进行介绍。北华村农场主要生产粮食作物、经济作物、蔬菜等农作物。

1）成本计算对象

农作物的产品种类非常多，村集体经济组织应根据农作物生产特点和成本管理要求，按照“主要从细，次要从简”的原则确定种植业成本核算对象。一般来说，种植业主要产品为小麦、水稻、大豆、玉米、棉花、糖料、烟叶、草、剑麻纤维等，对这些主要产品，应单独作为成本计算对象核算其生产成本；而对于在这些主产品生产过程中生产的副产品可合并核算其生产成本。

2）成本计算期

农作物的成本计算期应与农产品生产周期相一致，包括其从播种、栽培、成熟到形成入库农产品或者可以对外出售的农产品的期间，并在农作物产出的月份计算成本。

从收获农产品成本核算的截止时点来看，由于农作物种植一般具有季节性强、生产周期长、经济再生长和自然再生长交织的特点，生产成本计算的截止时间因农作物种植的特点而异。如粮、豆的成本应算至入库或在场上能够销售；棉花的成本应算至皮棉；纤维作物、香料作物、人参、啤酒花等作物成本应算至纤维等初级产品；草成本算至其成为干草；不入库的鲜活产品的成本应算至销售；入库的鲜活产品成本应算至入库；年底尚未脱粒的作物，其成本计算期为年底，但其产品成本应预提脱粒费用，下年度实际发生的脱粒费用与预提费用的差额，由下年同一产品负担。

3）成本项目

农作物生产由于受到地域、政策与管理要求等因素的影响，对于农作物成本核算的要求也有一定的差别，因此村集体经济组织可以根据自身的实际情况相应设置成本项目。根据农产品生产的特点和成本管理的要求，一般情况下可设置以下成本项目：

直接材料，指生产中耗用的自产或外购的种子、种苗、肥料、地膜、农药等。

直接人工，指直接从事种植业生产人员的工资、工资性津贴、奖金、福利费。

其他直接费用，指除直接材料、直接人工以外的其他直接费用，如机械作业费、排灌费、田间运输费等。机械作业费，指生产过程中进行耕耙、播种、施肥、中耕除草、喷药、收割等机械作业所发生的费用支出。

间接费用，指应摊销、分配计入各农作物的间接生产费用，如农场管理人员的工资、农场固定资产的折旧费等。

往年费用，是指多年生作物投产前发生的按规定的摊销方法计算并摊入本期产品成本的费用。

4）农作物成本计算

(1)大田作物生产成本的计算

大田作物包括粮食作物和经济作物，大田作物主要产品的生产成本计算应采用品种法，即以主要农产品品种为成本计算对象，并按其设置生产成本明细账，汇集各项生产费用。产品生产成本的计算要在产品产出月份进行，成本计算期与产品生产周期相一致。大田作物的成本计算包括生产总成本归集、单位面积成本计算和主产品单位产量成本。

①大田作物总成本的核算。某种作物的生产总成本，就是该种大田作物在生产过程中发生的生产费用总额。为了核算大田作物的总成本，村集体经济组织应开设“生产成本”总账，应以大田作物或作物群为成本对象设置生产成本明细账，借方登记农作物生产过程中发生的各项费用，贷方登记农作物生产完工后验收入库或出售时的成本。“生产成本”总账账户按成本项目汇集各项生产费用，进行生产成本的核算。

【例1.106】北华村农场种植小麦，播种面积100 hm^2，2015年为种植生产小麦发生下列费用支出：a. 领用小麦种子90 000元、农药22 500元、化肥（尿素、复合肥等）165 000元等库存物资；b. 发生并用现金支付农场作业人员工资25 000元；c. 用现金支付机械作业费、田间运输费等其他直接费用106 000元；d. 计提农场生产用固定资产折旧费、农场管理人员工资，用现金支付农场生产过程中的其他间接费用，上述费用在本农场所生产的小麦、玉米之间按生产产量进行分配，经计算小麦应负担间接费用额共计16 000元，其中固定资产折旧费7 000元，生产管理人员工资2 000元和其他间接费用7 000元。北华村农场小麦生产的会计分录如下：

领用小麦种子、农药、化肥等库存物资时：

	借方	贷方
借：生产成本——小麦	277 500	
贷：库存物资——种子		90 000
——农药		22 500
——化肥		165 000

发生并发放作业人员工资时：

	借方	贷方
借：生产成本——小麦	25 000	
贷：应付工资		25 000
借：应付工资	25 000	
贷：现金		25 000

用现金支付机械作业费、排灌费、田间运输费等其他直接费用106 000元：

	借方	贷方
借：生产成本——小麦	106 000	
贷：现金		106 000

核算分配由小麦负担的折旧费、管理人员工资等间接费用：

借：生产成本——小麦　　16 000

　贷：累计折旧　　7 000

　　应付工资　　2 000

　　现金　　7 000

发放管理人员工资时：

借：应付工资　　2 000

　贷：现金　　2 000

②大田作物单位面积成本计算。某种大田作物的单位面积成本，即公顷成本，就是种植 1 hm^2 大田农作物的平均成本。其计算公式如下：

某种作物单位面积(公顷)成本＝该种作物生产总成本×该种作物播种面积

在【例 1.104】中，计算出的大田作物的总成本为 424 500 元，播种面积 100 hm^2，则其单位面积(hm^2)成本为 424 500÷100＝4 245(元)。

③大田作物主产品成本的计算。

a. 大田作物主产品成本计算公式。大田作物在完成生产过程后，一般可以收获主、副两种产品。主产品是进行生产的主要目的，如小麦、棉花等；副产品是附带获得的产品，如麦秸、棉秆等。由于主、副产品是统一生产过程的结果，所以一种作物的全部生产费用，应当由它的主、副产品共同负担。因此某种大田作物的主产品单位产量成本(每千克成本)，需从全部生产费用中扣除副产品价值。其计算公式如下：

$$\text{某种大田作物主产品单位产量(kg)成本}=\frac{\text{该种作物生产总成本}-\text{价值}}{\text{该种作物主产品产量}}$$

b. 大田作物主、副产品成本分配方法。由上式可知，计算某种大田作物主产品的单位产量成本，需将副产品价值从总成本中扣除，但是作为统一过程生产的产品，其费用无法在生产过程中区分，只能通过一定的方法在主副产品之间进行分配，最终能够计算出主产品的成本。大田作物主、副产品成本分配方法主要有两种：一种为估价法，另一种为比率法。若副产品既不能利用，又不能出售，其生产费用全部由主产品负担，不需在主、副产品之间进行分配。

- 估价法。就是对副产品按市场价格进行估价，以此作为副产品成本，再从生产成本总额中减去副产品的成本，即为主产品的总生产成本。

- 比率法。就是按照一定比率把生产费用总额在主产品和副产品之间进行分配，这种方法要求按照市场价格提供主、副产品的计价成本，并以主、副产品的计划成本总额作为分配标准对总生产成本费用进行分配。

(2)蔬菜生产成本的计算

蔬菜按其栽培方式，有露天栽培和保护地栽培两种。下面分别介绍两种栽培方式下的成本计算方法。

①露天栽培蔬菜的生产成本计算。对大宗的各主要的露天栽培蔬菜，应按每种蔬菜设置明细账，单独核算每种蔬菜的生产成本，其费用汇集、成本计算指标和计算方法与大田作

物相同。对于小量和次要的露天栽培蔬菜,可合并计算其生产成本。

【例 1.107】北华村农场将番茄、茄子、黄瓜 3 种作物合并为一个成本计算对象,成本明细账上汇集的生产费用总额为 20 000 元。番茄产量 20 000 kg,每千克平均售价 1 元;茄子产量 20 000 kg,每千克平均售价 0.5 元;黄瓜产量 50 000 kg,每千克平均售价 0.4 元。要求以蔬菜的销售额为标准分配成本费用,并编制蔬菜生产成本计算表见表 1.8。

表 1.8　蔬菜生产成本计算表

2015 年 4 月 30 日

产品	产量/kg	单位售价/元	销售额/元	分配率/元	总成本/元	单位成本/元
栏次	1	2	3=1×2	4	5	6=5÷1
番茄	20 000	1	20 000	0.4	8 000	0.4
茄子	20 000	0.5	10 000	0.4	4 000	0.2
黄瓜	50 000	0.4	20 000	0.4	8 000	0.16
合计	90 000		50 000		20 000	

②保护地栽培蔬菜的生产成本计算。保护地栽培蔬菜,就是利用温床和温室进行蔬菜栽培。一般是先用温床育菌,然后移至温室。因此,保护地蔬菜作物的生产总成本,包括直接计入蔬菜生产成本的费用,需要分配的温床和温室费用以及其他间接费用。其中直接计入蔬菜生产成本的费用,是指耗用的种子、肥料、农药、生产工人的工资及福利费等;温床、温室的费用,是指温床和温室的发热材料费、燃料费、供水费、管理温床以及温室的工人工资及福利费、温床和温室的折旧费、修理费等;其他间接费用是指保护地栽培蔬菜应负担的制造费用等。温床和温室费用应按照各种蔬菜占用的温床格日数或温室平方米数,分配计入各种蔬菜的生产成本。温床格日数是指某种蔬菜占用温床格数和在温床生产日数的乘积;温室平方米日数,是指某种蔬菜占用温室的平方米和在温室生长日数的乘积。按格日数或平方米日数分配温床、温室费用的计算公式如下:

$$\text{某种蔬菜应分配的温床(温室)费用}=\frac{\text{温床(温室)费用总额}}{\text{实际使用的格日(平方米日)总数}}\times\text{该种蔬菜占用的格日(平方米日)数}$$

【例 1.108】北华村农场利用温床培育黄瓜、番茄两块秧苗,温床费用为 3 200 元,其中黄瓜占用温床 40 格,生长期为 30 天;番茄占用温床 10 格,生长期为 40 天。秧苗育成移至温室栽培后,发生温室费用 15 200 元,其中黄瓜占用温室 1 000 m^2,生长期为 70 天;番茄占用温室 1 500 m^2,生长期为 80 天。两种蔬菜发生的直接生产费用为 3 000 元,其中黄瓜 1 360 元,番茄 1 640 元。应负担的制造费用共计 4 500 元,采用直接费用比例法分配。两种蔬菜的产量分别为:黄瓜 38 000 kg,番茄 29 000 kg。现将各种共同费用计算分配如下:

黄瓜应分配的温床费用=3 200÷(40×30+10×40)×40×30=2 400(元)

黄瓜应分配的温室费用=15 200÷(1 000×70+1 500×80)×1 000×70=5 600(元)

黄瓜应分配的制造费用=4 500÷(1 360+1 640)×1 360=2 040(元)

番茄应分配的温床费用=3 200÷(40×30+10×40)×10×40=800(元)

番茄应分配的温室费用＝15 200÷(1 000×70+1 500×80)×1 500×80＝9 600(元)

番茄应分配的制造费用＝4 500÷(1 360+1 640)×1 640＝2 460(元)

(3)草生产成本计算

草生产成本计算至干草,其总成本包括草生产过程、收获过程以及晾晒烘干成干草过程的全部费用,其计算过程同大田作物成本的计算,在此不再重复。

$$草场单位面积(hm^2)成本=\frac{种草生产总成本}{种草总面积}$$

$$干草单位产量(t)成本=\frac{种草生产总成本}{干草总产量}$$

(4)农作物生产成本计算的特殊问题

①多年生作物生产成本计算。多年生作物是指人参、甘蔗、剑麻、啤酒花等作物。多年生作物的特点是生长期长,按其收获次数可分为一次收获和多次收获两种。一次收获的多年生作物如人参等,应按生长期内各年累计的生产费用计算成本,其成本计算方法应采用分批法或品种法,生产期内各年累计的生产费用即为其总成本。总成本扣除副产品价值,除以主产品产量即为主产品单位成本。主产品单位成本的计算公式如下:

$$一次收获的多年生作物产品单位成本=\frac{往年费用+本年费用-副产价值}{主产品总产量}$$

多次收获的多年生作物,在未提供产品以前的累积费用,首先在“生产成本某农产品”中归集,然后按计划总产量与每年产量的比例,摊入投产后各年产出产品的成本,即转入“生产成本——某农产品(本年)”,投产后各年发生的生产费用,由当年产出的产品负担,其成本计算方法也可采用分批法或品种法计入“生产成本——某农产品(本年)”。多次收获的多年生作物主产品单位成本的计算公式如下:

$$\begin{matrix}多次收获的多年生作物\\主产品单位成本\end{matrix}=\frac{往年费用本年摊销额+本年费用-副产品价值}{本年主产品总产量}$$

②间种、套种和混播作物产品的生产成本,可将全部间种、套种、混种作物的产品作为一个类别,在类内以各种产品的产量或售价作为分配标准分配共同性费用。各种作物的直接费用加上应分配的共同费用,即为生产总成本;扣除副产品价值,即为主产品成本。

1.3.5 林木种植型村集体经济组织会计业务处理

林木种植型村集体经济组织一般开设有村属果园或林场,主要业务为经济型林木与非经济型林木的核算。为了更好地学习本节内容,现以中兴村集体经济组织果园和林场为例进行介绍。中兴村果园主要种植经济林木,中兴村林场主要种植非经济型林木。

1)林木资产概述

林木资产包括经济型林木和非经济型林木两类。这两类林木资产的用途是不同的,一类林木资产作为生产工具能够重复地生产出产品,如果树的果实等;第二类是在砍伐后能够售出从而实现其成本补偿。按林木资产的不同用途人们可将林木资产分为经济林木和非经济林木,其中作为单位生产工具的林木资产称为经济林木,其特点在于能够重复地生产出相应的产品,因而其成本是通过不断生产出的产品的售出而获得补偿,其性质有点类似于固定资产，人们也将此类林木资产称为生产性林木资产；非经济林木则无法重复地提供某一类农产品，而是只有通过砍伐售出才能获得其成本补偿的林木资产，其性质有点类似于存货，人们也将此类林木资产称为消耗性林木资产。由于两类林木资产的成本补偿方式不一致，在进行会计核算时必须将两类林木资产严格区分开来单独进行核算。

为了对村集体经济组织的林木资产进行核算，应设置“林木资产”账户并设置“经济林木”和“非经济林木”两个二级账户，以分别对经济林木和非经济林木进行核算。

2）林木资产的计价

林木资产的价值主要体现在生物成长期间增加的价值，一般按原始价值、培植价值、摊余价值计价。原始价值是指购入的林木资产按照购买价及相关税费等计价；培植价值是指经济林木投产前发生的培植费用和非经济林木郁闭前的培植费用；摊余价值是指林木资产的原始价值加培植价值减去林木资产累计摊销后的余额，其反映林木资产的现有价值。林木资产具体按以下原则计价：

购入的林木资产按照购买价及相关税费等计价；

经济林木投产前的培植费用、非经济林木郁闭前的培植费用按实际成本计入相关资产成本；

经济林木投产后，应将其成本扣除预计残值后的部分在其正常生产周期内按直线法分期摊销，预计净残值率按照经济林木成本 5% 确定；

已提足折耗但未处理仍继续使用的经济林木不再摊销；

林木资产死亡毁损时，按规定程序批准后，按实际成本扣除应由责任人或者保险公司赔偿的金额后的差额，计入其他收支。

3）经济林木资产的核算

经济林木是指橡胶、果树、油桐、油茶、核桃、桑、茶等。经济林木在资产性质上属于固定资产，因此该项资产的核算包括 4 个内容：取得时的计价、经济林木的生产成本、折耗的计提及转出时的成本结转。

（1）账户设置

为了对村集体经济组织拥有的经济林木资产进行集中核算，应设置“林木资产——经济林木”账户，该账户核算村集体经济组织购入或营造的经济林木资产的成本。借方登记购入或营造的经济林木的实际成本，包括购买经济林木时支付的购买价格和相关税费，以及在经济林木投产前发生的培植费用，由于经济林木资产属于生产性农业资产，其价值转移方式是在该林木资产的使用寿命内不断转移的，为此必须对经济林木资产的价值分期进行摊销，因此贷方登记经济林木资产的摊销价值，以及对外售出、投资及毁损时应结转的账面价值。余额在借方，反映村集体经济组织所拥有的经济林木的实际成本。同时，在经济林木的培植与管护过程中还会发生材料耗费、人工耗费及其他耗费，应通过“库存物资”“应付工资”“银行存款”“现金”等账户进行核算。

（2）经济林木资产购入的核算

单位购入经济林木时，按购买价及相关税费，并按经济林木的名称及营造阶段借记“林

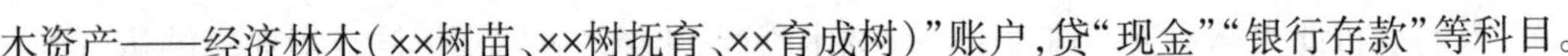

木资产——经济林木(××树苗、××树抚育、××育成树)”账户,贷“现金”“银行存款”等科目。

购入的经济林木资产如为非育成树(树苗或抚育),则需要进一步营造为育成树投入正常的生产,从而涉及林业资产成本(培植费用)的核算,如为育成树,则可以直接投产,其只涉及管护费用的核算,不涉及林业资产成本(培植费用)的核算。

(3)经济林木资产营造的核算

经济林木资产营造的核算包括投产前、投产时、投产后3个阶段。其中,投产前发生的营造费用是林木资产的培植费用(育苗成本和定植抚育成本),是树苗及树抚育成本不断增加的价值,应计入“林木资产——经济林木”账户,投产后发生的营造费用是经济林木资产的管护费用及经济林木资产价值的摊销,应计入“经营支出”账户。

①经济林木投产前的业务核算。经济林木投产前的核算主要是对育苗成本和定植抚育活动所进行的核算,树苗的育苗成本又由苗圃生产费用和起苗费用组成。苗圃生产费用主要是未起苗前发生的苗圃费用,包括直接材料费、直接人工费和其他直接费用。起苗成本是指产出树苗的生产成本,包括产出树苗应负担的苗圃费用和起苗费用。因此,这些苗圃费用需要在树苗产成品和在产品之间进行分配。分配的方法主要有占用面积比例法和起用株数比例法。面积比例法适用于根苗发育均匀、大面积起用时的成本计算,该方法是按照起用面积占全部面积的比例计算起用树苗应分摊的起苗前的苗圃生产费用。株数比例法适用于树苗发育不均匀、采用间苗方式起用时的成本计算,该方法是按照起用株数占全部株数的比例计算起用树苗应分摊的起苗前苗圃生产费用。

下面以中兴果园果树营造为例介绍投产前的经济林木的会计核算。

【例1.109】中兴果园果树组经营果树苗20 000株,未起苗前的苗圃费用为60 000元,其中40 000元为领用库存物资,20 000元为发放果树组员工工资。会计分录为:

借:林木资产——经济林木(果树苗)　　60 000
　贷:库存物资　　40 000
　　应付工资　　20 000

【例1.110】承【例1.109】中兴果园果树组将经营的上述果树苗14 000株起苗,发生起苗费用2 800元,用现金支付,按起用株数比例法计算树苗产成品成本,起苗后其中10 000株用于定植抚育,4 000株以每株5元的价格出售。其计算过程与会计分录为:

$$每株树苗成本=\frac{起苗前生产费用}{起用株数+未起用株数}=\frac{60\ 000}{14\ 000+6\ 000}=3(元)$$

树苗在产品成本=未起用株数×每株成本=6 000×3=18 000(元)

树苗产成品成本=起用株数×每株成本+起苗费用
=14 000×3+2800=44 800(元)

树苗产成品单位成本=44 800÷14 000=3.2(元)

出售树苗成本=3.2×4 000=12 800(元)

抚育树苗成本=3.2×10 000=32 000(元)

借:经营支出　　12 800

林木资产——经济林木(果树抚育)　　32 000
贷:林木资产——经济林木(果树苗)　　44 800

【例1.111】中兴果园果树组为抚育果树,领用库存化肥1000元,用现金支付人工费600元,同时为防治病虫害,以现金支付果树喷洒药剂费用200元。其会计分录为:

借:林木资产——经济林木(果树抚育)　　1 800
　贷:库存物资——化肥　　1 000
　　现金　　800

②经济林木投产时的核算。经济林木投产意味着林木育成,可以提供林产品,经济林木由抚育阶段转为育成树阶段,应将该经济林木的账面营造成本(包括育苗成本和抚育成本)进行结转,其会计分录为:借记"林木资产——经济林木(育成××树)"账户,贷记"林木资产——经济林木(××树抚育)"账户,未转出的费用为该经济林木的在产品成本。其费用的分离可以按林木抚育年限计算,也可按计划成本或固定价格计算。

【例1.112】中兴果园某种果树本期营林面积2 000亩,本期育成面积400亩,从定植到育成需4年时间。尚有800亩已抚育2年,400亩抚育1年,400亩刚刚植入。本期累计营林费用合计为324 000元。结转育成树成本计算与会计分录为:

抚育中林木折为育成林木数量=800×2/4+400×1/4+400×0=500(亩)

分配率=324 000÷(400+500)=360

育成林木成本=400×360=144 000(元)

在产品成本=324 000-144 000=180 000(元)

借:林木资产——经济林木(育成果树)　　144 000
　贷:林木资产——经济林木(果树抚育)　　144 000

③经济林木投产后的核算。经济林木投产后所发生的费用通称为采割成本,采割成本的计算期间为橡胶算至加工成干胶片,茶算至加工成商品茶,果算至装箱(筐)。没有加工设备的,橡胶算至采割鲜胶乳,茶算至采摘鲜叶。其业务主要由经济林木本年成本摊销和管护费用组成。其也构成了本年经济林木产品的总成本。

【例1.113】中兴果园年末摊销本年度投产的苹果树成本,其账面成本为120 000元,预计可使用10年。摊销额计算及会计分录为:

该苹果树预计净残值=120 000×5%=6 000(元)

该苹果树每年摊销额=(120 000-6 000)÷10=11 400(元)

借:经营支出——苹果　　11 400
　贷:林木资产——经济林木(苹果树)　　11 400

【例1.114】中兴果园生产苹果60 000 kg,本年度应摊销的果树成本为30 000元。本年度发生的管护费用及有关账务处理如下:

投入肥料1 600元、灭虫农药1 800元,应付机械灌水费用6 000元,应付固定员工的人工费用12 000元,会计分录为:

借:经营支出——苹果　　21 400
　贷:库存物资——肥料　　1 600

——农药　　1 800

内部往来　　6 000

应付工资　　12 000

领用采摘苹果用箩筐 600 元,会计分录为:

借:经营支出——苹果　　600

贷:库存物资——箩筐　　600

本年苹果树摊销,会计分录为:

借:经营支出——苹果　　30 000

贷:林木资产——经济林木(苹果树)　　30 000

本年所产 30 000 kg 苹果的成本计算如下:

总成本=21 400+600+30 000=52 000(元)

单位成本=52 000÷60 000=0.867(元)

由于上述苹果的总成本已计入"经营支出"账户,因此对于所生产的苹果只需账外备查登记,不需进行成本结转核算。

④经济林木减少的核算。经济林木的减少主要包括经济林木的采伐出售、对外投资、死亡毁损。

【例 1.115】中兴果园因洪水冲毁苹果树 50 株,其账面价值为 7 000 元,经保险公司确认赔偿 7 500 元,会计分录为:

借:应收款　　7 500

贷:林木资产——经济林木(苹果树)　　7 000

其他收入　　500

【例 1.116】中兴果园由于修建高速公路,采伐果树林,该树出售给乡木材厂,价款 6 000 元,已存入银行,其实际成本 4 600 元。

借:银行存款　　6 000

贷:经营收入——林业收入　　6 000

借:经营支出——林业支出　　4 600

贷:林业资产——经济林木　　4 600

4)非经济林木资产的核算

非经济林木资产是只有通过砍伐后售出才能获得其成本补偿的林木资产,其性质为消耗性林木资产,在资产性质上属于存货资产。为了核算非经济林木资产的成本,应设置"林木资产——非经济林木"账户,主要核算非经济林木资产的增加、营造、减少业务。该账户核算村集体经济组织购入或营造的非经济林木资产的成本,借方登记购入或营造的非经济林木的实际成本,包括购入非经济林木时支付的购买价格和相关税费,以及在非经济林木郁闭前发生的培植费用。贷方登记村集体经济组织的非经济林木资产地处销售、投资或毁损时应结转的实际成本。平时余额在借方,反映村集体经济组织所拥有的非经济林木的实际成本。

【例 1.117】中兴林场为绿化单位,进行绿化用杨树种植,本年度发生的郁闭前培植费用如下:投入肥料 800 元、灭虫农药 900 元,应付机械灌水费用 3 000 元,应付固定员工的人工费 6 000 元。其会计分录为:

借:林木资产——非经济林木(杨树)　　10 700
　贷:库存物资——肥料　　800
　　　　　——农药　　900
　　内部往来　　3 000
　　应付工资　　6 000

【例 1.118】承【例 1.117】,假设发生的费用为郁闭后的费用,其会计分录为:

借:其他支出　　10 700
　贷:库存物资——肥料　　800
　　　　　——农药　　900
　　内部往来　　3 000
　　应付工资　　6 000

非经济林木的其他核算内容,如采伐出售、对外投资、死亡毁损等与经济林木的核算基本相同,所以不再重复举例。

1.3.6 养殖型村集体经济组织会计业务处理

养殖型村集体经济组织一般开设有村属养殖场,是以养殖畜、禽为主的村集体经济组织,其主要业务为幼畜(禽)、育肥畜(禽)、产役畜(禽)的核算。其与加工类型企业在基本业务处理的原则也是相同的,不同的是养殖业的养殖过程与生产过程不同,因此本节将以牲畜(禽)资产养殖的核算为主进行介绍,同时,由于种植业的林木资产和养殖业的牲畜(禽)资产并称为农业资产,它们都是活的生物,因此两者在核算中会有一些相通的地方,在学习的过程中要注意总结对比。

为了更好地学习本节内容,现以全明村集体经济组织养殖场为例进行介绍。全明村养殖场主要养殖牲畜和家禽。

1)牲畜(禽)资产概述

村集体经济组织的牲畜(禽)资产可按其用途分为役畜、产畜(禽),以及幼畜(禽)和育肥畜(禽),其中役畜和产畜(禽)统称为产役畜。产畜是指供繁殖、剪毛、产奶及产蛋用的牲畜和家禽,如骡马、牛、驴、骆驼、猪、羊、鸡、鸭等;役畜是指供劳役用的牲畜,如马、牛、骡、驴、骆驼等。产畜和役畜在性质上属于劳动资料,因此属于生产性农业资产。

幼畜及育肥畜是指未成龄的猪、羊、鸡等小畜(禽)。它们可以直接提供产品,也可以转作产役畜。幼畜和育肥畜是畜牧业和农业生产发展的基础。为加强对幼畜及育肥畜的核算工作,应建立健全原始记录,对其产仔、转群、调出、调入、购入、死亡等进行记录。并设“畜禽变动登记簿”逐日进行登记。幼畜(禽)和育肥畜(禽)为消耗性农业资产。

为了对村集体经济组织拥有的牲畜(禽)资产进行集中核算,应设置“牲畜(禽)资产”账户,并设置“幼畜及育肥畜”和“产役畜”两个二级账户,以分别对幼畜及育肥畜和产役畜进行核算。

2）牲畜（禽）资产的计价

牲畜（禽）资产的价值一般按原始价值、饲养价值、摊余价值计价。原始价值是指购入的牲畜（禽）资产按照购买价及相关税费等计价；饲养价值是指产役畜成龄之前在饲养过程中发生的费用；摊余价值是指牲畜（禽）资产的原始价值加饲养价值减去牲畜（禽）资产累计摊销后的余额，其反映牲畜（禽）资产的现有价值。牲畜（禽）资产具体按以下原则计价：

购入的牲畜（禽）资产按照购买价及相关税费等计价；

幼畜及育肥畜的饲养费用按实际成本计入相关资产成本；

产役畜应将其成本扣除预计残值后的部分在其正常生产周期内按直线法分期摊销，预计净残值率按照产役畜的5%确定；

已提足折耗但未处理仍继续使用的产役畜不再摊销；

牲畜（禽）资产死亡毁损时，按规定程序批准后，按实际成本扣除应由责任人或者保险公司赔偿的金额后的差额，计入其他收支。

3）幼畜及育肥畜资产的核算

幼畜及育肥畜在资产性质上类似于存货资产。幼畜及育肥畜的核算主要包括增加、自繁、减少、与产役畜转换等。“牲畜（禽）资产——幼畜及育肥畜”账户核算村集体经济组织幼畜及育肥畜时支付的购买价及相关税费，以及在饲养过程中发生的饲养费用，贷方登记幼畜转为产役畜时应结转的实际成本，以及幼畜及育肥畜对外销售、投资或毁损时应结转的实际成本。余额在借方，反映村集体经济组织拥有的幼畜及育肥畜的实际成本。

【例1.119】全明村养殖场发生了下列经济业务：

①购入了200只健康仔猪，每头200元，购买价格为40 000元，以银行存款支付，另发生运费400元，以现金支付，应编制的会计分录为：

借：牲畜（禽）资产——幼畜及育肥畜　　40 400
　贷：银行存款　　40 000
　　现金　　400

②在该批小猪的饲养过程中发生各种饲养支出共计26 000元，其中消耗本村的库存物资24 000元，支付饲养员工资2 000元。应编制的会计分录为：

借：牲畜（禽）资产——幼畜及育肥畜　　26 000
　贷：库存物资——饲料　　24 000
　　现金　　2 000

③有两头小猪在饲养过程中因病死亡，此时该批小猪的实际总成本为66 400元(40 400+26 000)，每头小猪的单位成本332元。经对小猪的生病原因进行分析后，发现是饲养员使用了不符合规定的饲料造成，为此由饲养员赔偿损失金额的50%。应编制的会计分录为：

借：内部往来饲养员　　332
　其他支出　　332
　贷：牲畜（禽）资产——幼畜及育肥畜　　664

④将剩余的198头小猪再饲养了一段时间，累计发生了各项饲养费用共计20 000元，其

中耗用库存物资 18 000 元，支付饲养员工资 2 000 元。

发生饲养费用时：

借：牲畜（禽）资产——幼畜及育肥畜　　20 000

　贷：库存物资——饲料　　18 000

　　现金　　2 000

⑤发生育肥舍折旧费用 1 000 元。

借：牲畜（禽）资产——幼畜及育肥畜　　1 000

　贷：累计折旧　　1 000

⑥之后将 198 头育肥猪售出，售价为每斤（1 斤=0.5 kg）6 元，该猪平均的质量为 95 斤，款项 112 860 元，已通过银行收取。

该批猪的实际成本总额=40 400+26 000−664+20 000+1 000=86 736（元）

此时该批猪每斤的单位成本=86 736÷198÷95=4.61（元）

根据上述计算，应编制的会计分录为：

将幼畜售出时：

借：银行存款　　112 860

　贷：经营收入　　112 860

借：经营支出　　86 736

　贷：牲畜（禽）资产——幼畜及育肥畜　　86 736

4）产役畜资产的核算

产役畜在资产性质上类似于固定资产。该项资产的核算包括 3 个内容：取得时的计价、折耗的计提及转出时的成本结转。“牲畜（禽）资产——产役畜”账户核算村集体经济组织产役畜的成本。借方登记村集体经济组织获得产役畜所发生的实际成本，贷方登记产役畜每期的摊销价值以及产役畜因为出售、对外投资或毁损等原因应结转的账面价值，余额在借方，反映村集体经济组织所拥有的产役畜的摊余价值。

【例 1.120】全明村养殖场购入耕牛一批，共支付买价 60 000 元。预计其使用寿命为 5 年，制度规定净残值率为成本的 5%。计算每年应计提的折耗金额并进行相应的账务处理。

①购入耕牛时：

借：牲畜（禽）资产——产役畜　　60 000

　贷：银行存款　　60 000

②每年计提折耗时：

该批耕牛的预计净残值=60 000×5%=3 000（元）

第 5 年的折耗金额=（60 000−3 000）÷5=11 400（元）

借：经营支出　　11 400

　贷：牲畜（禽）资产——产役畜　　11 400

【例 1.121】接【例 1.120】，该批耕牛每年发生的饲养费用为 10 000 元，其中包括库存物资 8 000 元，饲养员工资 2 000 元。3 年后，该单位决定购买农机代替耕牛，故将所拥有的耕牛全部售出。

①发生饲养费用时：

借：经营支出 10 000

贷：库存物资 8 000

应付工资 2 000

②售出耕牛时：

耕牛在售出时的账面价值＝60 000－11 400×3＝25 800（元）

借：经营支出 25 800

贷：牲畜（禽）资产——产役畜 25 800

本章小结

村集体经济是农村经济中重要的组成部分，所以如何记录村集体经济组织资金、资产和资源的增减变动情况，做一本让村民放心的透明账是非常重要的。要想解决这些问题的关键就是要加强村集体经济组织会计核算工作，所以本章内容就是着力解决村集体经济组织中会计核算的若干问题。

本章的内容包括村集体经济组织会计工作的组织与管理、村集体经济组织会计基础知识、村集体经济组织一般业务处理和核算、村集体经济组织特殊业务处理等，系统完整地介绍了村集体经济组织会计核算中存在的若干问题。对接下来学习其他类型农业经营主体会计核算具有一定的借鉴意义。

案例　金沙村财务管理制度

××县火井乡金沙村2015年年末，农业人口256户，733人，辖3个村民小组，年末耕地面积620亩，其中，水田面积470亩，旱地面积150亩，山林（含集体）面积3 562亩，村内小型水库1座，面积47亩，滩地96亩。水库和滩地均已承包出去。本村村部办公用房屋，建于2009年，建筑面积260 m^2，2009年修建通村公路7 km。五保户10人，国家供养6人，其中，集中供养2人，供养资金为1 500元/人年；分散供养4人，供养资金为800元/人年；村级供养4人。特困家庭10户29人，残疾人7人。现役军人2人。村干部3人，村支书兼主任：李××；治保主任：王×；妇女主任：李×；会计：朱××；出纳：段××。本村设组长3人，1组组长：李××；2组组长：张×；3组组长：付××。村民理财小组5人。执行《村集体经济组织会计制度》，自主独立核算。在火井信用社开户，开户账号27039041200000××××。支票、农村专用收据等票据由会计购买并登记，出纳领用和用完在会计处核销。预留支票印鉴两个，财务专用章由会计保管，村主任印鉴由出纳保管。采用科目汇总表会计核算形式组织核算，每月汇总一次并登记总账。记账凭证种类选择通用记账凭证。原则上每周定期报销和处理账务一次。收入来源主要有4类。一是各级财政补助收入；二是各级部门指定用途的专项拨款收入；三是筹资筹劳和村集体生产经营活动所得收入，主要包括承包滩地和水库收入、一事一议筹资筹劳收入；四是其他收入，主要包括利息收入、资产盘盈收入等。支出主要有4项。一是管理费支出，主要用于办公、差旅报纸杂志、会议招待、村干部工资等村级管理支出；二是福利费支出，主要用于烈军属补助、义务兵补助、五保户等困难村民优抚补助、计划生育补助、文教卫生等福利支出；三是其他支出，主要用于公益等方面支出和资产盘亏损失；四是专项支出，主要包括通村公路等一事一议项目支出、小流域治理、新农村建设、水井、安全饮水等指定用途的专款支出。固定资产按照平均年限法，采用分类综合折旧率计提折旧，房屋使用年限 30 年，年折旧率 3%；机械交通设备使用年限 10 年，年折旧率 6%；用品用具使用年限 5 年，年折旧率 8%；所有固定资产的净残值率统一为 3%。涉及本村重大决策、重要干部任免、重大项目安排和大额资金使用，在村党组织领导下，按照“四议两公开”的程序决策实施。“四议两公开”是指党支部会提议、“两委会”商议、党员大会审议、村民代表会议或村民会议决议、决议公开、实施结果公开。

案例分析与讨论题

1. 金沙村财务基本情况如何？是否符合相关村集体经济会计制度？
2. 对金沙村财务管理制度是否需要完善，有哪些完善的建议？

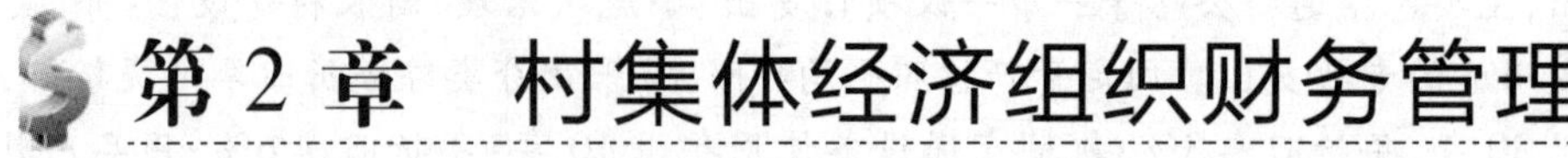

第2章 村集体经济组织财务管理

学习目标

- 了解村集体经济组织财务管理的目标、对象、主要内容、管理体制和管理模式。
- 理解资金时间价值,掌握终值和现值的计算。
- 掌握筹资管理、资产管理、投资管理和收益分配管理的具体内容。

知识点

村集体经济组织财务管理的相关概念及资金时间价值的计算;村集体经济组织所涉及的筹资管理、资产管理、投资管理、收益分配管理的相关内容

案例导入

中国农村生活着7.45亿农民,分布着320万个村庄,为了便于政府管理组成了63万个行政村。在行政村中,经过村民选举产生村委会,设立村党支部,组成村集体经济组织的管理机构。每个行政村按照自然村的分布状况又分成村民小组,村民小组受行政村村委会和村党支部的管理和领导。村集体经济组织带领全体村民从事生产经营经济活动和社区管理服务活动,并肩负着党在农村各项政策的贯彻落实。在此过程中必然要发生一系列的经济活动,还要对村集体的经济活动进行决策、计划和控制,村集体经济组织财务管理工作应运而生。

2.1 村集体经济组织财务管理概述

在经济和社会事务管理中,财务和会计管理的对象都是资金运动,但管理的角度和方式却并不相同,会计侧重的是对经济活动的记录、反映和报告,而财务侧重的是计划、控制和监督。通常所说的财务会计工作就是对财务管理和会计管理的统称。长期以来,财务与会计的关系是明分暗不分,具体表现就是财务管理机构与会计管理机构往往是合二为一,财务人员实际上也是会计核算人员,村集体经济组织也不例外。

村集体经济组织拥有一定数量的资产,这些资产是农村经济发展的基础。要管理好这些资产,就要发生相应的经济活动,就要发生资金的筹集、资金的使用和耗费,组织收入和收益分配等经济活动。在村集体经济组织从事以上活动中依据法律法规,对村集体经济组织的经济活动和社区服务中的资金运动管理就是村集体经济组织财务管理。

2.1.1　村财务管理的目标

财务管理关系到村集体经济组织集体资产的安全与完整；关系到生产经营和管理服务工作能否正常开展；关系到生产要素的合理组合和利用；关系到能否正确处理内外各方面之间的经济利益关系；关系到调动广大村民群众的积极性；关系到村集体经济组织集体经济能否发展壮大和有没有凝聚力的大问题。其工作目标主要如下所述。

1）管好用活集体资产，切实提高经济效益

村集体经济组织要发展各业生产，开发各种经济资源，迫切需要加强财务管理，管好用活集体资金，开拓生产资金的来源渠道，有效地利用现有的生产要素，增加各项生产经营和管理服务收入，努力降低各项费用开支水平，从而提高经济效益。

2）确保集体资产安全完整，充分发挥村集体经济组织管理职能

加强财务管理工作，可以确保集体资产的安全与完整，实现集体资产的保值增值，从而巩固壮大集体经济。村集体经济组织以集体经济实力，承担着统一服务、管理协调等职能。通过加强财务管理，积极帮助和指导所属单位和农户搞好生产经营，充分调动他们的生产积极性，正确处理好同他们的经济利益关系，从而确保村集体经济组织统一经营服务职能的切实履行。

3）落实国家财经法规，促进农村基层民主政治建设和廉政建设

村集体经济组织财务管理工作是根据党和国家的有关方针、政策、法规、制度来开展的。当前农村正在开展以“三资”代理为主要内容的农村基层党风廉政建设，推行“民主定事、制度理财、群众评官”，因此，开展农村基层党风廉政建设离不开财务管理工作。

2.1.2　村财务管理的对象和范围

财务管理的对象是资金及其流转，主要包括资金的筹集、资金的使用和资金的分配。资金流转的起点和终点是现金，其他资产都是现金在流转中的转化形式。从财务的观点看，成本费用是现金的耗费，收入和利润是现金的来源。村集体经济组织的现金流转具有两重性。第一，村集体经济组织社区管理活动中的现金流转，与行政事业单位现金流转的性质相同。第二，村集体经济组织经营性活动中的现金流转，与企业现金流转的性质相同。

村财务管理的范围，从涉及的内容看，有农业企业财务、工业企业财务（有加工企业的村组织）、非营利组织的财务（村行政管理和社区服务）、基本建设财务等多方面。

2.1.3　村财务管理的主要内容

①凡是村集体经济组织资产增加、减少和收益分配事项，如筹集资金，对外投资、组织收入、安排支出、进行收益分配等都是村集体经济组织财务管理的内容。

②村集体经济组织的承包业务，社会保障方面的政策落实，在社区服务和管理中各项费用的预算、费用的控制和决算。

③联营企业、村办企业等日常经济活动和资产的保全情况的必要管理和监督。

④政府或社会团体的各种补助、专项资金或专项物资的实施管理和监督。

2.1.4 村财务管理的任务

村财务管理的任务是建立村集体经济组织财务制度，规范财务工作流程，加强集体资产管理，实行民主理财，确保农村财务正常运行，提高资金使用效益，促进村集体经济组织发展经济，促进农民增收。

1）建立健全财务会计制度

严格执行村集体经济组织财务制度，建立简明、规范、适用的财务管理制度和内部控制制度。着重要抓好民主管理和财务公开制度、现金及银行存款管理制度、债权债务管理制度、资产台账管理制度、票据管理制度、会计人员管理制度、村干部离任审计制度、“一事一议”筹资筹劳管理制度、会计档案管理制度、财务开支审批制度等财务管理制度建设。

2）规范财务工作流程

财务工作流程是做好会计工作的重要前提，对于确保会计信息处理工作有条不紊地进行，提高会计工作的质量和效率，正确、及时地编制会计报表等，都起着非常重要的作用。

3）规范会计核算

村集体经济组织要科学建账，确保会计核算准确、及时、全面。会计核算要从填制和审核原始凭证、记账凭证、登记各种账簿，到编制会计报表的全过程进行规范。

4）保持收支平衡

不仅要维持当前经营的收支平衡，而且要满足扩大规模的资金需要，这是村级财务管理的主要任务。因为，村集体经济组织要迅速扩大经营规模，就要扩大固定资产规模，增加存货，应收款、经营费用等都会增加，使现金流出扩大，村财务管理要力求使扩大后现金流入大于扩充时的现金支出。

5）实行财务监督

财务监督是财务管理的基本职能，是经济活动真实性、合法性、合理性的有效手段，是确保计划、预算贯彻落实的保障。

2.1.5 村集体经济组织财务管理体制

村财务管理体制就是指村财务管理的组织体系和财务管理的制度建设。简单地说，村财务管理就是指哪些人通过什么样的方式来实施管理。本书主要从组织体系上介绍财会人员和财会业务是怎样组织管理的。

1）村财务管理机构

目前，大多数村一级集体经济还处在发展中，规模较小，业务量不大，为节省人力，村财务管理和村会计管理合二为一，合署办公，统称为“村会计”或“村财会”。在合二为一的条件下，村财会人员要兼有财务和会计管理职能，但遇到较大或较重要的财务事项时，则由村委会或村集体经济组织集体决策。如果是经济规模较大的村，财务管理就应该独立出来，形成单独的专门管理部门，以便使财务管理发挥更大的作用。

2）财务管理人员

(1)村财会人员的管理要求

农业部、民政部、财政部、审计署《关于推动农村集体经济组织财务管理和监督经常化规范化制度化建设的意见》（农经发〔2003〕11 号）规定：农村集体经济组织会计人员要保持相对稳定，因工作需要确需调换的，必须经集体经济组织成员大会或成员代表大会讨论通过，乡（镇）农村经营管理部门核准，并报县级农村经营管理部门备案。村财会人员享受与村其他主要干部同等的劳动报酬和福利待遇。同时，村主要干部的直系亲属不得担任该村的财会人员。村财会人员调动或离职时，必须按规定办理交接手续，编制交接清单，移交人、接交人、监交人要签字盖章，乡（镇）业务主管部门验印存档。在未办清交接手续以前，财会人员不得离职。

(2)村财会人员的资格要求

村财务管理人员是村财务管理的具体执行者。由于财务管理是一项专业技能较强的工作，所以，对村财会人员来说，国家有一定的资格要求。只有取得会计任职资格的人员才能从事财会工作。目前，村财会人员的任职资格主要是按照农业部要求执行的，没有纳入国家财政部门的统一管理(《中华人民共和国会计法》规定，会计主管部门是财政部门)。随着管理的规范化，财政部门今后要按照《中华人民共和国会计法》要求对村财会人员实施统一管理，并进行培训，逐步提高村财会人员业务水平，使之达到国家规定的资格标准。

(3)村财会人员的素质要求

为了减轻农民负担，各地对村干部都有职业素质要求，很多管理工作是合并的（如会计也兼统计）。对村财会人员来说，除了从事财务会计业务外还要参与其他事务性工作，比如要参与农产品销售、物资采购、发包业务管理等；村里的大事小事，都会有财会人员参加，各种场合都能看到财会人员的身影。所以，对农村的财会人员素质要求是能够达到一专多能，成为农村经济生活中的“能人”和“明白人”。村财会人员应该具备的素质如下所述。

①熟悉农村财会业务。主要掌握农村集体经济组织经济财务和会计业务知识。此外，由于村集体经济组织可以从大农业角度发展多种经营，除了农业之外，还可以发展加工业、商贸流通及服务旅游等产业，所以，村财会人员还要了解农业企业、工业加工企业、基本建设、流通企业和旅游服务等同农村集体经济组织经济相关的财会业务知识。

②熟悉与农村有关的政策。目前党和国家把农业、农民、农村问题列为国家的头等大事，党中央和国务院及有关部门制定的惠农政策是历史上最多、力度最大的，这些政策都会变成资金或财产物资，通过各种形式转到农村和农民身上，对村集体经济组织经济和农民的生产、生活产生直接或间接的影响。因此，村财会人员要及时了解党和国家的经济方针政策，清楚国家大的经济走向和对农业的方针政策，并要采取积极措施争取得到这些政策支持。对本地政府和各部门的农村政策更要及时了解、及时掌握并及时运用好相关的政策。

③要有良好的人际关系、服务心理和职业兴趣。财务会计工作表面上看是与数字打交道，但是实质上却是在与人打交道。在工作中，要与上级领导、本村干部、村民，认识的、不认识的人打交道，在生活中还要同老亲故邻打交道。无论是工作上的接触还是生活上的交往，

都会或多或少地影响财务管理效果。所以，农村财务人员要有良好的沟通能力，能在村里村外保持良好的人际关系，要成为大家愿意接触的人。

同时，农村财务管理人员还要有良好的服务心理，能处理好管理与服务的关系，能平衡由于资金缺乏带来的各种矛盾，成为群众放心并能依靠的管理人员。职业兴趣是指财会人员对财会工作的喜好情绪，是决定财会工作质量的主要因素。一个财会人员如果喜爱财会工作，就会自觉学习业务，提高工作质量和效果。

④要有一定的组织能力。在财务管理的具体工作中，往往涉及人力、财产、物资、事务的分配、协调等工作，要同人、财、物、事打交道。这就要求财会人员具备一定的组织协调能力，能支配好各项资源，平衡好各种矛盾，使人、财、物、事都能发挥更好的作用和处在最好的状态上，使之取得最好的经济和社会效果。

⑤具有良好的职业道德。会计职业道德是财会工作的准则、规范和修养。财会人员每天都在同钱打交道，必须具备良好的职业操守，这是财会人员工作的底线，只有在这个基础之上，才能开展管理工作。

3）财务管理模式

我国农村财务会计业务管理主要有下列组织形式。

(1)村财自管

所谓村财自管就是村里的财务会计业务由村集体经济组织自行管理和支配。村里的资金、物资的预测、计划、使用、记录和报告均由村集体经济组织独立实施。这种体制责任明确，决策效率较高，利于发挥村一级组织理财积极性，体现了村民自治的要求。不足之处是缺乏有效的监督制约机制，财务会计核算不规范，在民主理财机制不完善或监控不力的情况下，容易因财务方面的问题而发生较大的矛盾。

(2)村财乡(镇)管

村财乡(镇)管是指在不改变村集体经济组织资产所有权、审批权、使用权、收益权的前提下，由村集体经济组织成员大会或成员代表大会表决同意，委托乡(镇)专门机构("经济管理工作站"或"财会管理服务中心")进行会计集中核算，在民主管理的基础上，实现乡(镇)、村两级的双重监督。实行村财乡(镇)管，村级不再单设会计，只设一名报账员，持经村集体经济组织负责人和民主理财小组分别审核同意的会计凭证，定期到会计服务中心报账。会计服务中心定期为各村提供会计报表等财务资料，由各村进行财务公开。这种模式坚持以下原则：财务管理与会计核算相分离的原则；会计主体和资金所有权、使用权不变的原则；代理记账，集中管理，统一开户，分户核算，规范服务的原则。这种组织形式优点是能规范会计行为，提高会计信息质量。不足是容易影响村级理财的积极性，决策效率不高。

(3)代理记账

对不具备单独设立财会机构的村，按照相关法律规定，可以委托有财会代理记账业务资质的中介机构代理。在这种模式下，社会中介机构只负责会计核算，提供会计报告，其他会计职能均由村集体经济组织负责。

(4)村间互助管理

对一些财会业务量较少的村之间，除财务决策外，对其他的财会业务，由各村之间选出财会管理人员采用互助方式管理各村的财会业务。这种模式的好处是节省人力,节约开支。

一般来说,现阶段各村无论采取何种管理模式,只要符合法律规定,能达到规范理财、账目清楚、提高理财效率、保护集体资产的安全完整,就应该是可行的。

2.2　资金的时间价值

村集体经济组织在进行各种财务管理活动时,都要考虑资金的时间价值。所谓资金的时间价值,就是资金在周转使用过程中,由于时间的变化而形成的差额价值,也称为货币时间价值。村集体经济组织的许多财务活动如筹资、融资、投资等,都有资金占用时间的问题(如投资期、贷款期限),所用的资金也都是有代价的,任何经济活动,只要存在这两个因素,就存在时间价值。比如,现在的 100 元钱和一年后的 100 元钱,其购买力是不一样的,一年后的 100 元钱购买能力就不如现在的 100 元钱;又如年利率为 10% 时,现值 100 元就等于一年后的 110 元钱,反过来看,一年后的 100 元钱,只等于现在的 90.91 元钱,这就是资金的时间价值。所以,农村财务人员在资金使用时要认真考虑时间给财务活动带来的影响。如果,银行存款的年利率是 10%,而这项投资活动的年资金利润率低于 10%,那么这项投资活动就被认为是不可取的。在这里,银行的利息率就成为企业资金利润率的最低界限。由于资金时间价值这些特点,因此要求财务人员牢固地树立资金时间价值观念,并要把这个观念运用到财务管理的实际工作中。要了解资金的时间价值,首先要了解以下几个概念。

2.2.1　终值

终值就是资金的未来价值,也就是现值加上利息。众所周知,今天的 1 元钱,会比一年后的 1 元钱价值大。那么,今年的 100 元钱明年值多少?如果年利率是 10%,第二年的同时期,这 100 元就变成了 110 元,这就是 100 元一年后的终值。终值的计算有两种方法:

1)按照单利计算

单利就是只计算本金的利息。其只涉及本金产生的利息,不论时间多长,各期产生的利息不计入本金计算下期利息。按照单利计算,100 元 5 年后的终值就是 150 元[100×(1+10%×5)]。

2)按照复利计算

复利是指每经过一个计息期,要将所生利息加入本金再计利息逐期滚算,俗称“利滚利”。这里所说的计息期,是指相邻两次计息的时间间隔,如年、月、日等。例如 100 元 5 年后的钱数,可以通过查复利终值系数表得知,先按表横列查到利率 10%,然后按纵列往下查到第 5 年期数上是 1.610 5。表明今天的 100 元钱,按照每年 10% 的复利计算,5 年后就是 161.05 元。通过比较,复利计算要比单利计算多出 11.05 元,这就是 5 年里利息创造的价值。

3)年金终值计算

年金终值计算是复利计算的一种特殊形式。年金是指相同的间隔期付出(或收到)同等数额款项的现金活动事项。

【例2.1】2016年某村民从孩子上初中一年级开始,为孩子积攒上大学的费用,每年年末存款5 000元,年利息5%,6年后,孩子上大学时能积攒多少钱?这就是一个计算年金终值的问题(图2.1)。

5 000	5 000	5 000	5 000	5 000	5 000
↓	↓	↓	↓	↓	↓
1年	2年	3年	4年	5年	6年

图2.1 年金终值

如果第一年存进5 000元,可以在银行存5年;存进的第二笔5 000元钱,可在银行存4年;以此类推,到了第5年年底,其可在银行存1年,第6年年底的5 000元期限为0,计算如下:

第6年存入的5 000元的复利终值:5 000(元)

第5年存入的5 000元的复利终值:

5 000×(1+5%)=5 250(元)

第4年存入的5 000元的复利终值:

5 000×(1+5%)(1+5%)=5 000×(1+ 5%)^2=5 512.5(元)

第3年存入的5 000元的复利终值:

5 000×(1+5%)^2(1+5%)=5 000×(1+5%)^3=5 788.13(元)

第2年存入的5 000元的复利终值:

5 000×(1+5%)^3(1+5%)=5 000×(1+5%)^4=6 077.53(元)

第1年存入的5 000元的复利终值:

5 000×(1+5%)^4(1+5%)=5 000×(1+5%)^5=6 381.41(元)

年金终值=5 000+5 250+5 512.5+5 788.13+6 077.53+6 381.41=34 009.57(元)

这种分笔计算工作量较大,所以在实际工作中一般采用直接查年金终值系数表求得。用年金终值系数表,查5%利率的6年期年金终值系数是6.801 9,乘以5 000元,就等于34 009.5元。

2.2.2 现值

终值和现值,是两个相对应的时间价值。终值是根据目前的资金数额来计算未来的实际价值。而现值则是将未来的资金数额折算成现在的实际价值。

仍以上面复利的例子为例,现在的100元,按照10%的年利率计算,5年后是161.05元。这里,现在的100元就是现值。也可以说它是5年后161.05元的现值。

在实际工作中,可以通过查现值表(也称复利现值系数表)计算。如果要知道1年后的1元钱现在值多少,假如还是10%的利率,可查横向的10%利率,然后再看纵向的1年期,两者相交的点是0.909 1。这就是说1年后的1元钱,现在只值0.909 1元。如果利率是12%,则为0.892 9元。可以看出,同样的一笔未来的钱,在同样的时间里利率越高,其现值越低。也就是说,贴现率越高,现值越低。

【例2.2】假如有一笔100元的未来收入,同样是10%的利率,一年后拿到的100,仅是现在的 90.91 元(100×0.909 1)。如果 5 年后拿到这 100 元,则只值现在的 62.09 元(100×0.620 9)。从这里可以看出,在同样的利率条件下,贴现期越长,现值越低。

那么,如何求年金的现值? 可看例 2.3。

【例 2.3】假如在今后 4 年里,每年年终都要拿到 10 000 元,这 4 笔钱的现值是多少。假设利率为 10%,你在第 1 年年终拿到 10 000 元,这笔钱的现值是 9 091 元(10 000×0.909 1);第 2 年年终的 10 000 元现值是 8 264 元(10 000×0.826 4);第 3 年年终的 10 000 元,现值是 7 513 元(10 000×0.751 3);第 4 年年终的 10 000 元,现值是 6 830(10 000×0.683 0),4 笔合起来,共是 31 698 元。在实际工作中,可以查"年金现值系数表"直接求得(10 000×3.169 9=31 699 元),计算结果基本一致。

2.3　村集体经济组织财务管理内容

村集体经济组织财务管理的主要内容包括筹资管理、资产管理、投资管理和收益分配管理。

2.3.1　筹资管理

随着社会主义新农村建设的开展,村集体经济组织的自有资金已经不能满足经济社会发展的需要,需要从不同方面寻找资金来源,改善农村的落后面貌。

村集体经济组织资金筹集渠道除财政部门的补助收入、上级政府及社会团体的专项补助资金外,还有短期筹资、长期筹资、村级不良债务化解、"一事一议"筹资、吸收外来投资等方面。

1)短期筹资

目前,党和国家的每项支农政策实际上就是一条资金渠道。村级财务管理人员应该不断了解和掌握并运用好国家和地方政府有关部门的支农、惠农政策。此外,党中央提出要建立现代农村金融制度,放宽农村金融准入政策,加快建立农村金融体系。在这个政策的指引下,今后,将会有更多的信贷资金和社会资金投向农村,村集体经济组织的资金来源渠道和机会越来越多。所以,村财务管理人员还要深入学习相关金融知识,了解金融机构对农业、村集体经济组织和农民的支持及服务政策,通过从金融机构获得信贷资金,缓解农村发展资金匮乏的困难。

(1)短期借款

短期借款是指村集体经济组织向银行和非银行金融机构借入的期限在一年之内的借款。目前,面向农村服务的银行主要有中国农业银行、各地的商业银行、中国农业发展银行(属于政策性银行)、农村信用社和目前陆续成立的村镇银行等。一些股份制的商业银行和城市商业银行也逐渐向农村渗透,在农村开展各种金融服务业务,村集体经济组织的筹资渠道将会越来越多。

非银行金融机构是指保险公司、信托投资公司、证券机构(指证券公司、证券交易所和证券登记结算公司等)、信用合作社、邮政储蓄机构、企业财务集团、金融租赁公司和典当行等从事不同金融业务的金融机构。这种金融机构可以通过借贷、租赁、直接投资等不同形式,从不同角度解决村集体经济组织在实施管理过程中临时遇到的资金短缺困难。

银行的短期借款有一定的灵活性,可以解决村集体经济组织所遇到的短期资金不足的临时困难,是实用性较强的筹集资金的渠道。村财会人员应该不断熟悉国家的金融政策,力争同银行建立良好的信誉关系,保证村集体经济组织及时获得短期的资金供给。

(2)应付款项管理

①应付款项的概念与种类。所谓的应付款项,是指村集体经济组织在经济活动中应当支付而尚未支付的各种款项。如采购商品物资、原材料,接受劳务供应,应付未付供货单位的款项。村集体经济组织在日常生产经营活动中,这种先获得物资或者享受服务而后付款的经济活动,称为赊购业务。由赊购业务而形成的应付外单位的款项就称为应付款。如果从资金运用角度看,应付款是产品销售单位的资金,在短时间内被村集体经济组织使用,并且还是无偿使用。因此,实质上应付款项是本单位在商品购销交易中产生的一项短期资金来源。

应付款项主要包括应付账款、应付票据和其他应付款。

a. 应付账款。应付账款是村集体经济组织在购买商品或劳务时,应当支付而尚未支付的款项,是村集体经济组织的一项流动负债。

b. 应付票据。应付票据是指在购买商品或劳务采用商业汇票结算的方式下,村集体经济组织为未能及时支付货款而开出并承兑的商业汇票,包括银行承兑汇票和商业承兑汇票两种。银行承兑汇票是银行承诺在某一日期将款付给收款人,商业承兑汇票是购货方承诺在某一日期将款付给收款人。在未到付款日期前,商业汇票是村集体经济组织的一项流动负债。

c. 其他应付款。其他应付款是指除了应付账款、应付票据之外,村集体经济组织应付给其他单位或个人的款项,包括应付工资、应付福利费、应付水电费、应付租入固定资产的租金、应付投资者的收益等。

②应付款项的管理要求。村集体经济组织的各类应付款项均应及时与对方单位或个人结算,不应拖欠,这样一方面可避免加重利息负担,影响正常业务活动;另一方面也可保证对方单位或个人的经济利益,树立良好信誉。从表面上看,村集体经济组织的应付款项业务和其他财务管理业务相比,是一项相对简单的工作,但是一旦出现问题,就会带来麻烦,需要复杂的工作来处理。所以,应把应付款项列入财务管理的一项重要工作对待,做好以下方面的工作。

第一,建立支付账单"三项核对"制度。所谓支付账单"三项核对",是指当收到需要支付的发票时,要先同物资采购单、验收入库单三项单据核对后,再按照制度在付款到期日之前付款。这3个单据代表的是物资采购前、物资购买确认和物资验收并入库3个过程的证明文件。如果3项核对正确了,就说明物资采购事项完整,物资已经入库,财务上可以付款。如果这3项缺少了哪一项即说明,采购业务并没有最终完成,物资的归属权并没有明确,以后有可能会有不确定的情况出现,所以,财务也不能付款。使用这种办法,可以避免错误付款问题的出现。财务人员在运用这个办法时,要持之以恒、不厌其烦,还要不分金额大小,确保不发生错误付款。

第二,建立内部付款支票签发复核制度。为了避免多付款和重复付款问题的出现,村集体经济组织要建立"付款登记册"和付款单据内部复核制度,对出纳员填制的支票等付款凭证,要由另外一人对照发票和入库单再核对,然后交财务主管最后签发。付款后要及时将已经付款的单位名字登记到"付款登记册"上,以避免重复付款。

第三,建立发票审核制度。发票是指在购销商品、提供或者接受服务以及从事其他经营活动中,开具、收取的收付款凭证,是经济业务的原始证明。发票应具备的要素是:时间、购货单位名称、商品名称、单价、总价款、税务监制印鉴、销货单位印章等,缺一不可。在审核时主要看发票的要素是否齐全,数字是否正确。如发现发票不完整或不正确,应及时退回,在正确发票未到时不能付款。

第四,合理利用现金折扣。所谓现金折扣是指销售方为了鼓励购买者早日偿还货款而制订对货款的现金折扣办法。在还款期限内还款,可以享受到一定比例的现金折扣。付款中的现金折扣通常以"2/10、1/20、N/30"这样一些符号表示,其含义是:"2/10"表示10天内付款可以享受2%的价款优惠;20天内付款可以享受1%的价款优惠;"N/30"表示付款的最后期限是30天,此时付款无优惠。在选择是否利用现金折扣时,主要比较利用现金折扣和不利用现金折扣情况下各自的成本来判断,可以用现金折扣下的利息率同银行贷款利息率比较。

第五,严格付款支票的签发管理。利用支票管理上的漏洞进行经济诈骗是目前经济领域犯罪常用的手段,也是各单位应该时刻提防的问题。利用支票诈骗常见的现象:一是利用获得的票样和印鉴仿造支票,在银行套取资金。二是在村集体经济组织内部不经授权私开支票。为了避免这些问题的出现,村集体经济组织应该加强下述管理。

a. 加强同银行的联系,及时对账。

b. 建立支票发放登记册,对签发的任何一份支票都有相应的记录,支票发放记录要不怕麻烦,逐笔登记,持之以恒,以保证不出差错。

c. 建立支票发放的内部制约机制。对印鉴保管、支票签发应在两人以上相互制约的条件下进行,不能一人包揽支票发放的全部业务。

2)长期筹资

(1)长期借款的管理

长期借款是指借款人向银行或非金融机构借入的使用期限在一年或超过一年的借款。一般情况下,村集体经济组织在生产经营过程中,需要购置机械设备或交通工具等固定资产或对原有设备更新改造、科技开发产品、进行基本建设项目时可以向银行借入长期借款,是长期负债的重要组成部分。一般来说,村集体经济组织在经济活动中,需要的长期资金主要来自两个方面:一是投资人投入的资金;二是长期借款。从投资人角度来看,长期借款往往更为有利。一方面有利于投资人保持原有控制经济的权力,不会因为筹集长期资金而影响投资者本身的控制权益;另一方面还可以为投资人带来获利的机会。因为长期借款利息,在税前利润中列支,在村集体经济组织经济盈利的情况下,就可少缴一部分所得税,为投资人增加利润。

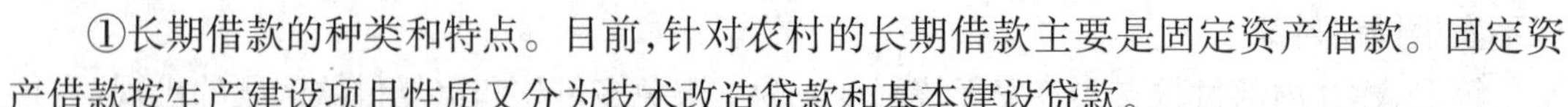

①长期借款的种类和特点。目前,针对农村的长期借款主要是固定资产借款。固定资产借款按生产建设项目性质又分为技术改造贷款和基本建设贷款。

a. 技术改造贷款。技术改造贷款是指银行对借款人用于为开发农业新产品、推广应用科技成果、提高农产品质量、降低消耗,而购置技术改造项目的生产设备和必要的配套土建工程而发放的贷款。技术改造贷款期限一般不超过3年,最长不超过5年。

b. 基本建设贷款。基本建设贷款是指银行对借款人新建、改扩建生产建设项目,购置设备等发放的贷款。基本建设贷款期限不超过5年,最长不超过10年。

长期借款的特点是时间长,并且会在较长的时间内对村集体经济组织经济产生影响。长期借款需要的贷款金额较大,将来的还款压力也大,因此需要村集体经济组织事前做好借款的可行性研究,特别是经济效益的测算,并要经过领导集体决策和民主理财小组的审核以及对全体村民公示。

银行对长期借款发放的原则是:择优扶持、有物资保证(指有符合抵押、担保贷款条件的抵押物,有担保人,以及应参加财产保险)、有充分的项目论证、按期归还。对农村来说,其发放对象是农村集体经济组织所有制的农业、村办工业和商业企业;农村承包经营户;其他符合贷款条件的经济组织等。对农村借款人要求的基本条件是:借款人是自负盈亏单位,有法人资格;经营方向和业务范围符合国家的产业政策,借款用途合理合法,具有借款项目的可行性报告;具有一定的物资和财产保证,担保单位具有相应的经济实力;具有偿还贷款本息的能力;借款单位财务管理和经济核算制度健全,资金使用效果良好,在贷款银行的金融部门开立账户并能办理结算。

②长期借款的偿还方式。到期一次还本分期支付利息。这种偿还方式的特点是到期时要集中偿还本金,借款人的偿还压力集中。

分期还本付息。这种偿还方式是借款人可以分散集中还款的压力。

对借款人来说,无论采用哪种偿还方式,平时应该做好借款偿还计划,也可以建立负债期间的还款基金内部储蓄制度,平时从销售收入中提取一定数额的还款基金存入银行,以保证到期时能及时足额地偿还长期借款。

③长期借款费用的处理方法。村集体经济组织对长期借款利息、汇兑损益等的处理:

第一,用于村办企业生产经营正常周转而借入的长期借款所发生的借款费用,直接计入当期费用。

第二,为购建固定资产而发生的长期借款费用,在该项固定资产达到预定可使用状态前,按规定予以资本化,计入所建造的固定资产价值中;在固定资产达到预定可使用状态后发生的借款费用,则直接计入当期费用中,不再计入固定资产价值。

(2)长期借款的程序

长期借款的程序是指借款过程需要做的工作。要取得借款,村集体经济组织应该从下述5个方面入手。

①拟订借款申请。村集体经济组织要向银行借入款项时,首先要按照银行的借款要求,提出借款申请。目前,服务农村的银行和非银行金融机构较多,各家银行对提供借款的要求也不尽相同,村财务人员应该熟悉拟借款银行的有关条款,按照银行的要求提交借款申请。

一般情况下,借款申请应该写明如下内容:借款种类、数额、用途、借款原因、还款日期、抵押品相关证明等。此外,有的银行还要求借款人提供资产负债表和相关的财务指标,如农产品或工业品销售合同、一定时期的销售额、销售利润率等,对这些要求,村财务也应该积极提供。

②银行审查。银行接到借款申请,要对借款人的资信情况和申请书进行审查与了解。

第一,要了解村集体经济组织的经济状况和信用情况。了解经济状况的目的是分析贷款偿还能力;了解信用情况是分析借款人的信用程度,保证贷款安全收回。

第二,要审查借款申请的用途和原因,看是否符合银行的贷款方向,以便银行作出是否贷款的决策。

第三,要审查借款人的产品销售情况和物资保证情况,以决定贷款的数额。

第四,审查借款人的资金、农产品物资的周转和消耗情况,以确定贷款的期限。

③签订借款合同。签订借款合同是为了保证借贷双方的合法权益而必须履行的手续。借款合同一般包括如下内容:

a. 基本条款,包括借款数额、借款方式、款项发放时间、还款期限、利息数额及利息支付方式、还款方式和双方法人等,这是合同的基本内容。

b. 保证条款,是保证贷款能顺利归还的条款,包括借款的使用要求、有关部门的物资保证、抵押财产相关证明书、担保人及其责任等。

c. 违约条款,主要是对借贷双方违约的处理条款。

d. 其他附属条款,是指其他的辅助性条款,如双方的经办人、合同生效日期等。

④借款人取得贷款。借款合同签订后,银行应该按照合同规定向借款人划拨借款,村集体经济组织取得贷款后,要按照合同的规定使用贷款。

⑤归还贷款。在借款到期前,借款人应该积极做好还款准备,并按期及时归还。至此,整个借款的程序才算圆满结束。如果遇到特殊情况不能按期归还借款,借款人还应提前到银行办理展期还款手续,否则就视同为强行展期。如果不提前到银行办理借款展期,往往会影响借款人的银行信用,特别是强行展期被视为违约,将记入银行不良记录中,会严重影响村集体经济组织的信誉,以致影响以后借款。

3)村级不良债务的化解

过去,一些村集体经济组织在兴办公益性事业、兴办企业等过程中形成的不良债务,已经严重影响了村集体经济组织的发展,成为农村经济发展的包袱,对这些村而言,化解债务显得尤为重要。积极化解不良债务是这些村集体经济组织的一项重要任务。目前,国家对化解村级债务制定的原则是:制止新债、摸清底数、明确责任、分类处理、逐步化解。对用于社会公益项目方面积累下的历史债务,各级财政部门不同程度地出台了一些政策,支持村集体经济组织逐步化解。村集体经济组织应该充分运用这些政策,采取积极措施化解村级债务。主要措施有:

(1)清理债务,摸准底数

要按照每项工程、每笔欠债详细统计,并且要列明欠债事由、责任人、时间、地点等。然后,要笔笔落实、户户见面,债权和债务双方认可再张榜公布,为以后的债务化解打下基础。

(2)依靠发展经济化解债务

这是化解村级债务的根本措施,村集体经济组织应该采取积极措施,发展农村多种经济,增加集体收入,用集体经济的生产发展来化解多年形成的债务。

(3)通过落实责任,化解债务

针对那些原来以村集体经济组织名义举办,但现在已经倒闭的企业,要进行清查,对企业倒闭后转嫁给村组集体的债务,要划清责任界限,并将属于个人承担责任的那部分债务从集体债中剥离出去。

(4)争取政策扶持,化解债务

对原来由于兴办村集体经济组织福利、农村教育、修建道路(主要是村同外界的道路,村内的道路应该自行解决)等原因形成的债务,村集体经济组织应该积极向上级农业和财政部门反映,争取得到上级政府在化解农村不良债务方面的政策支持,帮助村集体经济组织逐渐化解债务。

(5)应收账款抵转债务

应收账款抵转债务也就是常说的"以债抵债",在"以债抵债"情况下,要由债权债务方协商,对拟抵转的债务重新作价进行抵转。一般情况下,拟抵转的债权方要对债务的风险、可能收回的比例进行重新估价。但是,在抵转债务情况下,欠债人往往是主动的,而债权人则处于相对被动的地位,抵转债务定出的价格,往往对欠债人有利。所以村财务可以抓住这一规律,将一些应收账款转抵债务,既可以减轻债务负担,又可以减轻催收应收账款的压力。

(6)盘活资产,化解债务

当村集体经济组织有闲置不用的机器、设备、房产、荒地等资源时,可通过承包、入股和招商引资等形式吸收外来投资,不断增强集体经济实力,以经济实力的增长来提升和壮大村集体经济组织清偿债务的能力。一是可以利用这些资源向社会招租,通过收取租金归还所欠债务。二是可以开发这些资源,通过开发后赚得的利润归还所欠债务。可以利用本村的土地、山林、水域等自然和人力资源融资或作入股股本;如果村集体经济组织拥有荒山、荒沟、荒丘和荒滩(简称四荒地),按照现行有关法律,可以用来转让、入股、抵押或者以其他方式流转。三是村集体经济组织还可以将闲置的公共资产和小型水利设施等进行拍卖、租赁,以此来逐步化解债务。

在化解不良债务的同时,要加强村级财务管理,规范村级行政经费和经济活动决策行为,切实落实取消村级招待费等有关规定,健全并完善村民议事规则和财务公开办法,确保村级民主理财制度落到实处,同时,健全村级财务审计制度。兴办村内公益事业,要严格执行"一事一议"的有关规定,经村民大会或村民代表会议讨论通过。防止村级债务前清后欠,出现新的不良债务。

4)"一事一议"资金管理

(1)"一事一议"资金概念

"一事一议"资金是指农村集体经济组织为兴办村民受益的生产、公益事业时,按照政策规定,经有关部门批准,向村民筹集的专项资金,是现时农村集体经济组织要举办公益事业的主要资金来源渠道。"一事一议"资金筹措的形式有筹资和筹劳两种。

“一事一议”资金的筹措目的主要有：兴办村内农田水利基本建设、村内道路修建和维护、植树造林、抗灾、救灾，农业综合开发有关的土地治理项目和村民认为需要兴办的集体生产生活等其他公益事业项目。

(2)“一事一议”资金的筹措原则和程序

①“一事一议”资金筹措的原则。无论是筹资还是筹劳，都应该遵循量力而行、村民受益、民主决策、上限控制的原则。量力而行就是要考虑本村的经济实力和村民的承受能力；村民受益是指能给村民带来直接的物质精神利益或间接的社会效益；民主决策是指向村民筹资筹劳项目、数额等事项，由村集体经济组织提出预案，提交成员大会或成员代表大会讨论通过；上限控制是指向村民筹资筹劳要有一定的限度，实行上限控制，所筹资金和劳务每人每年不得超过规定上限标准，并不得固定收取筹资及筹劳，不得强行以资代劳。同时，对一些特殊的农户还可以实行免交的政策。如五保户、现役军人不承担筹资筹劳任务；退役的伤残军人、在校就读的学生、孕妇或者分娩未满一年的妇女不承担筹劳任务等。

对以下的农户还可以实行减免的政策：一是家庭确有困难，不能承担或者不能完全承担筹资任务的农户；二是因病、伤残或者其他原因不能承担或者不能完全承担劳务的村民可以申请减免筹劳。

为了保证“一事一议”资金的合理筹集和合理使用，防止成为变相的不合理收费，国家实行了逐级监督管理的体制。由农业部负责全国筹资筹劳的监督管理工作；县级和各乡镇级人民政府负责本行政区域内筹资筹劳的监督管理工作。

②“一事一议”资金的筹措程序。

a. 村集体经济组织提出预算方案，填制预算审批表。首先可由村民委员会提出筹资筹劳事项，也可由 1/10 以上的村民或者 1/5 以上的村民代表联名提出。对村委会决定提交村民会议或者村民代表会议审议的事项，会前应进行项目论证，做好概(预)算并将情况向村民公告，广泛征求意见。

b. 提交成员大会或者成员代表大会讨论通过，并做好记录。召开村民会议，应当有本村 18 周岁以上的村民过半数参加，或者有本村 2/3 以上农户的代表参加。如果召开的是村民代表会议，则应当有代表 2/3 以上农户的村民代表参加。村民会议所做筹资筹劳方案应当经到会人员的过半数通过。村民代表会议表决时按一户一票进行，所做方案应当经到会村民代表所代表的户数过半数通过。

c. 筹资筹劳预算方案讨论通过后向全体成员公示。

d. 经乡(镇)人民政府批准，报县(市、区)农民负担监督管理部门备案。

为了保证不形成对农民的乱收费，村民会议通过的筹资筹劳方案要报经乡镇一级人民政府审核，经乡镇初审同意后，还要报县级人民政府农民负担监督管理部门复审。对符合本办法规定的，县级人民政府管理部门应当在收到方案的 7 个工作日内予以答复；对不符合筹资筹劳适用范围、议事程序以及筹资筹劳限额标准的，应当及时提出纠正意见，村集体经济组织要根据上级的意见再重新调整方案。

如果是相邻村村民共同受益的筹资筹劳项目，应当由受益村之间协商或由乡镇人民政府协调，按照分村议事、联合申报、分村管理资金和劳务的办法实施。

(3)"一事一议"资金的使用管理

①要单独设立账户、单独核算、专款专用。由于"一事一议"资金事关农民的切身利益,应该专设账户,专门管理,更要专款专用。村民主理财小组要负责对筹资筹劳实行事前、事中、事后全程监督,并定期张榜公布,接受村民监督。

②要保护好"一事一议"资金的安全完整,任何单位或者个人不得平调、挪用"一事一议"所筹资金和劳务。

除了按照以上原则和程序筹集"一事一议"资金外,为了保护农民的利益,国家规定,任何机关或者单位不得以检查、评比、考核等形式,要求村民或者村民委员会组织筹资筹劳,开展达标升级等活动;任何单位或者个人也不得擅自立项或者提高标准向村民筹资筹劳。

③要注重资金的合理运用和使用效果。由于"一事一议"资金是从农民手里筹集的,涉及农民的眼前利益,而形成的资产又涉及村集体经济组织和村民的长远利益,为了保证资金的合理使用,对使用过程中的敏感问题,如工程施工单位和设备购买单位的选择等,要按照正规的方式进行招投标,公开选择,使之透明化,避免暗箱操作。并在使用中科学管理,使资金的使用发挥最好的效果。

5)吸收外来投资

吸收外来投资是指村集体经济组织通过各种渠道吸收的用于生产经营并可以长期使用的资本,是外部单位和个人对本村集体经济组织的投资,列为村集体经济组织的自有资金管理。村集体经济组织对筹集到的长期资本享有经营使用权,资本投资者对于投入的资本一般不能随意抽走,但是可以依法转让。

(1)外来投资的种类

①村集体经济组织吸收投资的种类和来源渠道。按照投入资金来源的主体划分,分为国家投资、法人投资、个人投资和外商投资。国家投资是指各级政府部门或机构以国有资产对村集体经济组织所进行的投资。国家投资形成村集体经济组织资本中的国家资本金。法人投资是指法人单位以其可支配的财产物资对村集体经济组织所进行的直接投资。法人投资形成村集体经济组织的法人资本金。个人投资是本村村民或其他区域居民以个人的合法财产进行的直接投资。个人投资形成村集体经济组织的个人资本金。外商投资是指国外投资者和我国港、澳、台投资者对村集体经济组织所进行的投资,外商投资形成村集体经济组织的外商资本金。

按照投资者出资方式划分,可分为货币投资和非货币投资。村集体经济组织吸收的货币投资是指投资者以现金、银行存款进行的直接投资。非货币投资是指投资者以非货币形态的资产所进行的投资。对非货币投资,需要对资产进行合理估价。在吸收非货币投资时,一定要坚持投入资本的有用性,必须是村集体经济组织生产经营或其他管理所必需的,特别是无形资产,一定要有使用价值,能带来更多的经济效益,不能单纯为了招商引资而不加选择地引入不适用的资产,一旦引入了这样的资产,会形成村集体经济组织经济发展的包袱。

②吸收投资的价值确定。村集体经济组织吸收的投资是多种形态的,为了准确计算吸收投资的价值,就要对各种形态的资本进行价值确认。对村集体经济组织吸收投资的价值确定总的原则是:对外币形式投入的资本,应该按照一定时间的外汇汇率计价;对实物资产

和无形资产，应该进行资产评估，公允定价。所谓公允定价是指在交易各方没有直接利益关系的前提下，双方在自愿的基础上确定的交易价值，一般情况下，资产评估机构的评估结果可以作为交易各方认可的公允价值；对劳务资产应该按照一定地域和时间确定价值。以上介绍的各类资产价值的确定应该按照以下具体原则进行：

a. 货币投资。以人民币投入的，可以按照村集体经济组织实际收到的金额计价入账；以外币投入的，应该按照双方投资协议中商定的（一般以合同、协议或者双方订立的章程为准）汇率折算成人民币数额入账。如果双方没有商定的，应该以收到外币当日国家公布的外汇牌价汇率折算成人民币计价并入账。

b. 实物投资。如果投资者是以房屋、建筑物、运输工具、大型设备、材料物资等实物资产投入的，村集体经济组织要同投资方共同确认实物的价值。一般情况下，可以委托资产评估机构来评估资产价值，公允定价。但是需要注意的是，投资者投入的实物资产，必须要附带该项资产所有权和处置权的证明文件，村集体经济组织要对这些文件和资料进行认真辨别，不可吸收对方投入的没有产权和处置权的资产。产权就是财产权，没有产权的资产不能用来投资。资产的处置权是指在资产产权之内拥有对该项资产的处理权利。一般情况下，有了产权就会有处置权。但是，在特殊情况下，产权又同处置权分离，比如，在承包经营体制下，如果承包方经营权限没有解除，财产所有者（即发包方）就没有该项资产的处置权；出租的资产在租期没到时，资产所有者也没有该项资产的处置权。在此期间内，财产所有者不能用来投资。

c. 劳务投资。如果投资者是以劳务形式投资，则劳务投资的价值要按照村集体经济组织所在地当时的力工和技术工社会平均劳务价格做标准计算其价值。

d. 无形资产投资。如果投资者是以专利权、专有技术等无形资产投资，村集体经济组织应该按照资产评估机构的评估价值来确定投资价值。

(2)村集体经济组织吸收外来投资的管理

村集体经济组织吸收的外来投资，虽然会增加生产经营和社会管理的所需资金，但是在取得外来投资的同时，将来的收益分配、资产的使用和保管等经济责任和经济风险也随之引入。所以，在积极吸收外来投资的同时要加强管理。

①村集体经济组织对外来的投资意向，要事先进行可行性研究，预测需要的资金数量、投资的形式、未来收益的分配等方案，并要按照民主理财的决策程序进行；要对经济前景、环境影响、社会效果等全面考察，确保投资项目符合新农村建设的要求，不能引入一个项目，毁坏一片水土，要选择经济效益、社会效益和环境效益三方面都具备的投资项目。

②在广泛宣传、联系和寻求投资人的同时，要深入考察投资人的相关资质。

③与投资方谈判，在明确投资条件、投资额和出资方式、出资时间和投资期限及利益分配方案等的基础上，签署协议或订立合同并办理公证。

④如属非货币投资，要进行资产评估，然后根据评估结果双方协商确认资产价值。在资产价值确定后，要及时办理财产转移手续等。

2.3.2 资产管理

1）流动资产管理

村集体经济组织拥有的资产分为流动资产、农业资产、固定资产和无形资产等。对村集体经济组织拥有的，在一年内或者一个营业周期内就耗用完的，或者经过变卖可以成为现金的资产，称为流动资产。流动资产主要包括货币资金、短期投资、存货和应收款、内部往来等。

流动资产的特点是可以较快地转化成现金。对村集体经济组织来说，流动资产是维持各项管理活动正常开展的基本资源。如果流动资产不足，村集体经济组织的生产经营活动将无法正常进行；如果流动资产过多，会影响村集体经济组织的资金使用效益。所以，村财务人员应该管好用好流动资产。

(1)货币资金的管理

货币资金是指村集体经济组织在生产经营和社区管理服务中，处于货币形态的那部分流动资产，货币资金主要包括现金和银行存款。货币资金是流动性最强的一种资产，也是唯一能够直接转换为其他任何类型资产的资产。

村集体经济组织必须加强对货币资金的管理，确保货币资金的安全性、完整性、合法性和有效利用。安全性是指在资金的使用环节要预防被盗、诈骗和挪用；完整性是指要确保收到的资金全部入账，杜绝“小金库”、资金体外循环等侵占集体收入的违法行为发生；合法性是指按照同家法律法规的相关规定取得、使用资金；有效利用是指村集体经济组织要通过各种筹资、投资等手段有效地持有、合理调度和使用资金，充分发挥货币资金的使用效益。

村集体经济组织要建立货币资金收支的内部牵制制度。村集体经济组织对货币资金的管理要实行不相容职务相互分离的制度。要合理设置会计、出纳及相关的工作岗位，明确职责，相互制约，确保资金的安全。也就是说，业务的授权批准、现金管理、物资管理、会计记录、稽核检查5个方而应各自分离，明确各自的职责权限，形成相互制衡的机制。比如，授权批准人员与业务经办人分离；物资管理人员不能负责收款；银行单据签发和印鉴保管应当分工负责，支票和财务印鉴不能由一人保管；会计、出纳不能相互兼职，不得由一人办理货币资金流通的全部过程等。建立内部牵制制度的目的是建立内部制约机制，使资金支出环环相扣，各环节相互制约，在制度上堵塞可能出现的漏洞。

要加强对货币资金的预算编制，避免资金不足和过剩所产生的不利影响，严格控制无预算或超审批权限的资金支出，使各项支出的执行都有预算和定额控制。

要规范货币资金的管理程序，明确货币资金的审批权限，超限额或重大事项资金支付要实行集体审批，要严格审批支出程序，每笔支出都应由单位负责人审批、民主理财小组和会计主管审核、会计人员复核，不能因为对货币资金的管理不善而影响村集体经济组织的正常运转和经营效益。

要规范货币资金的使用，货币资金的收付只能由出纳员负责，其他人员（包括单位负责人）不得接触货币资金；村集体经济组织每笔收入、支出都要及时开具或取得发票，现金结算款项要及时送存银行。发生的货币资金的收入与支出应当立即入账，并做到日清月结。

①现金的管理。现金也称库存现金，是货币资金的重要组成部分。由于现金可以用来购买任何商品，又是村集体经济组织支付能力的直接表现，因此村财务应该把现金作为一项重要且特殊的资产进行管理。现金管理总的要求是安全完整、库存适量、使用及时。具体来说有下述几点。

a. 加强现金收支的计划性。对村集体经济组织来说，现金的作用主要是：一是交易需要。农产品的买卖和其他经济活动的交易很多时候是靠现金来完成的。二是支付需要。在村委会的日常管理和服务中，一些小额支出是现金支付的。三是支付应急需要。村委会的日常管理和服务中出现的应急事项有时需要现金支付。保证这三方面的需要是现金支出管理的主要目标，这就要求村财务有可行的现金收支计划，使村财务在现金管理上能随时随地做到心中有数。

b. 加强现金支出的管理主要应该抓好下述3个方面的工作。

第一，村集体经济组织要执行人民银行制定的现金结算范围规定。允许村集体经济组织使用现金结算的范围有：干部和村民参加统一经营劳动的工资、津贴和个人劳务报酬，支付给个人的奖金；支付村民的各种福利费、年终收益分配；各种社会保险和社会救济支出，如抚恤金、助学金、退休金、丧葬补助费等；因公出差人员必须随身携带的差旅费；村集体经济组织向个人收购农副产品和其他物资的价款；日常零星开支等。对超出以上范围的现金支出，应该通过银行划转。

第二，严格规范现金支票的管理。支票主要有现金支票、转账支票和普通支票3种。现金支票只能用于支取现金；转账支票只能用于转账，不能支取现金；支票上未印有“现金”或“转账”字样的为普通支票，普通支票可以用于支取现金，也可以用于转账，在普通支票左上角划两条平行线的，为划线支票，划线支票只能用于转账，不得支取现金。由于支票是银行或者其他金融机构在见票时无条件支付确定的金额给收款人或者持票人的票据，因此，村财务人员在签发支票时要认真负责，明确支票的签发和审核责任，以防止现金舞弊行为的发生。

第三，不准“坐支现金”。所谓“坐支现金”，是指从集体经济组织获得的现金收入中直接支取使用的行为。这种行为的主要问题是货币脱离库存现金定额和银行控制，容易造成市场货币流通量的失控。村财务如确实需要坐支现金的，应该事先向开户银行申请。

第四，不准以“白条抵库”。“白条”是指不正规的支出票据。白条抵库就是以非正规的条据作为使用现金支出的凭证，并将这些“白条”抵作库存现金的行为。“白条抵库”容易引起现金舞弊等问题的发生。

第五，出纳人员每一笔款项都应以健全的会计凭证和完备的审批手续为依据，款项收付后，收付款凭证应及时盖上“收讫”“付讫”章，以免重复收付款。

c. 做好现金的收入管理。现金收入管理的主要目的是足额并尽快收回应该收回的现金。为此，应该做好以下工作：

第一，加强发票的请购、领用、稽核、核销工作，发票管理人员和收款人员相分离。

第二，对收到的现金，要做到不坐支、不挪用、不私存，确保收入的完整。

第三，要减少现金的浮游时间。所谓浮游现金，是指本单位所有的现金停滞在结算、票据传递、银行划转等状态。这部分现金虽然已经归属本单位所有，但是由于还浮游于以上周转环节中,没有进入本单位银行存款账户。村财务部门要尽量减少现金的浮游时间,将收回的现金及时交存银行。

d. 出纳人员要做到每日现金日记账余额与保管的现金核对相符,并经常与会计核对账目。

②银行存款的管理。银行存款是村集体经济组织存放于银行或其他金融机构的货币资金。按照国家有关规定,凡是独立核算的单位,都必须在当地的银行开设账户。村集体经济组织除按核定的限额保留库存现金外,超过限额的现金必须存入银行。除了在规定的范围内可以用现金直接支付外,在经营过程中所发生的一切货币收支业务,都必须通过银行账户进行结算。

按照人民银行的规定,村集体经济组织在使用银行存款账户时要遵守以下规定:

a. 银行存款账户只能办理本村集体经济业务事项,不得向外单位或个人出租、出借或转让账户,也不得将村集体经济组织的存款以个人名义转存。

b. 按照规定用途使用账户,不得弄虚作假、套取现金和套购物资。

c. 单位的账户上必须有足够的资金保证支付,不能签发空头支票。

d. 银行存款要及时对账,定期编制银行存款余额调节表。发现核对不符的,应当查明原因,及时调整账务。

(2)存货的管理

①村集体经济组织存货的内容。存货是指村集体经济组织持有的各种材料和物资,主要包括化肥、种子、工具用具、农药、原材料、机械零部件、在产品(包括农业和工业的在产品)、工业产成品(有加工工业的农村)和农产品等。村集体经济组织的农产品和收获后加工而得的产品也属于流动资产中的存货,如生产中的大田作物、蔬菜等(不管是为了培育种子,还是为了出售)。

存货是村集体经济组织拥有的一项重要资产,属于村流动资产中的重要组成部分,也是村生产经营活动和社会管理活动不可缺少的物资保障。这部分物资品种多,流动性较强,如种子、农药和农产品等,但存货中的低值易耗品流动性差,可以使用很长时间;同时,有些存货容易过期、毁损、变质和丢失,所以,村集体经济组织应该加强对存货物资的管理,保证其安全完整,并有效利用存货资产。

②存货的日常管理。存货的日常管理是指村集体经济组织在日常经营管理中,对库存物资的验收入库、保管、出库的管理和监督,主要应该抓好以下方面工作:

第一,要建立健全存货管理的基础工作。村集体经济组织要按照规范化的要求抓好物资管理的各项基础性工作,应该建立物资管理采购计划、审批、出入库、保管等制度,明确责任,使物资管理有章可循。

第二,要抓好存货取得、验收、仓储和领用各个环节的控制工作。在存货取得和验收环节,主要是控制取得存货的数量、质量和成本,从真实性和节约性上控制,保证物资数量准确、质量合格,并努力降低存货的取得成本;在仓储环节,主要是控制存货的安全,防止霉变和丢失;在领用环节主要是控制领用审批程序,保证存货的合理使用。

第三,对存货物资要有定期盘点制度和定期对账制度,这是保证物资安全完整的有效办法。通过盘点和对账,可以发现实物同账簿记载的信息是否相符,及时发现物资管理上存在的问题。在正常情况下,年度终了前,村集体经济组织必须对存货进行一次全面的盘点清查。对价值较大的物资,则要按月清点,并随时掌握物资的动态。

对于盘盈、盘亏、毁损以及报废的存货,应当及时查明原因,分别情况进行不同的处理。盘盈的存货,要计入其他收入中。盘亏、毁损和报废的存货,要在扣除过失人或者保险公司的赔款和残料价值之后,将剩余的价值计入其他支出中。

(3)应收款项的管理

应收款项是村集体经济组织的债权,是一项实实在在的资产,是流动资产的一部分。村集体经济组织应加强对应收款项的管理,控制应收款项的数额及回收时间,并采取切实可行的措施积极组织催收。

应收款项主要包括两类:一类是外部欠款,是村集体经济组织与外单位和外部个人在经济业务往来中发生的各种应收款和暂付款项;另一类是内部欠款,主要是村集体经济组织同本村所属单位和农户个人在经济往来和其他活动中发生的应收款和暂付款项。

对村集体经济组织的财务管理人员来说,管理应收款项是一项经常性的工作,应主要做好下述工作。

①做好应收款项日常的记录和核算工作。村财务人员平时要做好日常应收款项的基础记录和核算工作。基础记录包括村集体经济组织对顾客提供的信用标准、信用期限、经办人员组成、付款的时间、应收款项余额、顾客名称、单位住址、联系方式、合同编号、记录账页页次编号等,要掌握欠款人完整的信息。同时,村财务会计还应该设置应收款项总账和明细分类账,汇总记录与所有顾客的往来账款数额及其增减情况;分门别类地详细记录销货顾客的往来款项的增减变动情况,以便及时了解掌握情况,采取措施。

②坚持定期的财务对账制度。对外部单位的欠款,村财务要制订定期的对账制度,每隔一段时间就必须同欠款方核对一次账目,要不厌其烦。对账不仅是核对欠款数目,借此也并提醒对方积极还款,因此需制订一套规范的定期对账制度,以避免日后由于人员变动造成双方财务记载出现差错,进而出现坏账现象。同时,为了准确起见,对账时要形成具有法律效应的文书或其他纸质及电子文档记录,以避免以后出现异议。

③严格按程序处理坏账。因债务单位撤销,确实无法追还的款项;或债务人死亡,既无遗产可以清偿,又无义务承担人,确实无法收回的款项,应取得有关方面的证据,按规定程序核销,计入其他支出。因有关责任人造成的损失,应酌情由其赔偿。任何人不得擅自决定应收款项的核销。

④应收款项的催收。村集体经济组织欠款的原因可能比较多,但根据欠款情节,可以分为两类:无力偿还和故意或恶意拖欠。对不同情节的欠款,应该采用不同的方法和手段。对一般欠款,要积极催收,对村民确实无力偿还的欠款,需要减免的,要进行公示,征得大家的同意;对恶意欠款,在积极催收的同时,要借助行政、法律等手段清收。

2)固定资产管理

(1)固定资产的概念

固定资产是指村集体经济组织拥有或控制的房屋建筑物、机器设备、器具工具等资产和

村基本建设设施。构成固定资产的条件是:

①单位价值在500元以上。

②使用年限在一年以上的财产和设施。在实际管理中,对一些主要的生产工具和设备,虽然价值不足500元,但使用年限在一年以上,也可以列为固定资产管理。

村集体经济组织相当部分固定资产是公益性的,为群众的农业生产、生活服务。如村组道路、桥梁、水利渠道、电力设施等,具有固定资产的性质,按固定资产管理,但不计入村集体经济组织固定资产账簿,只列入备查账簿中管理。

(2)固定资产的特征

同流动资产相比,固定资产具有下述特征。

①使用期限长。固定资产是村集体经济组织生产经营的主要劳动手段,是创造收益的主要物质技术基础,可以长时间地使用,其形态不发生变化。

②投资风险高。由于固定资产可以长时间使用,投资回收期比较长,投资的风险也就越高。

③集中投资,分期收回。固定资产通常是采用一次性投资方式,即使是分次付款,也是在一个建设期内完成,所以是集中投资。而固定资产投资的回收,则是通过折旧形式从产品收入中分期收回的。

(3)固定资产的分类

为了方便管理,村集体经济组织的固定资产可以按照不同的标准进行分类。

①按用途划分,可以分为:

a.生产经营用固定资产。生产经营用固定资产是指直接用于生产经营或生产服务的各种固定资产。如生产经营用房屋及建筑物、机器、设备、工具、器具及农业基本建设设施等。

b.非生产经营用固定资产。非生产经营用固定资产是指不直接用于生产经营或生产服务的各种固定资产。如卫生室、图书室、幼儿园、学校等方面的用房、设备和游戏道具等。

②按使用情况划分,可以分为:

a.在用固定资产。在用固定资产是指在生产经营和非生产经营中使用的固定资产。

b.未使用固定资产。未使用固定资产是指尚未开始投入使用的各种固定资产,包括尚未投入使用的新增固定资产、待安装的固定资产、进行改建扩建的固定资产以及暂停使用的固定资产。

c.不需用固定资产。不需用固定资产是指不再适用于本村集体经济组织需要,应作处理或准备处理的各种固定资产。

③按所有权划分,可以分为:

a.自有固定资产。自有固定资产是指村集体经济组织拥有其所有权,即拥有其产权,可以按照自己的意愿使用或处置的固定资产。

b.租入的固定资产。租入的固定资产(临时租用的)是指村集体经济组织通过租赁的方式从外部或内部租入的固定资产。

(4)固定资产的计价

①外购固定资产的计价。外购固定资产是指从市场上购入的固定资产。外购固定资产

的价值构成是:如果购置不需要安装的固定资产,可以按照买价加采购费用、包装费、运杂费用、保险费和有关的税金等,构成固定资产的外购成本;如果购置需要安装的固定资产,在以上费用之上,再加上安装费。固定资产购入后,要及时入账,并且设立固定资产登记簿,落实管理责任,纳入固定资产正常管理范围,加强管理。

②自行建造固定资产的计价。村集体经济组织自行建造的固定资产,包括对原有设备进行改、扩建等。自行建造固定资产的价值确定,分两种情况处理。

a. 自营工程。自营工程是指村集体经济组织自己建造的固定资产。按照建造时发生的各项支出,如材料物资、人工支出、设计及各种管理费用的累计数作为固定资产的价值构成。但要注意下述两点。

第一,自行建造的固定资产,如领用本单位生产经营的商品和产品时,要按照对外销售价格结算,不能按照其内部成本价和进价结算。

第二,如果是以银行借款自行建造的自营工程,由此而发生的银行借款利息,应该分别处理:在工程建造未达到可使用状态之前发生的,要进行资本化处理,即计入工程成本中;如果利息是在工程达到可使用状态后发生的,则要计入当期损益中,列入其他支出项目。

b. 发包工程。如果是采用出包方式进行的自营固定资产工程,其工程的具体支出在承包单位核算,工程完工后,以承包单位转来的成本费用账单确定固定资产的价值。

在财务管理上,村集体经济组织自行建造的固定资产完工后,要及时履行工程的质量鉴定和验收工作等手续,财务上要同外购固定资产一样,及时列入固定资产管理范围,记账入册,以保证集体资产的安全完整。

③改建和扩建的固定资产的计价。改建和扩建的固定资产价值构成是按照原有的账面价值,加上改、扩建期间工程发生的支出,再减去固定资产改扩、建部分的残值变价收入数作为其价值入账。

④接受捐赠的固定资产的计价。接受捐赠的固定资产是指村集体经济组织接受社会各界捐献或赠予的固定资产。可分为两种情况:

a. 全新的固定资产。应该按照随同设备转来发票所列金额再加上捐赠过程中发生的运输、保险、税金和安装调试等支出为捐赠固定资产的入账价值。如果无凭据的,可以根据评估确认价值或同类产品的市场价格加上应支付的相关税费计价。

b. 已经使用过的固定资产,应该根据重置完全价值(重新购买该类固定资产的现行价格)和成新率确定其价值。

村集体经济组织接受捐赠的固定资产要列入固定资产正常管理范围。办理完财产转移手续,就视为集体经济组织公有财产,应立即纳入村集体经济组织的固定资产管理,以防流失。

⑤租入的固定资产的计价。固定资产租赁分经营性租赁和融资性租赁两种情况,在其管理上也有不同的要求。

a. 经营性租入固定资产。经营性租赁也可称为短期租赁,是指承租方为了解决设备的临时需要而向出租方租入的设备。经营性租赁通常是短期性质的租赁,租入的固定资产,租入方不拥有该项固定资产的所有权,只享有在租赁期间的财产使用权。租赁设备的维修、保养、保险、折旧等一般由出租方负责。实际上,经营性租赁只是固定资产使用权的转让。租赁期满,村集体经济组织应该把固定资产及时归还给对方。

经营性租入的固定资产,村集体经济组织要按期支付租金。如果合同另有约定的,还要负责固定资产的维护和保养。在租赁期内其实物管理比照自有固定资产,但在价值管理上,不列入村集体经济组织固定资产账目中,以另册管理,也不计提折旧。

b. 融资租入固定资产。融资租入固定资产也称长期租赁,或称财务租赁,是以分期或者延期付款方式买入该项固定资产的一种租赁形式。是为了解决租入方资金不足的矛盾,由出租人购置设备,并转租给承租人,并收取租金的长期性融资方式。如果形象化比喻,融资租赁也就是"借鸡生蛋,以蛋还债"。一般情况下,融资租赁交易活动要由出租人、承租人和供货商三方参与组成,三方要签署租赁合同和购买合同。这种租赁,对承租人来说,通过出租人出资购买租赁物,自己承租使用,分期交付租金,不用一次性花费大笔资金购置固定资产,是一种以物为载体的融资行为;对出租人来说,则是通过物权主张债权,获得货币的增值;对出卖人(设备的制造厂商)来说,通过出租人进行融资租赁交易,是一种营销方式,扩大了产品销售渠道。所以,融资租赁对三方都是有利的经济行为。采用融资租赁方式租入固定资产,应将融资租入资产作为一项自有固定资产计价入账,同时确认相应的负债,并且要计提固定资产折旧。

如果村集体经济组织生产的产品市场销售形势好,需要增添加工设备或扩大经营面积,而眼下又无财力购买新设备和购置房产,可以考虑从外单位、固定资产租赁市场或个人租借设备或场所。对村集体经济组织来说,租入固定资产只需按期支付一定的租金,能节省下购置固定资产的费用,缓解财务压力。在租赁的形式上,如果想长期租用,可以选择融资性租赁;如果想短期租用,可以选择经营性租赁。

(5)固定资产的管理

村集体经济组织的公益性固定资产分布比较分散,管理难度较大,如道路、桥梁、水利渠道、电力设施。为了保证集体财产的安全完整和有效使用,村集体经济组织应该加强对固定资产的管理和控制。固定资产的日常管理就是对各种情况的固定资产进行有针对性的管理活动,主要包括其价值管理和实物管理两部分。一般来说,应该做好下述方面的工作。

a. 建立固定资产管理制度。一是要建立固定资产保管使用制度、清查制度等;二是要确定管理人员,建立岗位责任制,确保固定资产实物有专人管理,并按照制度规定及时清查固定资产;三是要明确固定资产的购置审批程序,要将固定资产购置和建设置于民主决策的轨道上,以避免决策失误。

b. 设置固定资产管理账册,并及时登记固定资产的变动情况。除了会计上应该设立的明细账以外,还要有固定资产实物管理卡片等辅助性的账册,随时登记其变动情况,掌握固定资产所在地点、资产状况、责任人的实际情况,确保集体财产的安全。

c. 租出固定资产的管理。租出固定资产是指村集体经济组织将自有固定资产租给他人使用的行为。对租出的固定资产,其所有权仍归出租人,租入方只获得使用权。对租出的固定资产,村集体经济组织应该按合同及时收取租赁收入并正常提取折旧,到期时应该及时收回固定资产。

d. 对需要处理的固定资产应该严格履行手续。村集体经济组织的固定资产需要处理时,如转让、出租、对外投资或报废,应该经村集体经济组织成员大会或代表会讨论通过,然后进行公示,并严格履行财务会计手续,及时进行账务处理。在处理固定资产时,对以下情况,财务部门应该按制度和管理要求,采用不同办法进行处理:一对技术过时、尚有一定使用价值,但能源消耗过大的机器设备,应该提请及时淘汰;二对使用时间过长、已无修复价值的,应该及时清理报废,并将残值收入及时入账;三对由于责任事故造成固定资产损失或报废的,应该追究有关人员的责任。

3)无形资产管理

(1)无形资产的概念和类别

无形资产是指村集体经济组织多年积累形成的没有实物形态的资产。无形资产的种类有下述几类。

①专利权。所谓专利权是指对某一产品的造型、配方、结构和制造工艺拥有的专门特殊权利。国家对发明者在某一产品的造型、配方、结构、制造工艺或工艺流程的发明创造以专利权形式给予保护,包括制造、使用和出售等方面的专利权。专利权主要分成 3 种形式:一是发明专利。是指对产品、产品生产方法或者其改进所提出的新的技术方案。发明专利申请实行早期公开、延迟审查制度,保护期限为 20 年,自申请日起算。二是实用新型专利。是指对产品的外观形状、构造或者其结合所提出的适于实用的新的技术方案。实用新型专利申请实行初步审查制度,保护期限为 10 年,自申请日起算。三是外观设计专利。是指对产品的形状、图案或者结合以及色彩与形状、图案的结合所作出的富有美感并适于工业应用的新设计。外观设计专利实行初步审查制度,保护期限为 10 年,自申请日起算。专利权是发明人专有的权利,专利权所有人以外的任何人,如果需要使用该项专利,必须事先取得专利权所有人的许可,并支付一定的报酬。专利权有法定期限,法定有效期满后,将不受专利法保护。专利权在形成和取得过程中,不论是自行研制还是购买,村集体经济组织经济都会发生一定的成本费用,并在以后会带来经济利益。

②商标权,也称商标专用权。商标权是指村集体经济组织拥有的经过注册,并为此发生了费用支出的商标。商标是用来辨认特定商品或产品的标志,通常用文字、图形或兼用两者组成。商标权是指在某种指定的商品或产品上使用特定的名称和标志的权利。这些权利主要是商标注册人依法支配其注册商标并禁止他人侵害的权利,包括商标注册人对其注册商标的排他使用权、收益权、处分权、续展权和禁止他人侵害的权利。商标具有独占性、地域性、时间性的特点。

③专有技术,也称非专利技术。专有技术是指集体经济组织拥有的未公开、未申请专利的专门技术秘密或诀窍。包括先进技术、资料、技能、工艺流程、材料配方、经营管理等,也包括专家、技术人员和工人掌握的不成文的经验、知识和技巧。

④商誉。商誉是指一个单位由于地理位置优越、生产技术先进、服务质量高、物美价廉或历史悠久、经验丰富等原因,在市场上长时间积累的超出一般水平的商业荣誉,这种荣誉得到了市场的认同和肯定,形成无形资产,会给拥有者带来特殊的经济效益。一般情况下,商誉是在生产经营中天长日久积累而成的,平时(购买的除外)没有特别的支出,所以,平时商誉不作价入账,只是在售卖时或单位兼并时才确定其价值。

(2)无形资产的特点

同有形的固定资产相比较,无形资产具有下述特点。

①使用时间长。无形资产价值周转有相对固定性。一般情况下,其使用年限都超过一年。

②不具备实物形态,要依附于附着物上。如专利权要通过配方或工艺流程才能体现出来,专有技术是附着在产品或工艺上。

③在经济上有高效性。在生产经营中可以起到特殊作用,可以为使用和拥有者获得高额利润。

④具有垄断性和独占性。

(3)无形资产的转让和投资

无形资产可以转让。一是转让所有权,将其全部卖出;二是转让使用权,所有权由本单位继续保留,只是将其使用权在一定时间内转让出去。村集体经济组织财务应该将转让所取得的收入列为其他收入项目。

村集体经济组织的无形资产还可以用来对外投资。如果村集体经济组织将无形资产用于对外投资时,其价值应该按照以下原则确认:

第一,在用无形资产的所有权投资时,应该按照双方商定的价值作为长期投资金额。

第二,在用无形资产的使用权向其他单位投资时,应该先将无形资产的使用权作价,并按照作价的金额作为对外投资商谈的投资额,并以双方商定的金额入账。因为平时,无形资产的使用权并不单独反映,所以,在对外投资时就要另外估价。

(4)无形资产的日常管理

村集体经济组织应该重视无形资产的培养,保护好无形资产的价值。如果拥有无形资产,会给村集体经济组织带来特殊的经济利益。从经济角度看,对无形资产的投入和回报关系是"事半功倍",平时坚持投入,注意保护,一旦形成无形资产,便可以为村集体经济组织换来更多的利益回报。所以,村集体经济组织每年应该有这方面的投资打算,经过逐年努力,使村集体经济组织拥有更多更好的无形资产。

4)农业资产管理

农业资产包括牲畜(禽)资产和林木资产两大部分。从形态上看农业资产主要是活的动物和植物等生物资产。这些生物资产又可以分成消耗性生物资产和生产性生物资产。消耗性生物资产是指将来主要为人类消费的生物资产,有用来生产肉品的幼畜、存栏待售的牲畜、养殖的鱼、将来以砍伐卖原木为目的而培育的树木等。生产性生物资产是指为了将来要利用其产出物的母本和父本类的生物资产,如产奶的牲畜、果树和蜜蜂等。根据以上可以得知,农业资产的范围就是牲畜(禽)资产的幼畜、育肥畜,产畜和役畜及林木资产的经济林木和非经济林木。

与流动资产和固定资产相比,农业资产的特点如下所述。

第一,农业资产有自我生长、发育、繁殖和衰退的自然规律,可以靠自然生长而自然增值;同时,也有人的劳动附加之上而形成的价值,是自然再生产和经济再生产的统一体。

第二,农业资产具有多样性。农业资产包括的范围很广,种类繁多,不同类型的农业资产又具有不同的生长发育和衰老规律,如植物和动物就有完全不同的生长和发育及衰亡规律。由于这个特点,决定了在对其生产经营和财务会计管理上应该分别采用不同的方法。

第三,农业资产的生命周期不同。有的生命周期很长,如林木,长达十几年或几十年甚至更长;有的生命周期又很短,在一年之内。在财务和会计管理上也应该区别不同情况,采用合适的方法来反映其成本费用,计算其价值。

第四,农业资产具有流动资产和长期资产的双重特征,并可以相互转化。对一些家畜(禽),如牛、羊、兔和鸡等,如果单纯以肉食为目的,一般只利用一次,这时这些家畜(禽)具有流动资产的特征;如果是以取得其仔、乳、毛、蛋为目的,这些资产就可以多次利用,在生命周期内不断繁衍,所以这时它们还具有固定资产的特征。

第五,农业资产的地域特征强。由于动植物是依赖自然环境生长的,各地自然条件的差异往往影响和决定其品种、生长速度和质量及特色。如温度、土壤条件、光照、降水等自然条件决定农业资产品种、产量和质量及特色。

第六,农业资产的维持等后续费用连续不断。农业资产投入后,为了维持农业资产的存活和高产稳产,需要在后续整个生长和存活期间不间断地连续投入。

(1)牲畜(禽)资产

牲畜(禽)资产是指村集体经济组织购入或自行培育的牲畜和家禽类资产,属于活的动物资产,常见的有:牛、羊、奶牛、马、仔猪、仔鸡等。包括:①消耗性的幼畜及育肥畜;②生产性的产畜及役畜。

①牲畜(禽)资产的类别。

a. 幼畜及育肥畜。幼畜是指尚未成龄的畜、禽类资产。包括未成龄的牛、马、鸡、鹅、猪等。育肥畜(禽)是指达到一定的生长期尚未出售的畜(禽)类。这一部分牲畜资产的饲养目的是出售,供人类消费,属于消耗性牲畜资产。

b. 产役畜。包括产畜(禽)和役畜两类。产畜(禽)是指用来生产畜(禽)类农产品的生产性农业资产,如母猪和母鸡,用来生产小猪和产蛋,生产出人们需要的农产品。役畜则是指供人用来役使出力的牲畜,如用来耕地和运输的牛、马、驴、骡,也属于生产性牲畜资产。

除以上外,对特色养殖(如蜜蜂、狐狸等养殖),一些村开展特色旅游饲养的动物等,也应该按消耗性和生产性特点分类,归到以上相应的类别中管理。

②牲畜(禽)资产的计价。

a. 外购的幼畜及育肥畜。应该按照购买时实际支付的价款和应该负担的运杂费等构成其初始成本。

b. 繁育和养殖幼畜。按照平时各项支出(包括应该负担的各项摊销费用)累计计算成本。

以上幼畜及育肥畜在饲养期间发生饲养费用,要进行资本化处理,计入牲畜资产价值中。

c. 成龄转作产役畜。当幼畜成龄时,应该转到产役畜类进行管理,之后发生的各项费用,不能资本化,不再计入牲畜资产价值,而是列入当期经营费用中。

d. 产役畜转为育肥畜。当产役畜过了产龄和役龄后,就要转为育肥畜,以待育肥后出

售。在财务上应该将成本从产役畜划转为育肥畜。

e. 来源取得。从其他来源取得的牲畜资产,按照当时取得时的实际情况确认。如果是捐赠的,应该按照所附发票上记载的金额加上实际发生的杂项费用计算其成本;如果没有价值证明的,应该以市场价格作为取得资产的入账价值。如果是投资者投入的牲畜资产,也应按照合同商定的价值作为取得成本。

f. (禽)资产的处理。集体经济组织牲畜(禽)资产减少的情况主要有对外销售、对外投资、死亡毁损。村财务部门应该及时地履行手续,做好账务处理。

③牲畜(禽)资产的日常管理。牲畜(禽)资产的养殖风险比较大,如果品种选择不好,平时饲养、防疫等管理不到位,销售市场开拓不好,也会给村集体经济组织带来经济损失,所以,应该加强牲畜(禽)资产的日常管理。

在养殖项目的选定上应该注重特色。要积极采用新品种、新技术,并积极创造和培养品牌项目。注意传统养殖和科学管理相结合,发展"一村一品"建设。所谓"一村一品"就是指通过大力推进农业的专业化、特色化、品牌化建设,使一个村(或几个村)拥有一个(或几个)发展水平较高、特色优势明显的农业主导产品或特色品牌,从而大幅度提升农村的经济效益和综合竞争力。发展"一村一品"是推进社会主义新农村建设的战略举措。

要抓好规模化养殖。规模化养殖也称工厂化养殖,或称集约化养殖,是取代传统养殖方式的新型工业化生产方式。它把牲畜(禽)养殖过程通盘考虑,使养殖过程和养殖效益达到最佳状态,形成不受自然条件影响的高密度养殖方式。实现规模化养殖既可增加经济效益和抵抗市场风险的能力,可以享受到一定的社会服务,如科技服务、防疫服务、金融服务和政府的养殖补贴等,还可以占有更多的销售市场份额。

村集体经济组织要加强牲畜(禽)资产的财务和会计管理,及时准确地记录成本费用,精打细算地控制成本费用。

(2)林木资产

①林木资产的类别。林木资产是指村集体经济组织农业资产中的植物资产。林木资产一般可分为经济林木和非经济林木两种。

a. 经济林木是指以利用林木的果实、种子、树皮、花、叶、根、树脂、果品、食用油料、工业原料和药材等为主要目的的林木资源,如苹果树、核桃树、橡胶树、黄柏树、梨树等。

b. 非经济林木。非经济林木是指村集体经济组织拥有的以育材、薪炭为主要目的的林木资源。

在实际工作中,村集体经济组织还负责村庄周边的国有生态林(如防风林、固沙林和水土涵养林等)、绿化林、水土保持林等的管理。村只负责对这些林木的日常管护,当地政府给予一定的看护补贴,所以,不在以上资产范围内。

此外,村民利用房前屋后和墓地栽种的林木,在办理了林业产权证后,由个人负责管理,也不在以上范围内。

②林木资产的特殊性。林木资产,除了具有以上介绍的农业资产的共有特点外,还有下述特殊性。

a. 生产周期长。林木资产是由人力和自然力共同作用而形成的资产,林木的生长周期长，一般来说，最少的需要 3 年以上，长的可达上百年，其成长和成材在很大程度上受自然因素的影响。

b. 生产的高风险。由于生长时间长，林木生长和未来林木市场价格变化无法准确预测。特别是随着科技发展，林木的新型代用材料不断出现，从而会给林木资产的管理和未来收益带来许多不确定性因素，具有一定的高风险性。

c. 经济效益和生态效益并存。村集体经济组织利用山岭、沟壑和荒地及田间地头种植林木，发展林业，既可以积累林木资产，又增加了植被，提高了森林覆盖率，改善了自然环境，使经济效益和生态效益同时增长，一举两得。

③林木资产的计价。正确计算林木资产成本，为未来收益打好财务基础。为了能够准确反映林木的未来收益，应该在平时的管理中正确地掌握成本的构成，并按照财务制度规定归集成本费用。各类林木资产的成本构成如下所述。

a. 经济林木。对村集体经济组织自己圃育的经济林木要按照圃育期间发生的各种费用归集成本。

对从外地购入的经济林木，按照其购买价加上各种应该负担的运杂费用等归集成本。

对经济林木来说，购入和圃育后一直到林木投产前发生的各项费用，称为培植费用。对投产前期发生的培植费用，要按照实际发生的材料、工资和应负担的其他费用归集成本费用，进行资本化处理，即计入林木资产价值中；对投产后发生的管护费用，要按照实际发生的各项费用归集，不作资本化处理，在经营支出中列支，将投产前各期累计的成本总额，在预计的生产周期内进行分摊，计入各期成本费用中。

b. 非经济林木。对村集体经济组织自己圃育和购入的非经济林木，可以按照以上经济林木的办法处理。即郁闭前发生的各项培植费用，应该按照材料、工资、各项费用归集，进行资本化处理，计入林木资产价值中；郁闭后发生的管护费用，包括工资、材料等，列入其他支出项目，不作资本化处理。

④林木资产的处理。村集体经济组织林木资产的处理，主要有采伐出售、对外投资和死亡及偷盗、毁损等几种情况，其财务处理应该按照下述原则进行。

a. 采伐出售。要按照林业政策规定，经林业部门批准采伐出售的，应该及时收回货款，并及时结转成本。

b. 对外投资。如果村集体经济组织将林木资产作为对外投资资本时，首先应该对林木资产进行资产评估，以评估的价值作为投资双方的基础价格。当双方确定了最终价格后，确定的数额同平时成本积累的数额如有差异，则在公积公益金项目内调整，进行账面处理，如合同定的金额大于总成本额，溢价部分增加公积公益金；如果合同定的金额小于实际总成本，其差额则减少公积公益金。

c. 偷盗、死亡毁损。当林木资产发生被偷盗或自然毁损时，应该按照牲畜（禽）资产的处理原则和程序进行，参加保险的向保险公司索赔，属于责任事故的由事故责任人负责赔偿损失。

⑤加强林木资产财务管理。首先是要建立林木资产的实物管理制度，有明确的分工负责制度，并建立实物管理账册，科学管理，保证林木资产的安全完整，并保持旺盛的生长状

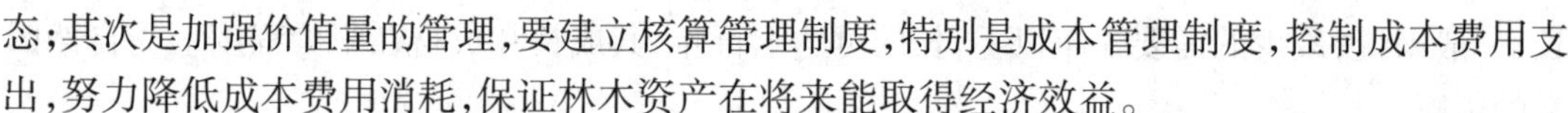

态;其次是加强价值量的管理,要建立核算管理制度,特别是成本管理制度,控制成本费用支出,努力降低成本费用消耗,保证林木资产在将来能取得经济效益。

2.3.3 投资管理

村集体经济组织为了将来获得更多的收益,把资金或资产投到了生产经营性的项目上,这种行为就是投资。投资是当前农村集体经济财务需要经常考虑的问题,当村集体经济组织有一部分闲置资金时,可以考虑在资本市场投资,以期望取得比银行利息更多的收益。这里简要介绍债券投资和股票投资。

1)债券投资

(1)债券投资的概念

村集体经济组织将资金投资于购买政府或其他企业发行的债券,并获取利息的行为称为债券投资。

债券投资的主要目的是获得比银行存款利息多的经济收益。一般情况下,企业发行的债券利息要高于银行存款的利息。在没有金融危机情况发生或金融市场相对稳定的情况下,进行债券投资可以获得较稳定的收益。

(2)债券投资的特点

①本金安全性高。同股票相比,风险较小。其中政府发行的债券,由于有国家财力作保证,本金的安全性更高。如果购买的是企业债券,当企业破产时,持有者拥有优先索偿权,本金损失的可能性较小。

②有稳定的利息收入。债券的发行人有按期支付利息的法定义务,在债券发行单位正常的经济情况下,债券投资者都能获得比较稳定的利息收入。

③市场流动性较好。特别是政府和大企业的债券都可以在金融市场上流动,当村集体经济组织急需现金时可以迅速出售换回现金,一般情况下,不会影响单位现金的使用。

④没有经营管理权。投资债券主要是为了获得更多的经济收益,而无权对债券发行单位施加经营或其他方面的影响和控制。

2)股票投资

(1)股票投资的概念

股票投资是通过购买股票,成为股票发行单位的股东,并获得股利和股票交易价差收益,如果达到比例,还可以具有控制权的投资行为,是集体经济组织可以选择的一种对外投资方式。

股票投资的目的:一是获利,即获取股利收入和股票交易市场买卖涨价的差价;二是控股,即通过购买某一企业的大量股票,以达到控制该企业的生产经营目的。在前一种情况下,村集体经济组织在购买股票时应该考虑购买多种股票,也就是组合投资,以分散股票投资风险。在第二种情况下,则应该考虑将资金集中投资于欲控制企业的一种股票上,以达到控制该企业的目的。

(2)股票投资的特点

股票投资是一种最具有挑战性的投资。其收益和风险都比较高。股票投资的特点主要有下述 3 个方面。

①股票的市场价格不稳定。股票的价格往往最容易受国内外政治因素、经济因素、投资人心理因素、企业盈利水平等多种因素影响,很不稳定,在特殊的情况下有时会使已经购买的股票血本无归,具有极大的风险。2008 年出现的金融危机,造成世界上多数国家的证券市场震荡,大批量的股票价格急剧下降,给投资者造成了极大的损失,使证券市场发生了剧烈的波动。

②收入不稳定。对普通股来说,股利的多少,视企业的经营状况和财务状况而定,其有无、多少均无法律上的保证,其收入的风险远大于债券投资。但从长期看,优质股票的价格总是上涨的居多,只要选择得当,都能取得优厚的投资收益。

③求偿权居后。对普通股来说,对企业资产和赢利的求偿权均居于最后。当企业破产时,股东原来的投资额可能得不到全额补偿,甚至一无所获。

3)证券投资的管理要点

村集体经济组织在进行投资时当然会面临风险,这时的风险可不像买体育彩票的风险那么简单,投资成功会带来超额收益;投资一旦失败,造成巨额损失也是在所难免。为了规范村集体经济组织的证券投资行为,防范证券投资风险,保证证券投资资金的安全和有效增值,必须加强对证券投资的管理。

①从事证券投资必须遵循"规范运作、防范风险、量力而行、效益为本"的原则,不得因证券投资业务冲击村集体经济组织农业生产经营,影响主要业务的开展。

②村集体经济组织证券投资方案由村委会与村民理财小组共同拟订,必要时可组织相关人员(可邀请专业人员)对投资方案进行研究讨论,并根据讨论意见修订完善后,按管理权限进行报批。

③证券投资资金来源为村集体经济组织自有资金。不得动用募集资金、银行信贷资金和各项借款,更不得进行任何形式的个人集资用于直接或间接的证券投资。

④进行证券投资,资金划拨程序须严格遵守财务管理制度。证券投资资金应开设专门的银行账户。

⑤参与和实施证券投资计划的财务人员必须具有相应的证券投资管理经验。申购前必须对拟投资公司的财务状况进行调研分析,选择业绩优良、上升空间大的公司股票为投资对象;选择企业债券投资时,只能对具有 AAA 信用级别的债券进行投资。

投资中有一句名言:鸡蛋不要都放在一个篮子里。它说明,在投资时注意对投资的结构进行合理搭配,可以有效地降低风险。

2.3.4 收益分配管理

村集体经济组织既是一个具有一定的生产经营活动的组织,又是一个具有管理、服务职能的组织。一方面从事生产经营活动,另一方面还承担社区内生产服务、协调管理、兴办和维护公益事业等职能。每到年终岁尾,村集体经济组织都要对一年的所得、所费进行总盘点,进行收益分配,以保证一年中有一个好的结尾。

1）村集体经济组织收益的构成

(1)收益的概念

收益是指村集体经济组织在一定时期内(通常为年,有时也计算到月、季或一个生产经营、建设周期)所取得的净收入。也是当年实现的总收入,扣除当年的各项成本费用后剩余的部分,是当年财务的总成果。

(2)收益的构成

村集体经济组织的收益是经营收益、补助收入和其他收入减去其他支出的净额。其关系式是:

收益总额=经营收益+补助收入+其他收入-其他支出

其中:

经营收益=经营收入+发包及上交收入+投资净收益-经营支出-管理费用

在上式中,投资净收益是指村集体经济组织在对外投资上所取得的收入扣除投资发生的损失后的投资净收益。

投资收益=投资收入-投资损失

投资收入=投资分得的利润+现金股利+债券利息+投资到期收回或中途转让取得的高于账面价值的差额

投资损失=投资到期收回或中途转让取得的低于账面价值的差额

2）收益的分配

(1)可分配收益

可分配收益是指村集体经济组织当年实现的收益总额加上年结转本年的未分配收益。用公式表示如下:

可分配收益=本年度收益+年初未分配收益

如果本年收益为负数,当年不提取公积公益金;村集体经济组织在亏损年度,经成员大会或成员代表大会批准后,可以用公积公益金弥补亏损。

在可分配收益确定以后,就可以进行收益的分配。

(2)收益的分配顺序

为了保护村集体经济组织、投资人和村民的经济利益,村集体经济组织要按照财务制度的规定、当年上级有关部门的规定、村民代表大会或村民大会讨论决定的分配意见进行分配。

村集体经济组织在收益分配中要坚持民主和合理分配的原则。在分配前要把各项承包合同的执行情况、各种往来款项的清理情况和货币资金及财产物资的盘点等各项工作都按照规定的时间处理完毕,为收益分配打下基础,然后进行收益分配。

按照财务制度规定,村集体经济组织的收益分配要按照以下顺序进行:

①提取公积公益金。公积公益金是指村集体经济组织按照制度规定和村民代表大会讨论决定,从收益总额中提取的专项资金。其中,公积金专门用于村集体经济组织转增资本或用来弥补经营亏损,主要用于生产方面;公益金则主要用于村集体经济组织福利设施建设等

方面的支出。

公积公益金的提取比例,国家没有硬性规定,主要由当地县乡两级政府有关部门提出指导性意见,由村民代表大会讨论,并报请乡一级政府批准即可执行。

对公积金转增资本金或者用来弥补亏损时,其比例和数额可以由村委会提出意见,由村民大会或村民代表大会讨论决定。

②提取福利费。福利费是指村集体经济组织从收益总额中提取的用于集体福利方面的资金。一般情况下,在从总收益中提取公积公益金和福利费过程中,要遵循大部分用于生产发展,小部分用于集体福利的原则提取。提取的比例可以由村集体经济组织根据本村实际情况及当地乡镇政府的相关政策确定,但也必须经过村民大会或村民代表大会讨论通过。

提取的福利费主要用于:五保户、困难户和军烈属困难补助;计划生育开支;农民因公伤亡的医疗费和生活困难补助、抚恤金支出等,但不包括集体福利设施的支出,这部分支出由公益金列支。福利费使用时,要坚持先提取后使用,提取多少使用多少的原则,一般情况下不允许未提先用。

③向投资者分配。村集体经济组织的可分配收益,在作了以上两项扣除外,就要向投资者进行分配,以保障投资者的利益。分配的比例要按照合同约定执行。对向投资者分配的方案,也要经过村民大会或代表会议讨论通过。

④向农户分配。在进行了以上分配后,就要对农户分配,以保障农户的利益。向农户分配的比例可以由村集经济组织完全自主决定。

⑤其他分配。其他分配是指对当年在本村经济活动中有贡献的外部人员按照合约给予的分配。

(3)收益分配的管理

收益分配是一项政策性较强的工作,体现国家对农村政策的落实问题,也牵涉集体、投资者和农户个人各方经济权益的保障问题,是各方都关注的大事,因此,做好年末的分配工作就成为村财务会计人员的一项重要工作。在分配环节上,应该做好以下工作:

①做好收益分配前期准备工作。村财务会计人员应该在年末时提早做好收益分配前的准备工作,将当年实现的收入、发生的往来和资产清理等工作按照年末财会流程要求按时完成记录、计算和结转等工作,该收入的收上来,该支出的也要及时支出,为收益分配的后续工作打好基础。

②按照有关政策做好具体的分配计算和分配方案制订等工作。村财会人员应该按照相关政策做好可分配收益具体数额的计算工作,并提出当年收益分配方案,及时提交村民理财小组、村委会和村民大会讨论。在讨论中村财会人员还负有答疑责任,及时解答有关人员提出的问题。

③在制订分配方案时,要注意处理好下述几个方面的关系。

a. 处理好集体、投资者、农户三者利益关系,要保护好三方利益,执行政策,执行合同。

b. 要处理好生产发展和生活福利关系。其实质是眼前利益和长远利益的关系,应该本着以生产发展为主,以生活福利为辅的原则考虑收益的分配,注意平衡好农村要发展、农民要增收和社会要稳定三方关系。

c.要在分配方案中体现出劳动资本、技术和管理等生产要素按贡献参与分配的原则，并坚持效率优先、公平兼顾，哪一方贡献大，在生产经营中起的作用大，哪一方在收益分配上就应该优先，不能平均分配。通过收益分配这个环节，来进一步调动经营管理者、投资者和劳动者的积极性，促进农村经济持续发展。

本章小结

村集体经济组织财务管理就是对村集体经济组织的经济活动和社区服务中的资金运动的管理，是继会计对经济活动的记录、反映及报告之外的，对经济活动的计划、控制和监督。有效地进行村集体经济组织的财务管理，关系到生产经营和管理服务工作的正常开展；关系到生产要素的合理组合和利用；关系到内外各方面之间的经济利益关系的正确处理；关系到广大村民群众积极性的调动；关系到村集体经济组织集体经济的发展壮大和凝聚力的增强。

本章从村集体经济组织财务管理的重要性出发，从筹资管理、资产管理、投资管理和收益分配管理4个方面进行讲解，以期能妥善处理好村集体经济组织在管理中所面临的各种问题，从而规范财务工作流程，加强集体资产管理，确保农村财务正常运行，提高资金使用效益，促进村集体经济组织经济发展。

案例　如何处置集体资产

2015年城郊村村书记王某、村主任李某、村会计张某3人商议，决定将本村一处价值10万元的闲置房屋以8万元的价格卖给本村村民高某，并给高某打了一张白条，在8万元现金中村书记王某拿走3万元用于手中开支，村主任李某拿走3万元用于手中开支，剩余2万元在村会计张某手中保管，直接用于其手中支出。

案例分析与讨论题

1.请问该村在处置集体资产过程中做法正确吗？

2.如不正确都违反了哪些制度规定？

第3章　农村集体经济组织“三资”管理

学习目标

- 理解农村集体经济组织“三资”的概念和范围，明确“三资”管理的意义、目标和原则。
- 了解农村集体经济组织“三资”的清理登记方法。
- 掌握农村集体经济组织“三资”管理的具体操作。
- 了解农村集体经济合同的管理方法。
- 了解农村集体经济组织“三资”的监管代理和监督方法。

知识点

农村集体经济组织“三资”的概念；“三资”管理的意义及目标；“三资”的清理登记；农村集体经济合同管理；“三资”监管代理和监督方法

案例导入

资源处置招投标　收益最大化

20××年5月，××街道办事处××村在处置村办公室宅基地时，村支两委按照规定程序，由村支两委班子先议，召开两次村民代表大会讨论通过，同意处置该宗宅基地，决定以低价120万元的价格，在全村范围内公开拍卖。

村里确定后及时上报办事处“三资”监管代理中心，经过招投标领导小组办公室审核，同意按照程序进行。首先在村内集中点张贴告示，公告内容包括宅基地的位置、竞标时间等相关事项；然后由招投标领导小组在公告规定的时间内对5个报名者进行了资格审查，报名时每人收取履约保证金20万元，同时告知注意事项，答复投标人的提问；最后严格按照规定时间、程序，由办事处招投标领导小组办公室报告办事处领导，并请相关领导参加，组织司法所、广播电视服务中心、土管所、财政所等单位人员和村干部、村民代表、全体村民小组长参加，对招投标实行全程摄像、全过程监督。

按照公告的竞标时间开标，竞标时报名的5人都按时到场，通过举牌竞标，将底价120万元的一宗地最终以140万元成交，使该集体资产的收益实现了最大化。该村村支两委的干部、村民代表、广大村民都非常满意，认识到农村集体经济组织“三资”通过监管代理，管出了效益，管出了公平公正，管住了漏洞，管出了干部的规范廉洁。

3.1 农村集体经济组织“三资”概论

3.1.1 农村集体经济组织“三资”的概念和范围

1）农村集体经济组织“三资”的概念

农村集体经济组织“三资”是农村集体经济组织资金、资产和资源的简称，是农村集体经济组织成员长期劳动积累和入股所形成的共有财富，属于集体性质，归该集体经济组织全体成员共同所有，受国家法律保护，任何单位和个人不得侵占、平调、挪用。

农村集体资金：是指农村集体拥有的现金或银行存款等。

农村集体资产：是指过去的交易事项形成的，能以货币计量，并由农村集体拥有或控制的经济资源，它预期会给农村集体带来经济效益。

农村集体资源：是指农村集体拥有的物力、财力、人力等各种物质要素的总称，分为自然资源和社会资源两大类。自然资源包括水、土地、森林、草原、动物、矿藏等；社会资源包括人力资源、信息资源、人文旅游资源以及经过劳动创造的各种物质财富，如技术、人文自然景观等。

2）农村集体经济组织“三资”的范围

农村集体经济组织“三资”具体包括下述内容。

①法律规定为集体所有的土地、森林、草原、水面、荒地、荒山、滩涂等。

②农村集体经济组织投资、投劳形成的固定资产。

③农村集体经济组织投资、投劳兴办的企业和事业资产、兼并的企业资产及其形成的新增资产。

④农村集体经济组织在联合举办的各种形式的企业和共同兴办的各项事业中，按照出资额或协议应占有的资产及其新增资产。

⑤农村集体经济组织投资、投劳形成的林木、牲畜、牧草等资产。

⑥国家和有关组织、个人无偿资助的资产。

⑦农村集体经济组织的积累资金、有价证券等。

⑧农村集体经济组织利用集体资产所获得的承包金、租金、土地、草场补偿费等各项收益。

⑨农村集体经济组织的著作权、专利权和商标权等知识产权。

⑩依法属于农村集体经济组织的其他资产。

3.1.2 农村集体经济组织“三资”管理的历史沿革

农村集体经济组织“三资”是农村集体经济的重要物质基础，历来受到管理者和农民群众的高度重视。改革开放后，农村生产经营方式发生重大变化，农村集体经济组织“三资”管理一度弱化，由此引发的问题和矛盾日益突出。为此，中央和地方政府下发了一系列文件，指导加强农村集体经济组织“三资”管理工作，各地进行了大量的探索和实践，取得了积极的成果，大致经历了 3 个阶段。

1）农村集体经济组织“三资”管理制度初步形成阶段

1995 年 12 月，国务院下发了《关于加强农村集体资产管理工作的通知》(简称《通知》)。全国各地按照《通知》的要求，积极探索“村账乡(镇)审”或“村账乡(镇)管”等村级财务管理方式。农村税费改革后，各地相继成立乡镇农村会计委托代理服务中心，对村级财务会计实行委托代理服务，并且由过去单纯代理村级经济组织账务，转变为财务、资金双代理，进一步规范了村级财务管理工作。此后，中央有关部门相继制订下发了加强农村集体资产财务管理的一系列文件，从财务公开、民主管理、会计委托代理、农村审计监督、征地补偿费管理、村级债务管理等多方面提出规范性要求。

2004 年，中央相关部委又部署开展了农村集体财务管理规范化建设工作，从健全财务会计制度、规范账务处理程序、建立民主管理机制、加大审计监督力度等方面，提出了相关要求。农村集体资金、资产、资源是农村财务管理主要对象和核心内容，加强农村集体资金、资产、资源的管理，是贯彻中央精神，做好农村财务管理的客观要求。经过多年的努力，全国大部分地区基本扭转了农村财务管理混乱的局面，杜绝了“包包账”、资金体外循环、村委会乱收费、乱开支、村干部坐收坐支等问题的发生，有效提高了村级财务管理水平，初步形成了财务管理机制比较健全、财务公开比较全面、民主理财比较规范、审计监督比较有效的新局面。同时，通过实行代理服务工作，实现财务公开，给群众一个明白，还村干部一个清白，进一步密切了党群、干群关系，巩固了基层政权，促进了农村和谐稳定，有力推动了新农村建设步伐，为农村集体财务管理经常化、规范化、制度化打下了基础。

2）农村集体经济组织“三资”管理规范化阶段

尽管农村集体财务会计及“三资”管理制度建设取得了一定的成效，但在制度执行过程中，农村集体财务与资产管理混乱的问题在一些地方仍未得到解决。主要表现在：有的地方管理制度不健全，农村集体经济组织“三资”底数不清；有的地方监管缺位，不履行民主程序，集体资金被贪污、挪用、侵占、挥霍，集体资产和资源被低价承包、租赁、出让；有的地方工作力度不大，财务管理规范化建设和产权制度改革推进力度不到位，与农民群众的要求还有很大差距。

为推进村级财务管理和监督向经常化、规范化、制度化迈进，2009 年，按照党的十七届三中全会的要求，国家有关部门制定了《关于进一步加强村集体资金资产资源管理指导的意见》(简称《意见》)。全国各地根据《意见》要求进行了积极探索。吉林、辽宁、广西、湖北、重庆、贵州等 16 个省(区、市)制定了村集体资产管理条例，河北、内蒙古、黑龙江、福建、甘肃 5 个省(区)制定了村集体财务管理条例，山西、广东、宁夏等 8 个省(区)制定了村集体经济审计条例。江苏省组织开展为期 3 年的村集体财务规范化管理合格乡、村创建工作，并部署开展村级集体财务管理薄弱村治理，全省 90% 的乡、村集体财务管理达到规范化要求。浙江省以完善村级会计委托代理制为抓手，着力构建起村级民主监督、乡镇会计核算监督、政府审计监督、网络实时监督、责任落实监督“五位一体”的村级财务监管制度，并组织开展“万村审计”活动，实现了审计监督经常化。江西省在近 1 000 个乡镇建立农村公共资源交易阳光机制，设立交易台账，对村集体资产、资源处置全程公开，进一步完善自我管理、自我监督、自我约束的机制。山东省在全省开展村级资产、资源及工程建设统一招投标试点。湖北省先期开展村级会计委托代理服务工作,截至2009年年底,村级会计委托代理覆盖率达96.4%。云南省制订了农村财务管理规范化示范推广实施方案,用典型示范推动面上工作。福建省大力推进村级财务电算化管理,89%的乡镇实现村财务网络监管。相关部委也对全国农村集体财务管理规范化示范单位进行了两次评选,确定了326个全国农村集体财务管理规范化示范单位,起到了很好的典型引路和示范带动作用。

通过规范化建设,农村集体财务管理长期以来前清后乱、边管边乱的现象得到了有效遏制。截至2010年8月,全国农村集体财务公开的比例从1998年的80%上升到98%,提高了18个百分点;实行村级会计委托代理制的比例由2004年的不足50%上升到了78%;超过90%的村成立了民主理财小组,农村集体经济审计基本实现了经常化、制度化。2009年对近40万个单位进行审计,审计资金5 670亿元,查出违纪资金8亿元。农村集体经济组织"三资"管理逐步走向规范化。

3)农村集体经济组织"三资"管理制度创新阶段

推进农村集体经济组织"三资"管理制度创新,是强化农村集体经济组织"三资"管理的重要方面。在规范化的基础上,全国各地结合实际,积极探索,勇于创新。通过制度创新,有效地丰富了农村集体经济组织"三资"管理模式。河南、吉林、安徽、黑龙江等省积极推行农村集体经济组织"三资"委托代理服务制度。河北省建立健全村集体财富积累机制,探索集体经济有效实现形式,增强了村级组织服务功能。福建省在乡(镇)成立了村集体会计委托代理服务中心、招投标委托中心、村公有资产监管中心,构建起覆盖全省的"一个网络、一个枢纽、三级监管"的网络监管系统。北京市提出全市农村全面推行村集体经济组织产权制度改革。江苏省开展了农村社区股份合作社"有规范组织章程、有明晰股权结构、有稳定经营收益、有合理分配机制、有健全财务制度"的"五有"创建工程。湖北省在全省26 283个村(社区)开展了"三资"清理及监管代理工作,清理资产、资源发包16 319宗,增加集体收入6.48亿元,开展项目建设招标、投标7 150宗,节约村级支出24.5亿元。浙江省在深化集体产权制度改革、全面构建村经济合作社治理结构方面进行了有益的探索和实践,制定了《浙江省村经济合作社组织条例》,明确村经济合作社"三会"(社员大会、管理委员会、监督委员会)职责,确立了村经济合作社的法人地位。通过管理制度的创新,农村集体经济组织"三资"管理改革逐步向纵深发展,推进力度越来越大,覆盖范围越来越广,农村集体经济组织"三资"管理的框架体系基本形成。

实践证明,通过农村集体经济组织"三资"管理制度的建立、规范和改革创新,破除了不适应生产力发展的传统体制和机制,强化了民主管理和民主监督,维护了农村集体经济组织及其成员的合法权益,实现了农村集体经济组织"三资"的保值增值,壮大了集体经济实力,增加了农民收入,促进了农村社会稳定和谐。

3.1.3 农村集体经济组织"三资"管理的意义、目标和原则

1)农村集体经济组织"三资"管理的意义

农村集体资金、资产、资源属于农村集体经济组织全体成员共同所有,是发展农村经济

和实现农民共同富裕的重要物质基础。在统筹城乡发展和推进城市化、工业化过程中，农村集体经济组织“三资”管理工作面临许多新情况、新问题。新时期加强农村集体经济组织“三资”管理具有十分重要的意义。

(1)加强农村集体经济组织“三资”管理是维护农村社会和谐稳定的需要

农村税费改革以来，逐步取消了农业税，减轻了农民负担，农村社会矛盾得到了很大缓解，但仍存在一些不稳定的因素，突出反映在农村集体经济组织“三资”管理方面。农村集体经济组织“三资”收入不入账、虚报冒领等问题还比较突出；侵占挪用资产、随意处置资产、贱包贱租资源比较普遍；以权谋私、暗箱操作还比较严重。这些现象造成基层干群关系紧张，诱发了农村社会的不稳定，已成为农民群众关注的焦点、上访的热点。以南方某县为例，2007—2009年，仅纪检机关受理农村问题信访件有126件，其中涉及农村集体经济组织“三资”管理问题的信件71件，占信访总量的56.3%。加强农村集体经济组织“三资”管理，就是要通过健全监管机制，有效规范村干部从政行为，有力堵塞管理漏洞，强化农村集体经济组织“三资”阳光运作、公开运行、民主监督，从源头上铲除腐败现象滋生的土壤，维护农村社会和谐稳定。

(2)加强农村集体经济组织“三资”管理是促进农村党风廉政建设的需要

加强农村集体经济组织“三资”管理是农村党风廉政建设的重要内容。农村集体经济组织“三资”规模大，与地方的社会经济发展密切相关，事关农民群众的切身利益，是农村基层干部违法违纪行为的多发领域，成为党和政府以及农民群众普遍关心的热点。当前，仍然有一些农村基层干部民主法治观念淡薄，致使农村集体财务管理不公开、不规范，甚至出现贪污挪用集体资金现象；在集体资产和资源的发包、租赁等过程中暗箱操作、以权谋私、优亲厚友等。这些违法违纪行为，不仅造成集体资产流失，侵害了集体和农民群众的利益，损害了干群关系，也有损党和政府的形象，群众对此反映强烈。为此，要从巩固党在农村执政基础的高度来认识加强农村集体经济组织“三资”管理的重要性，加强制度建设，加强民主管理和监督，形成农村集体经济组织“三资”管理的长效机制，遏制腐败行为，促进农村基层党风廉政建设。

(3)加强农村集体经济组织“三资”管理是完善和巩固农村基本经营制度的需要

党的十七届三中全会指出，以家庭承包经营为基础、统分结合的双层经营体制，是党农村政策的基石，必须毫不动摇地坚持。同时中央也明确提出，要顺应现代农业发展的要求，推进农业经营体制机制创新，实现“两个转变”，即由家庭经营向采用先进科技和生产手段方向转变，由统一经营向发展农户联合与合作，形成多元化、层次化、多形式经营服务体系的方向转变，着力提高集约化水平和组织化程度。这是完善农村基本经营制度的方向，是推进农业经营体制机制创新的着力点。在促进“统”的层次上实现转变，一个重要的方面就是发展壮大多种形式的集体经济，增强集体组织服务功能。实践证明，只有集体经济发展壮大，实力增强，集体经济组织才能够有效地开展为农户的服务，办那些一家一户办不好、办不了、办起来不合算的事情。通过长期积累形成的农村集体经济组织“三资”是发展壮大集体经济的物质基础，是确保集体经济组织不断提高服务能力和水平的物质基础。加强农村集体经济组织“三资”管理是完善和巩固农村基本经营制度的需要。

(4)加强农村集体经济组织“三资”管理是发展壮大农村集体经济的有效途径

探索农村集体经济有效实现形式,是中央对发展壮大农村集体经济的基本要求。农村集体经济的有效性,本质上体现在两个方面:一是经济的发展;二是实现全体成员的共同富裕。只有发展了、促进了农民的增收,实现了全体成员共同富裕,集体经济才有生命力。当前,我国许多地方农村集体经济组织经济状况还不尽如人意。一方面,农村集体经济薄弱,公益事业建设举步维艰,自身发展寸步难行,无钱办事、向群众伸手的现象还普遍存在;另一方面,有些农村集体资金没有得到合理使用,有的体外循环,有些资产、资源闲置荒废或无偿使用、非法占用,资产、资源被侵占、流失比较突出,应有的经济效益没有得到发挥。据初步统计,2009年年底全国农村集体资产总额达1.6万亿元,平均每个村270多万元。农村集体经济组织“三资”是一笔巨大的财富,实现其保值增值,有利于发展农村经济、实现农民群众共同富裕。

加强农村集体经济组织“三资”管理,就是要通过农村集体经济组织“三资”管理模式的创新,增强农村集体经济组织“三资”管理效能,把农村集体经济组织“三资”状况摸清楚,账务管起来,可用价值利用好,有效盘活存量,实现资产、资源科学使用、优化配置、保值增值,奠定产权制度改革和资产经营基础,使农村集体经济逐步发展壮大。

(5)加强农村集体经济组织“三资”管理是推进基层民主政治建设的必然要求

随着基层民主政治建设的不断推进,农民群众的民主意识越来越强,依法行使民主权利的呼声也越来越高。从现状来看,在农村集体经济组织“三资”管理上,仍然存在村民知情度不高、参与力不够的现象。加强农村集体经济组织“三资”管理,就是要通过清理农村集体经济组织“三资”,向村民交一个明白账;通过建立监管代理机制,强化村务公开、财务公开的执行力;通过引入市场机制,强化资产经营公开竞标、建设工程公开招招标;通过建立农村集体经济组织“三资”管理制度,保障农村集体经济组织“三资”运作村民参与、村民决策、村民监督,真正达到村级事务村民自治、群众当家做主,从而推进基层民主政治建设。

(6)加强农村集体经济组织“三资”管理是加强基层组织建设的战略举措

农村集体经济组织“三资”管理发生的违纪违规现象,群众有意见;农村集体公益建设向农民伸手,群众有怨言;农村集体经济组织“三资”操作不透明,群众有疑虑。这些状况导致了基层组织威信降低,凝聚力和战斗力削弱。加强农村集体经济组织“三资”管理,让农村集体经济组织“三资”活力得到激发,农村集体经济得到发展,群众参与、管理、监督农村集体经济组织“三资”的权利得到保障;让农村集体经济组织“三资”管理方面的腐败行为得到遏制,以此促进民心凝聚,民智汇集,党群干群关系紧密,基层政权巩固。

2)农村集体经济组织“三资”管理的目标

农村集体经济组织“三资”管理工作,要以邓小平理论和“三个代表”重要思想为指导,深入贯彻落实科学发展观,按照党的十七届三中全会提出的“健全村集体资金、资产、资源管理制度,做到用制度管权、管事、管人”的要求,立足于稳定和完善“以家庭承包为基础,统分结合”的双层经营体制,健全制度、规范管理、强化监督、加强服务,支部形成产权明晰、权责分明、经营高效、民主管理、监督到位的管理体制和运行机制,保证农村集体经济组织“三资”科学使用,保值增值,促进集体经济发展壮大,促进农民收入增加,促进农村经济社会和谐健康发展。

3）农村集体经济组织"三资"管理的原则

农村集体经济组织"三资"管理工作，要充分体现农民群众的主体地位，切实维护农民的权益。第一，必须坚持民主的原则。要求保障集体经济组织成员对农村集体资金、资产、资源占有、使用、收益和分配的知情权、参与权、监督权。第二，必须坚持公开的原则。要求资金的使用和效益应当向全体成员公开，资产和资源的承包、租赁、出让应当实行招标投标或公开竞价。第三，必须坚持成员收益的原则。要求遵循村资金、资产、资源管理的规律和特点，采取不同的经营模式和管理方式，提高经营管理水平，节约增效，确保资金、资产、资源的安全和保值增值，让农民群众随着集体经济壮大，得到更多的实惠。

3.1.4　农村集体经济组织"三资"管理制度

1）农村集体经济组织"三资"管理制度的含义

农村集体经济组织"三资"管理制度是指农村集体经济组织代表其成员行使农村集体资金、资产、资源管理职责，为做到按制度办事和"有章理事"，而建立的各项管理制度。

2）农村集体经济组织"三资"管理制度建立的依据

农村集体经济组织"三资"管理制度建立的政策和法律依据主要有下述内容。

①《中华人民共和国村民委员会组织法》。

②《中华人民共和国农村土地承包法》。

③《中华人民共和国会计法》。

④《中华人民共和国招标投标法》。

⑤《国务院关于加强村集体资产管理工作的通知》（国发〔1995〕35 号）。

⑥《中共中央办公厅、国务院办公厅关于加强农村基层党风廉政建设的意见》（中办发〔2006〕32 号）。

⑦《中纪委、监察部、财政部、农业部关于进一步规范乡村财务管理工作的通知》（中纪发〔2006〕24 号）。

⑧《中纪委、中组部、民政部等 12 部委关于开展村务公开和民主管理"难点村"治理工作的若干意见》（民法〔2009〕20 号）。

⑨《村集体经济组织会计制度》（财会〔2004〕12 号）。

⑩《财政部关于开展村级会计委托代理服务工作的指导意见》（财会〔2008〕8 号）。

⑪《农业部关于进一步加强村集体资金资产资源管理指导的意见》（农经发〔2009〕4 号）。

⑫《中纪委、财政部、农业部、民政部关于进一步加强村级会计委托代理服务工作指导意见》（财会〔2010〕4 号）。

3）农村集体经济组织"三资"管理制度的内容

农村集体经济组织"三资"管理制度包括农村集体资金管理制度、农村集体资产管理制度和农村集体资源管理制度。

(1)农村集体资金管理制度

农村集体资金管理制度主要包括财务收入管理制度、财务支出审批制度、财务预决算制度、资金管理岗位责任制度、财务公开制度等。

①财务收入管理制度。包括集体经济组织的经营、发包、租赁、投资、资产处置等集体收入,上级转移支付资金以及补助、补偿资金,社会捐赠资金,"一事一议"资金,集体建设用地收益等财务收入的取得、确认、入账、核算的相关规定。

②财务支出审批制度。包括日常支出和重大事项支出审批应当履行的民主程序、原始凭证合法性的要求以及相互制约的审批权限和流程等。

③财务预决算制度。包括预决算编制的原则、方法、程序和要求以及预算执行与调整的相关规定。

④资金管理岗位责任制度。包括对各财务管理岗位的职责、权限、奖惩等的规定。

⑤财务公开制度。包括对集体经济组织财务活动情况和有关账目等公开的具体内容、时间、方式的规定。

(2)农村集体资产管理制度

农村集体资产管理制度主要包括资产清查制度,资产台账制度,资产评估制度,资产承包、租赁、出让制度,资产经营制度等。

①资产清查制度。包括资产清查的对象、时限、方式、标准等的规定。

②资产台账制度。包括对集体所有的房屋、建筑物、机器、设备、工具、器具和农业基本建设设施等固定资产增减变动记录的规定。记录内容应包括资产的名称、类别、数量、单位、构建时间、预计使用年限、原始价值、折旧额、净值等。实行承包、租赁经营的,还应包括承包、租赁单位(人员)名称,承包费或租赁金以及承包、租赁期限等。

③资产评估制度。包括对集体经济组织以招标投标方式承包、租赁、出让集体资产,以参股、联营、合作方式经营集体资产,集体经济组织实行产权制度改革、合并或者分设等经济活动进行资产评估的规定,以及评估主体资格的认定、评估结果的确认等。

④资产承包、租赁、出让制度。包括对集体资产实行承包、租赁、出让而制订的相关规定。涉及集体资产的名称、数量、用途,承包、租赁、出让的条件及其价格,招标投标的方式,合同的签订等。

⑤资产经营制度。包括对以各种形式进行资产经营管理而制订的相关规定。对集体资产实行承包、租赁、出让经营范式的,主要涉及合同履行的公开和监督检查,承包费和租赁金的收取和入账;对集体经济组织统一经营的,主要涉及经营管理责任人和经营目标,确定决策机制、管理机制和收益分配机制以及公开程序;对集体经济组织实行股份制或者股份合作制经营的,主要涉及收入的归属、入账及分配。

(3)农村集体资源管理制度

农村集体资源管理制度主要包括资源登记制度,公开协商和招标投标制度,资源承包、租赁合同管理制度,集体建设用地收益专项管理制度等。

①资源登记制度。包括对法律规定属于集体所有的土地、林地、草地、荒地、滩涂等集体资源进行登记的相关规定。农村集体建设用地以及发生农村集体建设用地使用权出让事项

等要重点记录。

②资源经营制度。包括对集体所有且没有采取家庭承包方式的荒山、荒沟、荒丘、荒滩、果园、养殖水面等资源进行经营管理而制订的相关规定。对以公开协商方式承包、租赁集体资源的，主要涉及承包费、租赁金的议定程序；对以招标投标方式承包、租赁集体资源的，主要涉及承包费、租赁金的公开招标方案、竞标、竞价规定以及合同签订和报备制度。

③集体建设用地收益专项管理制度。该制度是指对集体建设用地收益的归集、分配及用途的规定。包括收益分配在生产发展、增加积累、集体福利和公益事业等方面分配的比例以及经济开支的项目，还包括农村集体建设用地收益的存储方式、账务设立、审计监督等规定。

3.2　农村集体经济组织“三资”的清理登记

3.2.1　概述

1）农村集体经济组织“三资”清理的范围

开展农村集体经济组织“三资”清理，摸清农村集体经济组织“三资”底数，是推行农村集体经济组织“三资”监管代理的一项基础性工作。农村集体经济组织所有的资金、资产、资源清理应以建制村（社区、居委会）为单位进行，清理对象的时间跨度原则上与村民委员会任期一致，特殊情况可向前追溯。对农村集体经济组织“三资”的清理，要以村会计账簿为依据，坚持账内账外相结合、实物盘点同核实账簿相结合，以物对账，以物查物，逐笔逐项清理。农村集体经济组织“三资”清理范围具体包括以下几个方面。

（1）农村集体资金

农村集体资金是指农村集体经济组织所有的货币资金，包括现金、银行存款及有价证券等。货币资金按其形态和用途不同可分为库存现金、银行存款和其他货币资金。其他货币资金包括外埠存款、银行汇票存款、银行本票存款、信用证保证金存款、信用卡存款、存出投资款等。资金按其来源，包括集体经济组织经营、发包、租赁、投资、资产处置补助、补偿金、“一事一议”资金、集体建议用地收益等集体收入，上级转移支付资金。

（2）农村集体资产

农村集体资产是指农村集体经济组织所拥有的房屋、建筑物、机器、设备、工具、器具、材料物资、债权等；农村集体经济组织投资兴建或以资金、劳务投入形成的水利、交通等生产性设施；教育、文化、卫生、体育、通信、福利等公益设施；农村集体经济组织投资兴办的企业及其收益形成的资产；在国内联营、股份、股份合作和中外合资、合作以及兼并、有偿转让的企业中，集体经济组织按章程、协议（合同）应有的资产份额；农村集体经济组织接受捐赠、资助等形成的资产；农村集体经济组织投资办的企业享受国家的各种优惠政策以及按国有和地方的规定年限提取的生产性积累资金形成的资产及增值部分；农村集体经济组织拥有的著作权、专利权、商标专用权、商誉、土地使用权等无形资产。

(3)农村集体资源

农村集体资源是指法律法规规定,属于集体所有的土地、林地、山岭、草地、荒地、滩涂、水面、矿藏等自然资源。一般来讲,包括农户承包地、宅基地、集体机动地、荒沟、荒滩、荒山、荒丘、鱼池、塘堰、沟渠、场地等。

2)农村集体经济组织“三资”清理的原则

农村集体经济组织“三资”清理工作的主体是村民委员会。开展农村集体经济组织“三资”清理工作,必须依靠群众,公开透明,公正公平,尊重历史,尊重事实,确保稳定。在清理过程中,要坚持以下5个方面的原则。

(1)“五权”不变的原则

农村集体经济组织“三资”属于农村集体经济组织的全体成员共同所有,在清理和监管全过程要充分体现农民群众的主体地位,切实维护农民的权益,坚持农村集体经济组织“三资”所有权、使用权、监督权、处置权和收益权“五权”不变的原则,任何组织和个人不得非法侵占、截留和平调挪用农村集体经济组织“三资”,维护农村集体和村民的合法权益。

(2)充分发扬民主的原则

民主管理和民主监督是加强农村集体经济组织“三资”管理的基础,是完善集体经济组织管理体制和机制的重要方面。在开展农村集体经济组织“三资”清理时,要遵循《中华人民共和国村民委员会组织法》的规定,对涉及村民利益的事项,经村民会议讨论方可决定。要坚持接受民主监督的原则,保障村民以及民主理财小组对农村集体资金、资产、资源占有、使用、收益和分配的知情权、参与权、监督权。

(3)公开透明的原则

要按照《中华人民共和国村民委员会组织法》的规定,实行村民委员会村务公开制度。在开展农村集体经济组织“三资”清理时,必须坚持公开透明、阳光操作的原则,及时将农村集体经济组织“三资”的静态和动态情况,使用和收益向全体村民公开;资产和资源的承包、租赁、出让必须实行招投标或公开竞价。保证本经济组织成员享有公平权。

(4)成员受益的原则

开展农村集体经济组织“三资”清理,必须坚持集体经济组织成员共同受益的原则,通过完善收益分配制度,让农民群众随着集体经济壮大,得到更多的实惠。

(5)依法清理与规范监管相结合的原则

农村集体经济组织“三资”清理必须以《中华人民共和国村民委员会组织法》《中华人民共和国会计法》为法律依据,严格遵循《村集体经济组织会计制度》,按照清理、登记、公示、核实、确认的程序进行。在坚持民主自愿和“五权”不变原则的基础上,建立农村集体经济组织“三资”监管代理中心,对农村集体经济组织“三资”全面实行委托监管代理机制。加强农村集体经济组织“三资”监管代理中心的建设,科学设置岗位,健全内部管理监督制度,规范工作流程,防止截留挪用集体资金。农村集体经济组织“三资”监管代理中心应当定期向农村集体经济组织反馈农村集体经济组织“三资”监管代理工作情况,切实发挥服务、监督的职责。积极探索创新农村集体资金、资产、资源管理服务方式。

3.2.2　农村集体资金的清理登记

农村集体经济组织的资金主要以货币形态存在，是农村集体经济组织流动性最强的资产。由于其具有高度的流动性，核算时会涉及与其对应的会计科目，在清理时就涉及与其关联的领域。

1）资金清理登记的范围

资金清理登记的范围主要包括现金、银行存款、有价证券、应收款、暂付款等。

2）资金清理登记的主要内容

（1）现金和银行存款的清理登记

清理现金和银行存款是否账实相符，重点是利用余额调节表核对银行存款以及其他外埠存款、银行汇票存款、银行本票存款、信用证保证金存款、信用卡存款等。

（2）收入的清理登记

收入的清理登记主要是清理村级各项集体经济收入是否足额入账，有无截留、挪用、贪污等违法行为。农村集体经济收入包括集经济组织的经营、发包、租赁、投资、资产处置等集体收入，上级转移支付资金以及补助、补偿资金、社会捐赠资金、“一事一议”筹集资金、集体建设用地收益等。

（3）支出的清理登记

村级支出主要包括村级经营支出、管理费用、基本建设支出、其他支出、生产（劳务）支出等。支出的清理登记主要是查看村级各项支出是否合理合法合规，是否履行民主决策和民主理财程序，各类支出票据是否规范，有无重报、侵占、挪用、私分集体资金等行为。

（4）应收应付款的清理登记

清理时应注意账账核对，账实核对。清理之前，将账面余额在本村范围内张榜公布，便于债权人和债务人及时核对。应收款的核对分为外部欠款和内部往来，由于“内部往来”涉及面广，要在确保稳定的前提下注重做好欠款农户的签字认可，防止账实不符而虚增债权债务现象的发生。

3）资金清理登记的基本方法

村级资金的清理应从财务收支入手，采取账账核对与实地盘点相结合的方法进行，做到账内账外相结合，实际收支金额与入账金额相结合，内查外调与发动群众相结合。以总账“现金”（委托代理制实行“备用金”管理）和“银行存款”科目余额为依据，分别与“现金”日记账、“银行存款”日记账和集体经济组织出资购买的股票、债券等有价证券核对，并进行现场清理盘点，重点清理有无“账外设账”和私设“小金库”“白条抵库”和挪用等问题，同时要取消以私人名义开设的集体资金账户和多头开设的账户。

3.2.3　农村集体资产的清理登记

农村集体资产的清理登记包括农村集体流动资产的清理登记和农村集体固定资产的清理登记。

1）农村集体流动资产的清理登记

农村集体流动资产主要包括货币资金(现金和银行存款)、有价证券、短期投资、应收票据和存货等。按其表现形态可分为货币形态的流动资产和实物形态的流动资产。

农村集体流动资产的清理登记应根据流动资产的特点,按照各自不同的要求,分别进行审查清理登记。要做好账面数、清查数、差额数的登记,在查明变动原因的前提下,向本村群众公示接受监督,遗漏的要补充完善登记,亏空的要经过民主理财程序予以核销。

(1)货币形态流动资产的清理登记

现金、银行存款等货币形态流动资产在上节已表述,本节重点介绍对外投资和有价证券的清理登记。

①对外投资的清理登记。重点对投资额度、投资时限、投资收益进行核对。核查原始投资和当期账面余额有无增减变化、年度投资收益是否纳入账内核算。农村集体经济组织的对外投资(包括对外投资决策、评估及其收回、转让与核销),应当实行民主决策,严禁任何个人擅自决定对外投资或者改变集体决策意见。清理时应对对外投资业务各环节涉及的记录或凭证、审批文件、投资合同或协议、投资方案书、对外投资有关权益证书、对外投资处置决议等文件资料进行复核审查。

以现金、银行存款等货币资金方式向其他单位投资的,清理时按照实际支付的价款计价。

以实物资产方式对外投资,其评估确认或合同、协议确定的价值必须真实、合理,不得高估或低估资产价值。实物资产重估确认价值与其账面净值之间的差额,计入公积公益金。

对外投资分得的现金股利或利润、利息等计入投资收益。出售、转让和收回对外投资时,按实际收到的价款与其账面价值的差额,计入投资收益。

②有价证券的清理登记。对有价证券进行清理登记时,要对有价证券登记簿(台账)的详细记载进行仔细审查,包括各种有价证券的名称、券别、购买日期、号码、数量、金额、持有时间、到期本息全面登记,中途变动的需要注明变动原因。

(2)实物形态流动资产的清理登记

实物形态的流动资产一般包括储备资产、生产资产、成品资产等,按照《村集体经济组织会计制度》的规定,应在“库存物资” 科目核算。主要包括种子、化肥、燃料、农药、原材料、机械零配件、低值易耗品、在产品、农产品和工业产成品等。实物形态流动资产的清理登记中,价格鉴证是重点。其计价原则分别为购入的物资按照买价加运输费、装卸费、运输途中的合理损耗以及相关税金等计价。生产入库的农产品和工业产成品,按生产过程中发生的实际支出计价。

实物形态流动资产的清理登记,特别要对库存物资进行盘点核对,做到账实相符。盘盈的,按同类或类似存货的市场价格计入其他收入;盘亏、毁损和报废的,按规定程序批准后,按实际成本扣除应由责任人或者保险公司赔偿的金额和残料价值后的余额,计入其他支出。还要对库存物资的出入库程序和履行的相关手续进行审核。

2）农村集体固定资产的清理登记

《村集体经济组织会计制度》规定:村集体经济组织的房屋、建筑物、机器、设备、工具、器具和农业基本建设设施等劳动资料，凡使用年限在1年以上，单位价值在500元以上的列为固定资产。有些主要生产工具和设备，单位价值虽低于规定标准，但使用年限在1年以上的，也可列为固定资产。

(1)农村集体固定资产的分类

为了加强农村集体固定资产的管理监督，便于会计核算的真实准确，农村集体经济组织应当根据管理需要和核算要求，适当对固定资产进行科学分类。

①按照经济用途分类。

a. 生产经营用固定资产。指直接用于生产经营或生产服务的各种固定资产。如生产经营用房屋建筑物、机械设备、工具器具及农业基本建设设施等。

b. 非生产经营用固定资产。指不直接用于生产经营或生产服务的固定资产。如办公用房、办公设备、村级党建文体活动中心、医务室、幼儿园等。

②按照所有权分类。

a. 自有固定资产。指村级集体经济组织拥有其所有权，可以按照本村需求使用或处置的固定资产。自有固定资产又可细化为购入、自建、接受捐赠3小类。

b. 租入固定资产。指农村集体经济组织为满足生活需求通过租赁的方式从内部或外部租入的固定资产。租入固定资产可以分为经营性租赁和融资租赁。

③按照使用情况分类。

a. 在用固定资产。指正在使用中的固定资产，包括季节性停用和大修理期间停用的固定资产。

b. 未使用固定资产。指尚未开始使用的固定资产，包括新增的、待安装的、需要改(扩)建的以及停止使用一定期限的固定资产。

c. 不需用固定资产。指不再适用于本村集体经济组织生产生活需要，应该处理或即将处理的固定资产。

d. 租出固定资产。一般指农村集体经济组织通过经营租赁方式出租的固定资产。

(2)农村集体固定资产清理登记的重新计价

为了有效地发挥农村集体固定资产的作用和功效，开展固定资产清理时应当重新确认资产价值。

①购入固定资产的计价。购入的固定资产，不需要安装的，按实际支付的买价加采购费、包装费、运杂费、保险费和交纳的有关税金等计价；需要安装或改装的，还应加上安装费或改装费。

②自行建造固定资产的计价。新建的房屋及建筑物、农业基本建设设施等固定资产，按竣工验收的决算价计价。

③接受捐赠固定资产的计价。接受捐赠的固定资产，应按发票所列金额加上实际发生的运输费、保险费、安装调试费和应支付的相关税金等计价；无所附凭据的，按同类设备的市价加上应支付的相关税费计价。

④改建、扩建固定资产的计价。在原有固定资产基础上进行改造、扩建的，按原有固定资产的价值，加上改造、扩建工程而增加的支出，减去改造、扩建工程中发生的变价收入

计价。

⑤投资者投入固定资产的计价。投资者投入的固定资产,按照投资双方协商确认的价值计价。

⑥盘盈固定资产的计价。盘盈的固定资产,按同类设备的市价计价。

(3)农村集体固定资产清理应当把握的关键环节

农村集体经济组织的固定资产清理涉及面广、工作量大,是一项既复杂又细致的工作,必须结合本村实际,组建专项清理小组,拟订清理方案,设置清理登记表格,以物对账,以账查物。分门别类全面清点品种、规格、型号、数量、购建日期、计量单位、账面价值、计提折旧等,查清资产来源、去向和管理情况,对账物不清的资产要进行追忆、查找,做到不留死角,不打埋伏,不重不漏。为保证清理质量,应把握下述关键环节。

①注重专项清理小组成员的代表性和广泛性。专项清理小组应包括农村集体经济组织的主要负责人、会计人员、村民议事会代表、民主理财小组成员等,还应该组织一部分熟悉本村村情,公道正派,责任心较强的村民代表、已经退休(退职)的村组干部、老党员参加清理工作。

②清理登记前应公示账面资产余额。实际工作中除了记账和核算的错误外,还有可能因管理人员失职造成毁损和短缺,也有可能因自然灾害造成的非常损失。无论是哪种情况造成的账实不符,都要通过清查发现问题,公示之后更会引起本组织成员的关注。通过清查可查明财产的实际存量和价值,也可以发现资产的保管、使用状况以及有无损坏丢失、非法占有、贪污盗窃等现象,保护资产的安全完整。

③区分情况,明确清理登记重点。农村集体经济组织的情况千差万别,清理时应根据情况明确重点。对一般的农村集体固定资产的清理登记,重点检查账实是否相符,先查账内后查账外,并按规定的程序调账或核销;对未登记入账的固定资产,要进行评估入账,或召开村民代表大会确定入账价值。对于合村并组或农村集体企业改制过程中集体资产的处置,重点清理有无非法转让、转卖(贱卖)和侵吞集体资产的行为。

④注意损毁、报废核销程序的规范性。村集体固定资产损毁、报废核销应填制《资产损毁报废核销申报表》,经村民会议或村民代表会议讨论审核,民主理财小组全体成员签字盖章,村"两委会"(村支部委员会和村民自治委员会)负责人、清理人签字,报乡镇村集体"三资"监管代理中心审批后做调整账务处理,同时对资产残值公开处理,收入及时入账。已出让或报废的,应当及时核销。

⑤建立好固定资产台账。为了对资产的使用情况进行动态监管,规范管理,做到账账相符,账实相符;在清理登记完成后,要建立好固定资产台账。固定资产台账的内容主要包括资产的名称、类别、数量、单位、购建时间、预计使用年限、原始价值、折旧额、净值等。实行承包、租赁经营的,还应当登记承包、租赁单位(人员)名称,承包费或租赁金以及承包、租赁期限等。

(4)在建工程的清理登记

在建工程是指尚未完工,或虽已完工但尚未办理竣工决算的工程项目。清理时要对项目名称、投资计划、招投标书、建设合同、施工进度、已投资额等进行登记,对已完工工程及时验收结转,正在实施的项目要随时掌握动态。

3.2.4　农村集体资源的清理登记

农村集体资源是法律规定属于集体所有的土地、林地、草地、荒地、滩涂等，通常称为山、水、林、田、地，属于本村集体经济组织成员共同所有。开展农村集体资源清理主要是对可利用资源登记造册，建档立案，逐项登记，实质上既是对集体资源的全面普查，又是对资源管理及开发利用效益实施的全程监督。

1）资源清理登记前的准备

农村集体资源具有分布的广泛性、项目品种的多元性、计量单位的多样性、取得收入的不固定性等特点。资源清理是一项复杂性、系统性工程，既要核对账簿又要实地查勘。开展资源清理登记工作前，要像农村集体资产的清理登记一样，组建具有代表性和广泛性的专项清理小组。除此之外，还应做好以下准备工作。

(1)结合实际，明确重点

农村集体资源分布广泛，类别复杂，情况各异。清理登记工作要结合本村实际，重点对资源存量和分布、开发使用情况、合同兑现情况以及群众最关注的收益分配情况进行全面清理。如在资源开发使用情况方面，对已经开发利用的资源，其经营过程中已造成浪费或不履行义务的经营者，应当尊重群众意见依法依规事先拿出规范管理方案。对尚未开发或待开发的资源，要事先明确如何有效有序开发利用，防止掠夺经营，造成资源浪费的规范化管理方案。

(2)统一计量口径

对农村集体资源清理登记，一般来讲，对土地、水面、果园、山林、矿藏等自然资源要进行丈量和评估核实。如对面积的计量，要结合实际，尊重当地习惯，统一计量口径，注意保持操作的一贯性和政策的连续性。

(3)科学设计清理登记表格，公示资源

开展资源清理应根据当地资源特点，科学设计清理登记表格。其主要内容包括资源类别、资源名称、资源权属、坐落位置、评估价值、开发状况、经营期限、承包年限、承包情况、合同兑现等方面。同时，对清理前已经登记在册的资源在本村范围内张榜公布，接受本村全体成员的共同监督。

2）资源清理登记应注意的问题

资源清理登记时应注意的问题如下所述。

(1)主要资源的清理要维护政策的连续性

农村集体经济组织主要大宗资源是耕地、林地、水面等，是农民从事农业生产的主要生产资料。清理时，要特别注意掌握政策的严肃性和连续性，维护农村社会稳定。对于一轮土地延包已经确权确地发证到户和实行集体林权制度改革已经踏勘划界发放林权证的林地只做登记，不得重新丈量土地和调整分配。清理的重点是农村集体经济组织原先留存的机动地、退耕还林减少耕地和经过土地整理后新增的耕地等。一般来讲，这些地块容易出现的问题主要有多留机动地、发包程序不到位、低价发包、“人情承包”、“以权承包”、承包期超过法律规定、挤占农户退耕还林补贴资金等。

(2)零星资源的清理要结合村情民意,力求全面完整

农村集体经济组织的零星资源也属于全体村民共同所有,合理开发利用这些零星资源,对于发展生产、增加集体积累、促进农村集体福利和公益事业等具有不可忽视的作用。在清理中,要进行全面完整的普查登记,不留死角,并按照公平、公正、公开、尊重民意的原则,尽可能地公开现场丈量和评估经济价值,予以公示,接受监督。

(3)村组"四至"边界的登记要准确、真实

"四至"是指土地、住宅等四周的界限。村组"四至"边界是依据传统居住习惯依山系或水系划分而成的,其划分既有平原、丘陵、山区地域之差,又有自然村(屯)落和行政村组之别。村组"四至"边界的划定登记,有利于方便村组事务管理和对自然资源合理开发利用。

村组"四至"边界勘定的平面上呈不规则状况,所以清查登记只能从空间上勾勒出地理位置。

①村"四至"边界的清理登记。村"四至"边界的清理登记,应该从行政村坐落地的空间上分别用文字表述和图形反映。需要用文字表述清楚的是东、西、南、北、东北、东南、西北、西南各个方位接壤地域的村组。与外省、市(地、州、盟)、县(市、区、旗)、乡(镇、社区)等接壤的地方,要用全称表述。在图形表述方面,需在绘制出平面图的基础上绘制出地形图,做到图标完整、比例尺精准。

②组"四至"边界的清理登记。组"四至"边界的清理登记与村"四至"边界的清理登记是有区别的,除了用文字表述清楚东、西、南、北、东北、东南、西北、西南各个方位接壤地域村组外,还应详细登记分界线参照物(山场林木、堰塘沟渠、田地果园、水面、草场等)以及所属的村组责任人和经营管理者。

(4)做好资源清理登记后的规范管理工作

清理登记后,要将各类资产、资源登记表中采集的详细信息审核后做好记录,形成卡片或电子档案。实行承包、租赁经营的集体资源,还应当记录资源承包、租赁单位(个人)的名称、地址,承包、租赁资源的用途,承包费或租赁金,期限和起止日期等。农村集体建设用地以及发生农村集体建设用地使用权出让事项等要重点记录。同时,还要制作农村集体主要资产、资源分布图(包括通村公路、桥涵、电杆、鱼塘、机动地、四荒地),在本村范围内张榜公布。

3.2.5 农村集体债权债务的清理登记

1)农村集体债权的清理登记

农村集体经济组织的债权是指农村集体经济组织与企业、单位和个人发生的各种应收未收的款项。在会计核算中通常在"应收款"和"内部往来"科目反映。与其对应的是"经营收入""发包及上交收入""补助收入""其他收入"等。

(1)村级债权的构成

村级集体经济组织的债权是日积月累形成的,包括外部单位欠款、外部个人欠款、内部所属单位欠款和集体内部成员欠款等。

①外部单位欠款。是指农村集体经济组织及其下属企业等以外的单位，欠本集体经济组织的款项。

a. 政府部门欠款。是指乡、镇政府部门欠农村集体经济组织的款项。

b. 外部企业欠款。是指村以外的企业欠集体经济组织的款项。

c. 征地补偿费欠款。是指农村集体经济组织土地被征用后，没有到账的征地补偿费。

②外部个人欠款。是指农村集体经济组织借给非本集体经济组织的其他个人及其他原因应交未交款项。

③内部所属单位欠款。

a. 所属企业欠款。是指村办企业应付集体经济组织而未付的款项。

b. 税费尾欠。是指农村集体经济组织代其所辖的农场、渔场、果园等垫交的税费等。

④集体内部成员欠款。

a. 内部个人借款。是指农村集体经济组织借给内部个人的款项。

b. 集体内部成员欠款。是指农村集体经济组织内部成员应付集体经济组织而未付的款项。

c. 税费尾欠。是指农村集体经济组织代内部成员垫交的税费，包括税费改革前的农业税、农业特产税、村提留、乡统筹等。

(2)债权清理应当把握的关键环节

债权清理是一项政策性强、涉及广大农民切身利益和村级组织正常运转的大事，在清查过程中，要把握下述 3 点。

①摸清底数。村级集体经济组织的债权清理登记以村"两委会"自查为主，农村集体经济组织"三资"监管代理中心审查监督。清查要以会计账簿为依据，采取账内账外清查相结合，先账内后账外的方法进行，既要清查登记已入账的现有债权，还要清查未入账但已经形成的债权。

②详细登记。账面清理的债权应该逐年逐笔做好登记，登记的内容包括债务人、欠款原因、账面金额、形成时间、经办人、批准人等。

③做好认定。债权的认定是债权清理的关键环节。按照司法解释，债权有一定的追溯期，为了减少集体经济损失，防止有效债权变成无效债权，按常规，农村集体经济组织要定期对债权进行梳理核对，并做好认定工作。在农村集体经济组织"三资"清理工作中，对已登记的债权要以村组为单位进行公示，公示期不少于 7 天。公示后的债权要逐项予以认定，根据不同情况认定的依据主要有："内部往来"以村核算到农户的，以村往来账进行核对并认定；以组核算到农户的，要以村年度任务和小组年度任务分解表核对并认定；外部债权以"应收款"总账和明细账为依据，同时与村级收入进行核对并告知债务人。债权认定后，换发《债权核定书》，填写债权清理登记表，再予以公示，公示期不少于 3 天。债权认定时，个人外出或找不到人的，要召开村民代表会进行集体认定，待债务人日后补签认定手续。在规定的时间内，对于债务人及群众提出异议或反映强烈的问题，农村集体经济组织要重新清查核实，经核查无误后，由债务人签字认可。

(3)债权清理的原则

①坚持依法清理，彰显公平正义。由于农村集体债权成因复杂，清理时确认为无法收回

的个人欠款和单位欠款属无效债权(即呆账),清理时应谨慎处理,对无效债权按规定程序进行账务处理,严禁借清查核实工作,将可收回的债权核销,做权力“呆账”、人情“呆账”处理。经认可后的无效债权,区别情况由专项清理小组进行审核,对审核出来的问题,农村集体经济组织应重新进行核实认定。经认定后的债权,由村民主理财小组审核后,盖章确认。同时农村集体经济组织确需增加债权的,增加债权之前,必须提交村民会议或村民代表会议讨论通过。

②清理登记与适当清收相结合。开展村级债权摸底清查工作目的是摸清村级债权情况,加强清收,增加村级收入。但在清理工作中应区别不同情况,严格掌握政策适当清收,不能借机突击清收各项欠款,更不能采取“拉粮食”“牵牲畜”“搬家具”等手段强行逼债,防止清收引发新的社会矛盾,影响农村和谐稳定。尤其是对农户尾欠的税费,要严格掌握政策,慎之又慎。对农村税费改革之前农户尾欠的税费,只能锁定不能清收;对农村税费改革之后的农业税尾欠,要在充分做好思想工作的前提下酌情清收。

③谨慎公布无效债权。债权摸底清查的数据是长期形成的,由于时间久远,难免会有过去农村集体经济组织乱收费、乱摊派、乱罚款等形成的债权记录,以及债务人已经丧失劳动能力纳入“五保”供养或死亡的债权记录。上述类型的债权基本失去清收的可能,清理登记时可经过民主决策再上报审批予以适当核减并公示,要体现人性化。

④严格呆账核销程序。对农村集体经济组织已成为事实上呆账的债权,应严格按照程序依法核销。其具体程序:一是严格审查、确认呆账。二是公布于众,说明核销理由,让农民群众认可。三是召开村民代表会议讨论通过并形成决议,上报专项清理小组审批核减。

2)农村集体债务的清查登记

(1)农村集体经济组织债务的形成

农村集体债务问题由来已久,形成的原因是多方面的,有直接原因,也有间接原因;有主观原因,也有客观原因;有体制机制的问题,也有决策和管理方面的问题。大致分为下述4类。

①历年税费尾欠形成的债务。农村税费改革之前,由于农民的税费负担重,特困户交不起税费、外出打工户欠交税费、“钉子户”不愿意交税费的情况非常普遍,导致村组当年税费上交任务无法完成。在当时征收主体含糊不清的情况下,村、组集体或村组干部为了完成任务,往往贷款或借款垫交税费,但对农户又难以组织清收,致使垫交税费悬空,形成所谓的“上清下不清”的现象,造成这部分债务无法偿还。

②公益事业建设超前形成的债务。一是不切实际搞达标升级活动。二是村组干部片面追求“政绩”,不切实际,不顾村情,急功近利,超越自身经济承受能力,在所筹集的建设资金严重不足的情况下,借债搞形象工程,形成债务。

③盲目办企业上项目形成的债务。村组干部为了完成经济考核指标,有些村集体在无资金、缺技术、少人才的情况下,对项目没有进行科学论证,盲目靠借贷和集资兴办企业。加之政企不分、产权关系不明、经营管理不善、产品质量不高、市场信息不灵等众多因素,导致企业亏损,资不抵债,甚至破产,形成债务。

④维持村级组织运转形成的债务。由于农村集体经济空虚、实力薄弱,部分村组无其他收入来源,仅靠财政转移支付资金维持运转。有的地方村级组织负债运行,村组干部的工资

报酬难以兑现。加之部分村务管理水平低下，财务无预算，收支无计划，只能借债维持村级组织运转，导致债务年年增加。

(2)农村集体经济组织债务的清理登记

农村集体经济组织的债务清理工作要以会计账簿为依据，账内、账外相结合进行。专项清理小组要对账内债务进行重点审计审核，同时配合村组抓好账外债务的清理登记工作。

①账内债务的清理。

a. 对向银行、信用社和其他金融机构贷款及单位、个人借款的本金和利息，重点核查贷(借)手续、贷(借)款日期、用途、入账金额、约定利率等。

b. 对村办企业形成的债务，重点核查债务形成的时间、原因、数额的真实性，按当时的债务主体进行确定和锁定。要分清隶属关系，属村集体统一经营的由村集体负责；属承包性质的，由承包人负责，集体经济组织不予承担。

c. 对公益性和生产性设施建设形成的债务，如修路等形成的债务，要分门别类，核对在建设这些设施时有无上级有关部门和单位拨入的专项补助、扶持资金、企业及个人的捐赠、赞助款等被挪用的问题，防止扩大这类债务的规模。

d. 对维持基层组织运转形成的债务，重点审核是否有无虚报冒领、超标准、超范围、不经过民主理财程序随意开支等问题。

②账外债务的清理。对农村集体经济组织账面未反映、事实已经形成的债务，清理登记时要认真听取群众意见，对群众反映突出的问题要进行重点清查。

a. 对应付未付的村组干部报酬形成的债务。清查的重点是干部任职时间和期限、上级部门批复的待遇标准、干部借款、报酬发放等方面的情况。

b. 对村委会赊购商品物资、外欠招待费而形成的债务。要经村级民主理财小组审核，将不应由集体开支或不合理的开支项目剔除。

c. 对工程已完工、未结算入账的工程尾欠形成的债务。重点要依据工程合同及施工过程中的预算调增调减因素，先办理工程决算，再准备计算工程尾款，转入账内。

d. 对村干部未履行正常程序私自借入款项形成的债务，不得纳入账内核算，由借款人自行承担。对有关部门和人员强迫农村集体经济组织借入款项形成的债务，也不得列为村级债务。对经审核确定为不合理的开支项目，不得入账核销，应由相应责任人自行承担。

③债务登记与公示。账内账外的债务清理完毕后，要逐笔逐项予以登记，并填写登记表格。登记内容包括债权人(单位或个人)、债务金额、形成原因、形成时间、村级组织经办人、清理人等。然后分单位、个人进行集中公示，公示时间不少于 7 天。公示结束后，要通知债权单位或债权人来村清理小组进行认定，换发《债务核定书》。将认定的结果再次公示，公示时间不少于 3 天。

3）多措并举，清理债权化解债务

农村集体经济组织的债权债务问题是侵蚀农村税费改革成果的重大隐患，是影响农村经济社会持续健康发展的一个重要因素。为了加强农村基层组织执政能力建设，保持农村和谐稳定，当务之急是要本着积极稳妥的原则，突出重点，分类处理，采取多种措施，认真清理债权，努力化解债务。要采取清收还债、核销减债、结转冲债、剥离消债、降息压债、盘资抵债、增收还债、节支化债等多种办法，多措并举，积极开展清理化解工作。要在清理核实债权债务的基础上，着力从农民和农村干部最关心、利益关系最直接、矛盾最集中的涉农债务着手，优先化解农村义务教育、公益事业发展等方面的债务，把确属因新办公益事业而造成的农民、村组干部等个人债务的化解工作放在突出位置。对农村义务教育方面形成的债务，要加强调查研究，把握好与国家政策的衔接，制订化解债务的具体办法。对其他债务，要严格按照有关规定分类处理，严格掌握政策界限，逐步消化解决。

3.3 农村集体经济组织"三资"管理的操作实践

3.3.1 农村集体经济组织的收入和支出管理

1）农村集体经济组织的收入和支出项目

(1)农村集体经济组织的收入项目

农村集体经济组织收入包括经营收入、发包及上交收入、补助收入、其他收入和投资收益。

①经营收入。是指农村集体经济组织进行各项生产、服务等经营收入。

②发包及上交收入。是指农户和其他单位因承包集体耕地、林地、果园、鱼塘等上交的承包金及村办企业上交的利润等。

③补助收入。是指农村集体经济组织获得的财政部门的转移支付资金和政府其他部门及社会团体对农村集体经济组织的补助资金。

④其他收入。是指农村集体经济组织获得的除经营收入、发包及上交收入、补助收入以外的收入。

⑤投资收益。是指农村集体经济组织对外投资获取的利息、股利以及其他收益。

(2)农村集体经济组织的支出项目

农村集体经济组织支出项目包括经营支出、管理费用和其他支出。

①经营支出。是指农村集体经济组织因销售商品、农产品、对外提供劳务等活动而发生的实际支出，包括销售商品或农产品的成本、销售牲畜或林木的成本、对外提供劳务的成本、维修费、运输费、保险费、产役畜的饲养费用及其成本摊销、经济林木投产后的管护费用及其成本摊销等。

②管理费用。是指农村集体经济组织管理活动发生的各项支出，包括农村集体经济组织管理人员及固定员工的工资、办公费、差旅费、管理用固定资产折旧费和维修费等。

③其他支出。是指农村集体经济组织与经营管理活动无直接关系的支出。

2）农村集体经济组织的收入和支出核算

(1)农村集体经济组织的收入核算

①经营收入。本科目核算农村集体经济组织当年发生的各项经营收入。经营收入发生时，借记"现金""银行存款"等科目，贷记本科目。本科目应按经营项目设置明细科目，进行

明细核算。年终,应将本科目的余额转入"本年收益"科目的贷方,结转后本科目应无余额。

②发包及上交收入。本科目核算农户和其他单位承包集体耕地、林地、果园、鱼塘等上交的承包金及村办企业上交的利润等。设置"承包金"和"企业上交利润"两个二级科目。农村集体经济组织收到上交的承包金或利润时,借记"现金""银行存款"等科目,贷记本科目。年终,农村集体经济组织结算本年应收未收的承包金和利润时,借记"内部往来"或"应收款"科目,贷记本科目。农村集体经济组织收到以前年度应收未收的承包金和利润时,借记"现金""银行存款"等科目,贷记"内部往来"或"应收款"科目。本科目应按项目设置明细科目,进行明细核算。年终,应将本科目的余额转入"本年收益"科目的贷方,结转后本科目应无余额。

③补助收入。本科目核算农村集体经济组织收到的财政等有关部门的补助资金。农村集体经济组织收到补助资金时,借记"银行存款"等科目,贷记本科目。本科目应按补助项目设置明细科目,进行明细核算。年终,应将本科目的余额转入"本年收益"科目的贷方,结转后本科目应无余额。

④其他收入。本科目核算农村集体经济组织除"经营收入""发包及上交收入"和"补助收入"以外的其他收入。如罚款收入、存款利息收入、固定资产及库存物资的盘盈收入等。发生其他收入时,借记"现金""银行存款"等科目,贷记本科目。年终,应将本科目的余额转入"本年收益"科目的贷方,结转后科目应无余额。

(2)农村集体经济组织的支出核算

①经营支出。本科目核算农村集体经济组织因销售商品、农产品、对外提供劳务等活动而发生的实际支出。经营支出发生时,农村集体经济组织借记本科目,贷记"库存物资""生产(劳务)成本""应付工资""内部往来""应付款""牲畜(禽)资产""林木资产"等科目。农村集体经济组织应根据实际情况,采用先进先出法、加权平均法和个别计价法等方法,确定本期销售的商品、农产品等的实际成本。方法一经选定,不得随意变更。本科目应按经营项目设置明细科目,进行明细核算。年终,应将本科目的余额转入"本年收益"科目的借方,结转后本科目应无余额。

②管理费用。本科目核算农村集体经济组织管理活动发生的各项支出,如管理人员的工资、办公费、差旅费、管理用固定资产的折旧和维修费用等。发生上述各项费用时,借记本科目,贷记"应付工资""现金""银行存款""累计折旧"等科目。本科目应按费用项目设置明细科目,进行明细核算。年终,应将本科目的余额转入"本年收益"科目的借方,结转后本科目应无余额。

③其他支出。本科目核算农村集体经济组织与经营管理活动无直接关系的其他支出。如公益性固定资产折旧费用、利息支出、农业资产的死亡毁损支出、固定资产及库存物资的盘亏、损失、防汛抢险支出、无法收回的应收款项损失、罚款支出等。发生其他支出时,借记本科目,贷记"累计折旧""现金""银行存款""库存物资""应付款"等科目。年终,应将本科目的余额转入"本年收益"科目的借方,结转后本科目应无余额。

3)农村集体经济组织"三资"监管代理中心对村级收支的管理

(1)收入管理的主要内容

①农村集体经济组织"三资"监管代理中心为村委会代管的收入包括:"一事一议"筹集

的资金、发包及上交收入、集体统一经营收入、土地补偿款、扶贫救济款、上级转移支付资金和部门拨款、各种代收和借贷的款项及村委会按规定应统一管理的其他收入。

②"村级资金核算到户"产生的利息收入按规定分配核算到村。

③村级集体资金的收缴必须执行下列规定。

a. 按政策规定,及时将村级各项资金拨付到农村集体经济组织"三资"监管代理中心账户。

b. 村级"一事一议"筹资筹劳资金以县(市、区、旗)减负办审批方案为收入依据,自审批之日起,每发生一笔收入都必须进入中心账户。

c. 村、组发包收入及其他各项收入及时进入农村集体经济组织"三资"监管代理中心账户,不得坐收坐支。

d. 凡属农村集体性资金,任何单位和个人不得平调、抵扣和挪用。

e. 所有农村集体经济组织各项收入自开票之日起,实行票款同行,在规定期限内,资金必须进入中心专户,否则视为挪用集体资金,追究相关人员责任。

(2)支出管理的主要内容

①实行定时报账制。村级支出实行一月一报账。

②实行印章、签名、公章备案制。各村必须指定财务审批人所用印章、理财小组专用印章以及审批人签字。凡无备案印章、签名和公章的,代理会计有权拒绝入账。

③严格财务审批制度。各项支出由村财务负责人"一支笔"审批。审批权限实行限额制,额度标准由村民代表会议讨论确定,并报中心备案。村级开支原始凭证的取得必须具有合法性、真实性。各项支出原始凭证上必须有经办人、证明人签字并注明事因,由村领导签字审批后,再由村民主理财小组人员进行监督审核,加盖"村民主理财小组审核"专用章。大额支出须经村民代表会议审核通过,方可入账。村报账会计根据各种支出凭证用途,分类粘贴、计算、填制支出凭证,向中心报账。

④严格控制支出用途。村级支出主要包括村干部报酬、办公经费、生产性支出及其他支出。其中,村干部报酬由乡镇政府按规定审批,由中心发放。农村集体报刊费按当地有关部门制订的人均标准实行限额控制。

⑤实行资金直达制度。对涉农补助款、民政优抚款、村干部报酬、农户拆迁及土地征用补偿费等涉及个人款项由中心按有关规定直达个人账户;对"一事一议"项目等专项建设资金由中心根据施工合同、项目预决算报告及验收相关情况直达施工单位或个人。

⑥实行备用金制度。备用金的金额由中心根据各村会计业务量大小、地理位置及交通状况与村委会协商决定。备用金的使用额度标准由村民会议讨论确定。备用金领取须由村申报,村财务负责人审核,中心主任审批。

4)村级收支结算程序及流程

(1)收入结算程序及流程

①收入结算程序。村级发生的所有收入必须进入农村集体经济组织"三资"监管代理中心在金融机构开设的"村级资金核算专户"。村报账员开票收取村级收入时,必须在7日内将资金缴入专户;对于上级拨入的转移支付资金及其他资金,由财政所直接拨入专户,记入

该村专户金额。资金会计根据银行进账单和收据记账联填写“收入结算单”，同时根据结算单第一联和银行进账单登记银行存款日记账；村报账员将资金会计审核签名的“收入结算单”第二联随同收据存根联交票证会计缴销票据；第三联由村报账员随同收据记账联一同交代理会计记账；第四联由村报账员自留备查。

②收入结算流程图(图 3.1)。

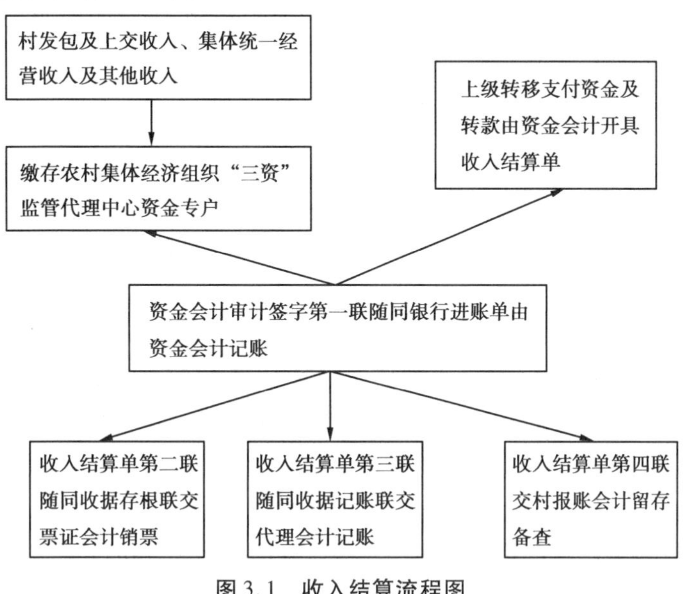

图 3.1　收入结算流程图

(2)支出结算程序及流程

①支出结算程序。对各村报账采取备用金管理和定期报账制度。各村报销支出费用由村报账员填写“村级支出汇总单”，并注明支出凭证张数、费用分类及金额。先由代理会计审核支出原始凭证合法、合规性并签章，再由中心主任审核签字，最后由资金会计付款。资金会计根据“村级支出汇总单”的第一联和支票存根联记账；第二联由代理会计记账；第三联由村报账员留存备查。

②支出结算流程图(图 3.2)。

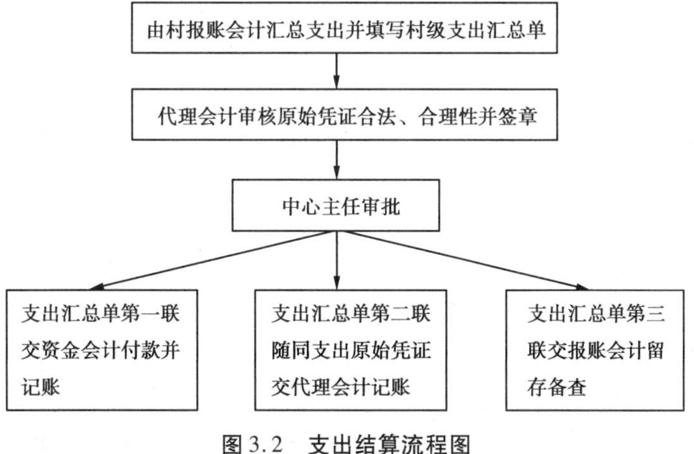

图 3.2　支出结算流程图

3.3.2 农村集体资产、资源的经营处置管理

随着农村集体经济发展方式的不断转变,在农村集体资产、资源经营处置方面出现了一些不容忽视的问题,突出表现在农村集体资产、资源管理混乱、权属产权不明晰、低价处置发包、监督机制不健全等方面。由此造成农村集体资产、资源流失,干群关系紧张,影响了农村社会和谐稳定。在农村集体经济组织"三资"管理工作中,要把资产、资源经营处置的管理作为重点。

1)农村集体资产、资源的评估

(1)评估机构

县及县以上有关行政主管部门负责本行政区域内农村集体资产、资源评估工作的管理和监督,农村集体经济组织"三资"监管代理中心负责本行政区域内农村集体资产、资源评估的具体工作。

农村集体资产、资源的评估主要是由有资质的评估机构来承担。评估机构是社会中介服务机构,自主经营、自负盈亏、独立承担法律责任,从事评估业务不受地区、行业限制,实行有偿服务。由于农村集体资产、资源有其特殊性,所以从事农村集体资产、资源评估的机构,原则上应取得省级有关行政主管部门的资格认证。

(2)评估目的

①优化配置存量资产。改革开放30多年来,我国的国民经济发展呈现良好态势。但受经济发展的阶段、水平、经济机制等种种因素制约和影响,经济增长方式仍然以传统的粗放经营为主。这一点在农村集体经济中体现尤为突出。要实现经济集约发展,一个重要的途径就是要对现有的存量资产、资源进行发掘、调整和优化配置。为了明确收益分配的数量或比例,必须首先弄清楚资产、资源的存量。在进行存量调整时,投资者是以存量资产、资源出资的,这就需要对其进行准确的价值评估。

②配合产权制度改革。农村集体资产、资源产权改革有多种途径,如推行股份制、引进外资、拍卖或转制等。无论采用哪种方式,都不可避免地涉及资产、资源按现值量化的问题,都需要对资产、资源进行准确的评估,这是保护资产、资源所有者权益、防止集体资产、资源流失的重要措施。

③确保资产、资源得到保全。在社会主义市场经济条件下,社会再生产是价值补偿和实物补偿的统一,资产、资源保全也必然具有价值和使用价值补偿的规律性。规模不变的价值补偿与生产能力维持的统一,是资产、资源保全的基本内容。我国目前资产、资源计价遵循的是历史成本会计原则,但由于物价上涨因素,资产、资源的实际价值与账面价值已相差甚远。如按资产、资源账面原值提取的折旧便无法补偿资产、资源的价值,更无法保证资产、资源实现实物形态的更新。因此,有必要对资产、资源进行评估,以重置成本为依据计算折旧。资产评估是加强农村集体资产、资源管理的重要一环。

(3)资产、资源评估原则

农村集体资产、资源评估必须遵循真实、科学、公正、可行的原则。

①真实性原则。农村集体资产、资源评估从实际出发,对农村集体资产、资源形成、发展

等过程进行从实评估、真实估价。

②科学性原则。对农村集体资产、资源评估时，采用科学的评估方法，保证评估效果。

③公正性原则。对农村集体资产、资源评估时，以事实为依据，结合市场行情和经济发展方向，客观公正地评估。

④可行性原则。在对农村集体资产、资源评估时，要确保评估结果可行、有效，为资产、资源的交易双方当事人对资产的定价提供重要参考依据。

(4)农村集体资产、资源评估范围

农村集体资产、资源评估范围包括依法属于农村集体经济组织所有的一切资产、资源。主要包括固定资产、无形资产、其他资产和自然资源等。

(5)农村集体资产、资源评估条件

农村集体资产、资源在发生下列情形之一时，必须进行评估。

①拍卖、出售、转让。

②以招标方式发包、租赁资产资源经营权。

③实行兼并、分立、联营、股份经营及改组股份合作经营。

④以股份的形式将存量资产折股量化或折股出售。

⑤与外国公司、企业和其他经济组织或个人开办中外合资、合作经营企业。

⑥企业清算。

⑦资产、资源毁损。

⑧依照国家有关规定必须进行评估的其他情形。

(6)农村集体资产、资源评估程序

①申请立项。农村集体经济组织在需要进行集体资产、资源评估时应向农村集体经济组织“三资”监管代理中心申请立项。提交评估立项申请书，其主要内容包括集体资产、资源所有单位名称、所在地点、评估的日的和范围、账面总量、申报日期等。

②委托评估。农村集体经济组织将评估事项向有评估资质的专业评估机构进行书面委托，并签订资产、资源评估协议（合同），明确评估对象的类型、范围、评估基准日、评估目的、要求和期限、双方的权利和义务、违约责任等。

③资产、资源清查。评估机构受托评估后，应根据双方签订的协议（合同）对评估的资产、资源进行逐项详细清查，保证评估的准确性、真实性、可靠性。

④评定估算。评估机构依照国家的法律、法规和政策规定，根据委托评估协议（合同），考虑影响资产价值的各种因素，运用科学的评估方法，选择适当的评估参数，独立、公正、合理地评议估算出资产的现行价值。通过评估得出结果后，评估机构应向委托单位提交评估结果报告书。

⑤验证。农村集体经济组织应自收到评估机构的评估结果报告书之日起一定时间内，召开村民大会或村民代表会议讨论，提出验证意见，并将评估结果报告书和验证意见报农村集体经济组织“三资”监管代理中心确认。

⑥确认。农村集体经济组织“三资”监管代理中心应自收到评估结果报告和验证意见之日起的一定时间内组织审核、验证，确定资产、资源评估结果，并下达确认通知书。农村集体

经济组织对确认通知书有异议的,可以自收到确认通知书之日起一定时间内,向上一级有关行政主管部门申请复核,并由其在一定时间内做出裁定,下达裁定通知书。农村集体经济组织收到生效的确认通知书或者裁定通知书后,应及时向全体成员公布,根据国家有关财务、会计制度进行账务处理。

⑦农村集体资产、资源评估流程图(图3.3)。

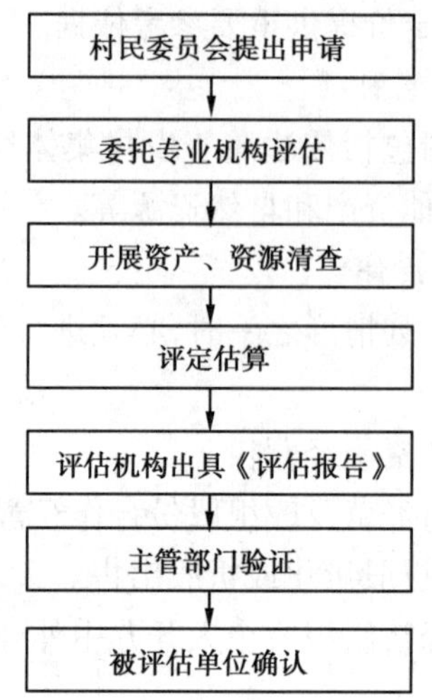

图3.3　农村集体资产、资源评估流程图

(7)农村集体资产、资源评估的方法

①农村集体资产评估的方法。

a.收益现值法。根据被评估资产合理的预期获利能力和适当的折现率,计算出资产的现值,并以此评定重估价值。

b.重置成本法。根据该项资产在全新情况下的重置成本,减去按重置成本计算的已使用年限的累积折旧额,考虑资产功能变化、成新率等因素,评定资产的重估价值;或根据资产的使用期限,考虑资产功能变化等因素重新确定成新率,评定重估价值。

c.现行市价法。参照相同或类似资产的市场价格,评定重估价值。

d.清算价格法。根据权属单位清算时其资产可变现的价值,评定重估价值。

②农村集体资源评估的方法。农村集体资源非常广泛、复杂,这里仅以山林资源为例介绍几种评估方法。

a.市场法。以相同或类似林木产品的现行市价作为比较基础,评估待估山林资源价值。

b.剩余法。剩余法又称市场价倒算法,是用被评估林木采伐后所得的木材的市场销售总收入,扣除木材经营所消耗的成本(含有关税费)及合理利润后,将剩余部分作为山林资源的评估价值的方法。

c.收益法。收益法又称收益净现值法,即将被评估山林资源在未来经营期内各年的净收益按一定的资本化率折现为现值,然后累计求和得出山林资源评估价值的方法。

d.成本法。成本法是以按现时工价及生产水平,重新营造一块与被评估山林资源相类似的山林所需的成本费用,作为被评估山林资源评估价值的方法。

2）农村集体资产、资源经营处置程序

(1)农村集体资产、资源经营处置的条件

农村集体资产、资源经营处置应遵循公开、公正、公平的原则进行，处置价值在 2 000 元以上的集体资产、资源必须经过村民代表会议讨论通过；5 000 元以上报乡镇有关行政主管部门批准；价值在 2 000 元以下的经村“两委会”和村民理财小组集体讨论通过。以上价值标准可根据经济发展水平以县为单位确定。

①农村集体资产、资源经营处置方应具备的主要条件。

a. 村民会议或村民代表会议讨论通过的同意处置的决议。

b. 乡镇有关行政主管部门关于同意资产、资源进行处置的批文。

c. 需处置的集体资产、资源内容与《农村集体资产、资源产权登记手册》内容一致。

d. 处置的资产、资源处于闲置或报废状态。

②农村集体资产、资源受让方应具备的主要条件。

a. 具有完全行为能力，能承担法律后果，必须提供身份证复印件。

b. 具有买入资金实力，提供购买能力证明。

c. 按资产、资源的评估价格交纳 10% 押金。

(2)农村集体资产、资源经营处置的委托申报

农村集体资产、资源经村民代表会议或村“两委会”讨论通过同意处置后，应将待处置的资产、资源进行科学评估，并经具有法定资质的机构出具评估报告。农村集体经济组织应及时将有关部门同意资产处置的批复和资产评估报告书面报告农村集体经济组织“三资”监管代理中心，并委托其进行处置。需提交的材料包括下述 6 个方面。

①资产(资源)处置名称、坐落位置、账面价值、保管人员、使用年限、目前运行状态。

②提交《农村集体资产(资源)处置表》，处置表上必须具有村民理财小组意见，村“两委会”意见。

③具有法定资质的评估机构出具的评估报告复印件。

④提交《农村集体资产(资源)产权登记手册》，作为待处置资产、资源的登记依据。

⑤乡镇有关行政主管部门关于同意进行资产、资源处置的审批意见。

⑥农村集体经济组织委托农村集体经济组织“三资”监管代理中心进行处置的委托书。

(3)农村集体资产、资源的处置

①受理委托。农村集体经济组织“三资”监管代理中心收到农村集体经济组织提交的关于资产、资源处置的申报材料后，应根据申报材料内容迅速做出受理处置委托的意见，作为处置资产、资源的合法依据。

②公开处置前的准备。农村集体资产、资源处置在农村集体经济组织“三资”监管代理中心进行。

a. 成立资产、资源处置议标委员会，主要成员包括乡镇政府主要领导、镇纪委人员、监管中心人员、村主要领导及村民代表。

b. 议定待处置的资产、资源的有效标的区间值。

c. 制订科学合理的处置规则。

d. 制订处置会场纪律。

e. 拟订参与处置双方的承诺书。

③公开处置信息。农村集体资产、资源应公开处置，并向社会发出处置竞标公告，公告期为5~7天。公告内容主要包括资产（资源）名称、处置（竞标）方式、规则、时间、地点、联系人、联系方式等。

④竞标处置。

a. 接受报名。接受报名并收取保证金，保证金按照资产、资源经营处置标底的2%收取，最多不超过标底的10%，资金缴入农村集体经济组织"三资"监管代理中心"村级资金代管专户"。

b. 公开竞价。竞买人必须有2人以上才可进行公开竞价，最高价者为竞价成交人。

c. 村委会与竞价成交人签订由村委会和农村集体经济组织"三资"监管代理中心审核盖章的《成交确认书》。

d. 签订《成交确认书》后3个工作日内，村委会与竞价成交人签订合同，办理相关手续。

e. 签订《成交确认书》后3个工作日内，村委会退还未成交的竞价人缴纳的竞价保证金。

f. 处置成交的资金及时进入中心账户，整理好各项竞价资料，参与竞标处置人共同签名，作为资产处置的永久性档案资料。

(4)农村集体资产、资源经营处置流程图

农村集体资产、资源经营处置流程图（图3.4）。

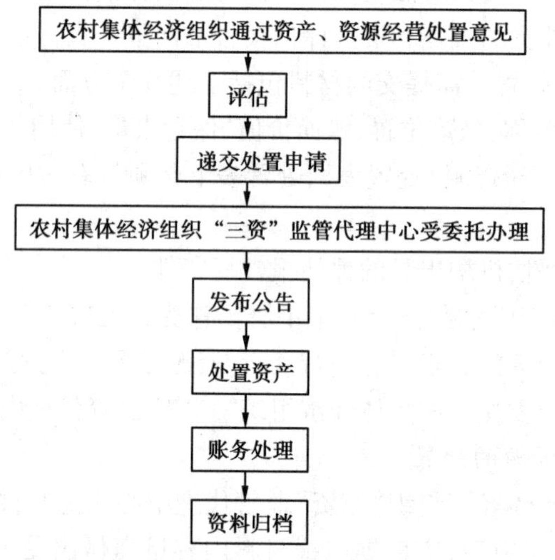

图3.4 农村集体资产、资源经营处置流程

3.3.3 农村集体资产购置的管理

"十一五"期间我国先后出台了一系列支农、惠农政策，"三农"投入力度逐年加大，农村集体经济进入一个快速发展的阶段。为了满足农民群众生产生活的需要，资产购置方面的经济活动越来越多。但是相当一部分农村集体经济组织在资产的购置环节缺乏监管，资产购置过程不透明，造成国家、集体资金的大量浪费，滋生了腐败，激化了群众和村干部的矛

盾。加强和规范资产的购置管理,必须规范购置行为,完善运行机制,才能杜绝资金的浪费、损失,促进农村集体经济更快更好发展。

1)农村集体资产购置的条件

农村集体资产是农村集体经济组织用于生产、生活需要的资产。主要包括大宗商品、机器、设备、交通工具等。

农村集体资产购置的条件有以下 4 个方面。

①必须经村民会议或村民代表会议同意。

②有明确的资金来源。

③不会产生新的债务。

④乡镇人民政府审批同意。

2)农村集体资产购置的申报审批

农村集体资产经村民代表会议或村“两委会”讨论同意购置后,将应购置的资产具体情况书面报告农村集体经济组织“三资”监管代理中心,申报内容具体包含以下 5 个方面。

①购置资产的原因。

②购置资产的明细、初步预算。

③填写《农村集体资产购置表》。

④乡镇人民政府关于同意购置农村集体资产的审批意见。

⑤村民委员会委托农村集体经济组织“三资”监管代理中心进行政府采购的委托书。

3)农村集体资产的集中采购

农村集体经济组织“三资”监管代理中心接到村民委员会委托购置村集体资产的委托书后,应按委托的协议进行政府集中采购。

(1)集中采购前必须履行下列相关程序

①村委会提请村民代表会议讨论通过。

②村委会向乡镇人民政府提出申请。

③乡镇人民政府审批。

④农村集体经济组织“三资”监管代理中心备案。

(2)采购必须具备或履行下列相关手续

①村民代表会议讨论通过的决议复印件。

②提交集中采购申请书。

③乡镇人民政府审批意见。

④农村集体经济组织“三资”监管代理中心下达的集中采购通知。

⑤集中采购公告、公示。

⑥集中采购招标文件。

⑦集中采购《投标书》。

⑧集中采购中标公告。

⑨签订集中采购合同书。

⑩集中采购验收报告。

(3)集中采购采取的方式和程序

农村集体资产的集中采购根据资产的具体要求,采取公开招标、邀请招标、竞争性谈判、询价、单一来源采购方式等,采购方式由农村集体经济组织“三资”监管代理中心审定。采购全过程应邀请纪检、司法部门参加监督。

①公开招标。也称无限竞争性招标,是一种由招标人按照法定程序,在公开出版物上发布招标公告,所有符合条件的供应商或承包商都可以平等参加投标竞争,从中择优选择中标者的招标方式。

a. 公告招标文件。招标人必须根据招标项目的特点和要求编制招标文件并公告。招标文件应当包括招标项目的名称、规格、标价含义、开标时间、评价原则、付款结算方式等所有实质性要求和条件,以及拟签合同的主要条款。招标文件的编制要严谨、科学、合理,使投标单位投标报价具有合理性和可行性,以便合同的签订。

b. 投标人资格审查。投标人应提交下列材料:投标人身份证复印件、营业执照副本、法定代表人证明、法人授权委托书、招标人认为应当提供的其他证明文件、投标人在报名期间缴纳规定数额的投标保证金。投标人原则上不得少于3人。

c. 制订招标会会场纪律和竞价规则。农村集体经济组织“三资”监管代理中心根据项目要求和实际情况,制订本次招标事宜的会场纪律和竞价规则,竞价规则一经制订,不得中途更改,招投标双方必须服从。

d. 现场开标。实行公开招投标的项目必须当场开标,根据议定的竞价规则和投标人投标的具体情况确定中标人,并与招标方签订规范的书面合同,农村集体经济组织“三资”监管代理中心负责鉴证。

e. 招投标资料的收集整理。招标工作完成后,农村集体经济组织“三资”监管代理中应将各种资料收集整理归档。

②邀请招标。招标人以投标邀请书的方式邀请特定的法人或者其他组织进行投标。

③竞争性谈判。

a. 成立谈判小组。谈判小组由采购人的代表(村组干部、群众代表和村民主理财小组成员)和有关专家共3人以上的单数组成,其中专家的人数不得少于成员总数的2/3。

b. 制订谈判文件。谈判文件应当明确谈判程序、谈判内容、合同草案的条款以及评定成交的标准等事项。

c. 确定邀请参加谈判的供应商名单。谈判小组从符合相应资格条件的供应商名单中确定不少于3家的供应商参加谈判,并向其提供谈判文件。

d. 谈判。谈判小组所有成员集中在乡镇招标投标中心与单一供应商分别进行谈判。在谈判中,谈判的任何一方不得透露与谈判有关的其他供应商的技术资料、价格和其他信息。谈判文件有实质性变动的,谈判小组应当以书面形式通知所有参加谈判的供应商。

c. 确定成交供应商。谈判结束后,谈判小组应当要求所有参加谈判的供应商在规定时间内进行最后报价,采购人从谈判小组提出的成交候选人中根据符合采购需求、质量和服务相等且报价最低的原则确定成交供应商,并将结果通知所有参加谈判的未成交的供应商。

d. 询价采购。

成立询价小组。询价小组由采购人的代表（村组干部、群众代表和村民主理财小组成员）和有关专家共 3 人以上的单数组成，其中专家的人数不得少于成员总数的 2/3。询价小组应当对采购项目的价格构成和评定成交的标准等事项作出规定。

确定被询价的供应商名单。询价小组根据采购需求，从符合相应资格条件的供应商名单中确定不少于 3 家的供应商，并向其发出询价书让其报价。

询价。询价小组要求被询价的供应商一次报出不得更改的价格。

确定成交供应商。采购人根据符合采购需求、质量和服务相等且报价最低的原则确定成交供应商，并将结果通知所有被询价的未成交的供应商。

e. 单一来源采购。由采购人的代表和有关专家共 3 人以上的单数组成谈判小组，其中专家的人数不得少于成员总数的 2/3。谈判小组与供应商应当遵循采购法规定的原则，在保证采购项目质量和双方商定合理价格的基础上进行采购。

4）农村集体资产购置流程图

农村集体资产购置流程图（图 3.5）。

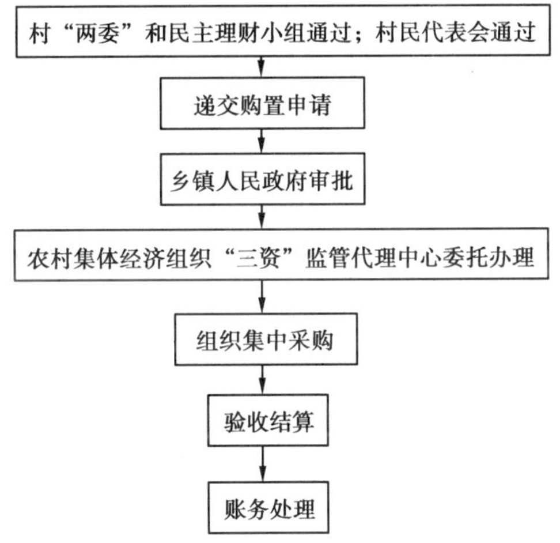

图 3.5　农村集体资产购置流程图

3.3.4　农村中小型建设项目的招投标管理

随着国家“三农”政策的贯彻落实和新农村建设步伐的不断加大，国家对农村基础设施和社会事业的投入不断增加，农田水利、饮水工程、地质灾害等中小型建设项目日益俱增。但是，目前对这些项目的投资管理却很混乱，存在规避招投标、合同签订不规范、工程不进行竣工验收、后续管理不到位等问题。这一方面导致工程质量低劣，达不到设计标准，影响效益发挥；另一方面，极易导致腐败，造成资金损失。因此，必须加强对农村中小型建设项目的监管，规范项目实施行为，严格工程招标程序，规范合同管理。

1）农村中小型建设项目的招投标范围

农村中小型建设项目的招投标范围包括农村集体经济组织投资在 30 万元以下（各地可

根据经济发展水平确定)的建筑,基础设施配套工程,道路,农田水利设施,教育、科技、文化、卫生、社会福利等公益事业工程建设项目。

2)农村中小型建设项目的招投标机构和职责

(1)农村中小型建设项目的招投标工作由农村集体经济组织"三资"监管代理中心负责

①负责制订本区域招标工作的政策、规定。

②负责确定招标项目范围、招标方式、审定重要项目的招标文件。

③审批重要项目的议标委员会成员。

④监督和检查各单位依照国家有关法规,组织招投标工作的情况。

⑤否决违反法纪、法规的定标结果,并作出相应处罚。

(2)农村集体经济组织"三资"监管代理中心内设招投标管理机构,负责招投标具体工作

①负责农村中小型建设项目的招投标工作协调管理。

②负责审查招投标项目、招投标办法、招投标文件。

③负责重要项目的标书发放、开标、评标等组织工作。

④接收和处理招投标单位及有关方面对招投标工作的投诉。

⑤负责招投标工作资料库的建立和文档管理。

3)农村集体中小型建设项目的招标投标管理

(1)招标投标的程序

乡镇招标投标程序本着易于操作、简明快捷的原则,遵循下列程序进行。

①招标条件、方式、范围的审批核准和备案。

②招标公告的制作和发布。

③接受投标人报名并登记。

④制作并出售招标文件。

⑤接受投标文件和举行开标会。

⑥组建评标委员会并组织评标。

⑦中标结果公示。

⑧发出中标通知书及签订合同。

(2)招标主体

招标的主体(也称招标人)只能是招标项目的业主或责任单位,农村集体经济组织"三资"监管代理中心开展招投标工作,不能代替招标主体行使职责和权利,但是招标人的招投标活动必须在农村集体经济组织"三资"监管代理中心进行,并接受其监督、管理和指导。

(3)投标主体

投标主体包括依法成立并有相应资质的施工企业、依法组成并有合伙协议的合伙人、有民事行为能力和民事责任能力的自然人。

法律法规对投标人资格有要求的,按法律法规要求执行。

(4)投标人资格审查

招标人认为需要对投标人资格进行审查的,应在招标公告或投标邀请书中明确投标人

的资格条件,审查内容及标准。在开标后评标过程中由评标委员会成员共同对投标人资格进行审查和认定。招标人不得在接受投标报名时以报名人不符合投标人资格为由,拒绝投标申请人参加投标报名。

(5)招标条件

招标项目应符合以下条件才能进入招标程序:

①建设项目符合法律法规要求。

②获得村民会议 2/3 以上成员或 2/3 以上村民代表同意。

③有项目业主或责任单位。

④有项目资金或资金来源。

⑤项目地点、内容、要求明确。

⑥建设项目的招标范围、方式已获得乡镇政府的批准。

(6)招标范围和方式

招标范围和方式由招标项目的业主或责任单位根据项目需要和性质确定,但必须报乡镇人民政府批准。

①范围。招标项目的业主或责任单位不得将一个单项工程分解成多个小项工程进行招标。同一业主同一时期的多个同类型项目的总金额或一个招标项目的金额达到 30 万元(含 30 万元)以上的,必须在县(市、区、旗)综合招投标交易中心进行招标。

②方式。招标方式分为两种:公开招标和邀请招标。公开招标是指以招标公告的方式邀请不特定的具备投标资格的投标人参加投标竞争;邀请招标是指以投标邀请书的方式邀请特定的具备投标资格的投标人参加投标竞争。

(7)招标公告的发布

招标人应依法在项目实施地、农村集体经济组织"三资"监管代理中心两处张贴招标公告,有条件的,应同时在县(市、区、旗)综合招标投标网站上发布。招标公告至少应包括以下几个方面内容:招标人的名称、地址;招标项目的性质、数量;招标项目实施的时间、地点;投标人的资格要求和获取招标文件的办法以及投标报名截止时间。其中,获取招标文件的办法包括获取招标文件的时间、地址、费用等。

发布招标公告和接受投标人报名的时间应当同步;自开始发布招标公告之日起至投标报名截止之日止不得少于 5 天。

(8)招标文件的制作

招标文件至少应包括下列实质性内容:招标项目基本情况、投标人的资格要求、投标人须知、投标报价要求、评标方法和标准、拟签订合同的主要条款、投标文件制作格式等。

投标人须知至少应明确以下事项:投标文件递交的时间地点、开标的时间地点、招标项目的最高控制价、招标人需要投标人作出的有关承诺、投标保证金缴纳的金额和方式等。

(9)评标的标准和方法

评标方法可以有 3 种:满足招标文件要求的最低报价法、投标人抽签法、综合评分法。各评标方法由招标人决定选用,任何单位和个人不得随意指定。

①最低报价法。是指满足招标要求、投标报价最低的投标人中标的方法,适用于技术含

量低，工程造价低且业主希望有一定竞争性的项目。

②投标人抽签法。是指招标项目的内容明确、价格固定、合同条件统一，开标后在相关部门和人员的监督下由合格投标人公平抽签，由抽到中标签的投标人中标的方法，适用于技术简单，造价较低且招标人对工程造价较为清楚，不期望通过竞争降低价格的项目。

③综合评分法。是指按招标文件规定的评标标准，综合得分最高的投标人中标的方法，适用于造价较高，招标人有较多要求的项目。

最低报价法、综合评分法可以与招标范围相对应，宜分为两个区间：项目金额为 2 万 ~ 20 万元，可使用以价格为评标唯一标准的评标方法（最低报价法）；项目金额为 20 万 ~ 30 万元（不含 30 万元），可使用以突出价格（90% 以上权重）兼顾综合因素（10% 以下权重）的评标方法（综合评分法）。

(10)评标评委的要求

村级小型建设工程评委实行动态管理。评委成员由熟悉相关专业知识和招标投标法律法规的人员以及乡（镇）、村两级了解相关知识、作风正派、处事公正的有较好社会声誉的代表组成。每个招标项目的评委成员最早只能于开标前 1 小时内确定且必须保密；评标委员会人员应为 3 人以上单数且评标委员会中招标人代表不得超过 1 人；技术性较强或较复杂的小型建设工程项目的评标，可聘请县（市、区、旗）招投标评委库的专家参与。

(11)招标投标时间的设置

招标投标时间应结合招标项目实际情况兼顾合法合规与高效快捷的原则合理确定。但应把握下述几个基本原则。

①招标公告发布及接受投标人报名最少不少于 5 天。

②自招标文件开始发出之日起至开标之日止最少不少于 7 天，中标公示时间不应少于 2 天。

③发出中标通知书到签订合同时间不超过 5 天。

(12)投标费用的收取

出售招标文件可根据项目实际情况合理收取资料费（工本费），不得以赢利为目的。招标文件资料费及报名费由项目招标人向投标人收取。招标投标活动中不得再收取不应由投标人承担的其他任何费用。

(13)投标保证金的收取

投标保证金应结合招标项目实际情况合理规定；保证金形式可以灵活多样，数额一般应定为招标项目概算的 2%，最多不超过招标项目概算的 10%；投标保证金在接受投标人报名或开标前由招标人收取，存入农村集体经济组织“三资”监管代理中心“村级资金代管专户”。

中标人的投标保证金可以转为其履约保证金；未中标人的投标保证金在招标人与中标人签订合同后 3 日内必须退还。

履约保证金一般应为合同价的 10%。

(14)投标文件的要求

招标人应结合招标项目实际情况本着简明规范、易于操作、便于评标的原则要求投标人制作投标文件。对于招标项目金额在 20 万元以下的，可以只要求投标人提交投标报价函和资格证明；对于招标项目金额为 20 万 ~ 30 万元（不含 30 万元）的，要求投标人除了提交投标报价函和资格证明外，还要提交必要的承诺函；对于采用投标人抽签法定标的，可以不要求投标人提交投标文件，但要提交投标声明。开标时只需各投标人在招标人统一提供的招标项目内容、价格、合同条款文件上签字确认即可进行抽签。

(15)投标承诺

招标人依法在招标文件中要求投标人做出承诺的，投标人应响应并做出承诺。招标人应结合招标项目实际情况合理要求投标人做出相关承诺。相关承诺是指工期、质量、安全等方面的承诺。

(16)评标过程的要求

招标人和投标人应保证评委依法独立评标，不得影响评标过程和结果；评委应独立发表评标意见并承担个人责任；评标过程应当保密；评标过程应有文字资料记录。

(17)定标和中标通知书发放

确定中标人的主体必须是招标人；招标人应依法确定中标人，任何单位和个人不得干扰和影响招标人依法确定中标人，招标人必须在评标结果公示期满后3日内确定中标人并发出中标通知书，中标通知书应由招标人、农村集体经济组织“三资”监管代理中心同时签字盖章后发出。

(18)招标投标活动的监督和资料收集

农村集体经济组织“三资”监管代理中心对在本中心实施的招标投标活动负责全过程的依法监督、管理和指导。项目完成后，招标人要将实施情况报农村集体经济组织“三资”监管代理中心，农村集体经济组织“三资”监管代理中心应组织议标委员会成员或有关人员进行验收。验收合格后，由中标人向农村集体经济组织“三资”监管代理中心提出申请，农村集体经济组织“三资”监管代理中心根据验收、审核结果开具付款通知书，通知招标人付款。凡未按合同执行的，追究单位及有关人员的责任。同时，农村集体经济组织“三资”监管代理中心还要全面收集招标投标和执行过程中产生的所有资料和文件，妥善保管并配合相关监督部门的查阅和咨询。

(19)关于重新招标

有下列情形之一的需要重新招标。

①报名投标人不足3家的。

②经过资格审查后，合格的投标人不足3家的。

③有关监督部门发现招标过程中有违反相关规定的行为，须重新招标的。

④其他违反招标投标法律法规行为的。

3.4　农村集体经济合同的管理

3.4.1　农村集体经济合同管理概述

1)农村集体经济合同管理应遵循的总体原则

农村集体经济合同管理必须遵循《中华人民共和国经济合同法》的有关规定进行。农村

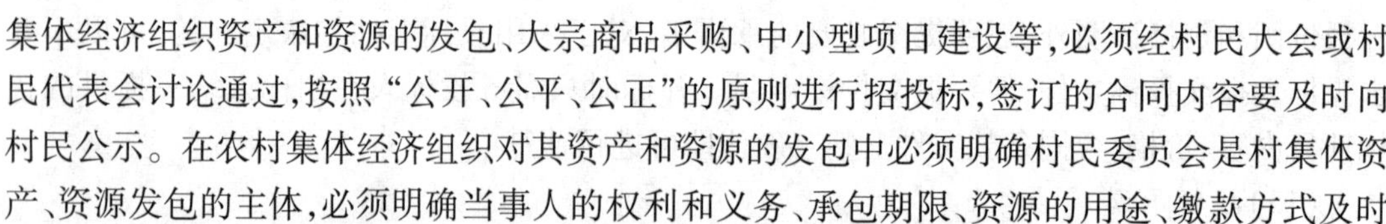

集体经济组织资产和资源的发包、大宗商品采购、中小型项目建设等,必须经村民大会或村民代表会讨论通过,按照"公开、公平、公正"的原则进行招投标,签订的合同内容要及时向村民公示。在农村集体经济组织对其资产和资源的发包中必须明确村民委员会是村集体资产、资源发包的主体,必须明确当事人的权利和义务、承包期限、资源的用途、缴款方式及时间、违约责任等。同等条件下,资产和资源的发包实行"本村村民优先"的原则。

2）农村集体经济合同管理的主要范围

①农村集体经济组织的土地经营承包。包括耕地、机动地、四荒地、林地、果园、水面等资源的承包或租赁。

②农村集体经济组织的厂(场)房、场地以及其他建筑物的承包、租赁。

③农村集体经济组织资产的出租、出售。

④农村集体经济组织的大宗商品采购。

⑤农村集体经济组织投资兴建的中小型建设项目、依法开发的建设项目以及合作开发的建设项目。

3）农村集体经济合同管理的监管措施

在农村集体经济合同签订过程中,一是要明确管理责任。村委会主要领导为村级发包合同管理的主要责任人,必须严格把关,确保每份合同的规范性、公正性和合法性。二是要强化监督职能。农村集体经济组织"三资"监管代理中心负责对村级集体经济合同的公示、起草、竞标、发包金收缴等全过程监督,并负责调解等。三是要加大资金管理力度。在不改变资金所有权、使用权的情况下,村级发包金必须纳入农村集体经济组织"三资"监管代理中心统一管理,村组不得坐收坐支,使用时按计划拨付。用于大宗商品采购和村级中小型项目建设的款项,也必须由农村集体经济组织"三资"监管代理中心进行拨付,杜绝资金截留、挪用、改变资金使用用途的现象发生。

3.4.2 农村集体土地经营权承包合同的管理

1）土地承包经营权概述

(1)土地承包经营权的概念和特征

①土地承包经营权的概念。承包经营权指承包人(个人或单位)因从事种植业、林业、畜牧业、渔业生产或其他生产经营项目而承包使用、收益集体所有或国家所有的土地或森林、山岭、草原、荒地、滩涂、水面的权利。它是我国经济体制改革中农村承包经营关系的新型物权。《中华人民共和国民法通则》规定了公民、集体的承包经营权受法律保护。

②土地承包经营权的基本特征。

第一,承包经营权是存在于集体所有或国家所有的土地或森林、山岭、草原、荒地、滩涂、水面的权利。也就是说,承包经营权的标的,是集体所有或国家所有的土地或森林、山岭、草原、荒地、滩涂、水面,而不是其他财产。有的集体经济组织,按承包人承包土地的数量,作价或不作价地分给承包人部分耕畜、农具或其他生产资料,这是附属于承包经营权的权利。农民集体所有的土地由本集体经济组织的成员承包经营的,由发包人与承包人订立承包合同,约定双方的权利和义务。而农民集体所有的土地由本集体经济组织以外的单位或个人承包经营的，根据《中华人民共和国土地管理法》的规定，必须经村民会议 2/3 以上成员或者 2/3 以上村民代表的同意，并报乡(镇)人民政府批准。

第二，承包经营权是承包使用、收益集体所有或国家所有的土地或者对村组发包合同鉴证、备案及合同纠纷的森林、山岭、草原、荒地、滩涂、水面的权利。承包人对于承包土地等生产资料有权独立进行占有、使用、收益，进行生产经营活动，并排除包括集体组织在内的任何组织或个人的非法干涉。所谓“承包”，实质是指承包人并不取得承包土地或其他生产资料的全部收益的所有权，而是要依约承包合同将一部分收益交付发包人，其余的收益归承包人所有。由于土地这一生产资料的特殊法律地位，承包人对之并无处分权。

第三，承包经营权是为种植业、林业、畜牧业、渔业生产或其他生产经营项目而承包使用收益集体所有或国家所有的土地等生产资料的权利。承包经营权的范围不仅包括在承包的土地种植粮食、棉花油料、树木、茶叶、蔬菜等；还包括在森林、山岭、草原、荒地、滩涂、水面承包经营林业、牧业、渔业等。

第四，承包经营权是有一定期限的权利。根据《中华人民共和国土地管理法》第十四条、第十五条的规定，农民集体所有的土地由本集体经济组织的成员承包经营，从事种植业、林业、畜牧业、渔业生产。土地承包经营期限为 30 年。在土地承包经营期限内，对个别承包经营者之间承包的土地进行适当调整的，必须经村民会议三分之二以上成员或者三分之二以上村民代表的同意，并报乡(镇)人民政府和县级人民政府农业行政主管部门批准。

国有土地可以由单位或者个人承包经营，从事种植业、林业、畜牧业、渔业生产。农民集体所有的土地，可以由本集体经济组织以外的单位或者个人承包经营，从事种植业、林业、畜牧业、渔业生产。发包方和承包方应当订立承包合同，约定双方的权利和义务。土地承包经营的期限由承包合同约定。承包经营土地的单位和个人，有保护和按照承包合同约定的用途合理利用土地的义务。

农民集体所有的土地由本集体经济组织以外的单位或者个人承包经营的，必须经村民会议三分之二以上成员或者三分之二以上村民代表的同意，并报乡(镇)人民政府批准。例如，开发性的承包经营(如开荒造林)，由于生产周期较长，需要多年的投资，期限可以长些。这既有利于土地的开发利用，也可以避免承包期限过短不利于对土地所有权的保护。

(2)农村土地承包经营的主要政策规定

①农村土地的承包期限。耕地的承包期为 30 年，草地的承包期为 30 ~ 50 年，林地的承包期为 30 ~ 70 年。

②承包期内，发包方不得收回承包土地，不得随意调整承包地。

③承包期内，承包方可以自愿书面申请将承包土地交回发包方。

④承包人应得的承包利益，依照继承法的规定继承。

⑤承包土地不得买卖。

⑥承包土地未经批准不得用于非农建设。

(3)土地承包经营权取得方式

①基于民事行为取得承包经营权。主要包括创设取得和移转取得两种情况。

第一,土地承包经营权的创设取得,是指承包人与发包人通过订立承包经营合同而取得承包经营权,分为家庭承包和以招标、拍卖、公开协商等方式进行的承包。通过这两种方式承包的,都应当签订承包合同,承包合同自成立之日起生效,承包方于合同生效时取得土地承包经营权。县级以上地方人民政府应当向土地承包经营权人发放土地承包经营权证、林权证、草原使用权证,并登记造册,确认土地承包经营权。

第二,土地承包经营权的移转取得,是指在土地承包经营权的流转过程中,受让人通过转包、互换、转让等方式,依法从承包人手中取得土地承包经营权。《中华人民共和国物权法》第一百二十八条、第一百二十九条规定,土地承包经营权人依照农村土地承包法的规定,有权将土地承包经营权采取转包、互换、转让等方式流转。流转的期限不得超过承包期的剩余期限。未经依法批准,不得将承包地用于非农建设。土地承包经营权人将土地承包经营权互换、转让,当事人要求登记的,应当向县级以上地方人民政府申请土地承包经营权变更登记;未经登记,不得对抗善意第三人。

通过招标、拍卖、公开协商等方式承包荒地等农村土地,依照农村土地承包法等法律和国务院的有关规定,其土地承包经营权可以转让、入股、抵押或者以其他方式流转。

②非基于民事行为而取得承包经营权。农村土地承包法认可承包人应得的承包收益的继承,而有限地认可土地承包经营权的继承。

a. 以家庭承包方式取得的林地承包经营权,承包人死亡的,其继承人可以在承包期内继续承包。

b. 以招标、拍卖、公开协商等方式设立的承包经营权,承包人死亡的,其继承人可以在承包期内继续承包。

2)集体土地发包人和承包人的权利和义务

(1)发包人的权利和义务

①权利。

a. 发包本集体所有的或国家所有依法由本集体使用的农村土地。

b. 监督承包方依照承包合同约定的用途合理利用和保护土地。

c. 制止承包方损害承包地和农业资源的行为。

d. 法律和行政法规规定的其他权利。

②义务。

a. 维护承包方的土地承包经营权,不得非法变更、解除承包合同。

b. 尊重承包方的生产经营自主权,不得干涉承包方依法进行正常的生产经营活动。

c. 依照承包合同约定为承包方提供生产、技术、信息等服务。

d. 执行县(市、区、旗)、乡(镇)土地利用总体规划,组织本集体经济组织内的农业基础设施建设。

e. 法律和行政法规规定的其他义务。

(2)承包人的权利和义务

①权利。

a. 依法享有承包土地使用、收益和土地承包经营权流转的权利,有权自主组织生产经营和处置产品。

b.承包地被依法征用、占用的，有权依法获得相应的补偿。

c.法律、行政法规规定的其他权利。

②义务。

a.维护土地的农业用途，不得用于非农建设。

b.依法保护和合理利用土地，不得将承包土地抛荒，不得给土地造成永久性损害。

c.依法履行国家政策规定的税费和农村“一事一议”筹资筹劳缴纳任务。

d.保护土地资源的合理开发和可持续利用，增加对土地投入，培肥地力，提高农业生产能力。

e.法律、行政法规规定的其他义务。

3）土地经营权承包合同的管理

(1)承包合同的订立和履行

农民依法承包集体土地后，村集体要按下列程序对农民承包的土地分户进行登记，并报县级有关行政主管部门备案。承包合同应当采用书面形式，由乡镇政府主管站(所)提供适用标准合同文本等样式，由发包方法定代表人和承包人或承包方法定代表人签字或盖章，并加盖公章。农村集体经济组织法定代表人承包村集体生产经营项目，由农村集体经济组织成员大会或成员代表会议推荐若干人代表发包方签名，并加盖公章。采取公开协商方式发包且合同金额达到2 000元或者采用招标、拍卖方式发包签订合同时，乡镇政府主管站(所)或农村集体经济组织“三资”监管代理中心应派人具体指导、监督。

①承包土地农户或法定代表人与村集体签订承包合同。承包合同应明确规定下列内容。

a.发包方、承包方的名称，发包方负责人和承包方代表的姓名、住所。

b.承包生产经营项目名称、地点、规格、品种、数量、质量、生产经营方式。

c.承包起止时间及承包合同兑现结算时间。

d.发包方提供的生产经营条件、服务项目和时间、服务效果和服务收费标准。

e.承包方承担的税金、国家任务、承包金、承包物、固定资产折旧费等。

f.承包生产资料的使用、维修、保养要求以及考核和奖惩办法。

g.承包前债权、债务处理办法。

h.违约责任、风险责任。

i.纠纷处理办法。

j.合同终止后财产移交和清算办法。

②登记造册。以村为单位，按照“一户一页，一地一格，一村一册”建立农户承包土地台账。

③颁发土地经营权证书。由县级以上地方人民政府向承包土地的农户颁发《中华人民共和国农村土地承包经营权证》，确认农户土地承包经营权。其是确认承包农户的土地承包经营权的行政行为，具有法定性、权威性，是承包农户对其承包的土地拥有土地承包经营权的合法凭证，受国家法律的保护。

④农村土地承包经营权证办理程序。

a. 办理程序：承包方书面申请—发包方报送土地承包台账、土地承包合同、填写申报审批表—乡镇政府主管站（所）对报送材料初审—乡镇人民政府审核—县级有关行政主管部门对申请材料审核—县人民政府颁证。

b. 申报材料。第一，承包方书面申请，有发包方负责人签字并盖公章；第二，土地承包台账；第三，土地承包合同（换证、变更、注销权证的须提供土地承包经营权证原件）；第四，《中华人民共和国农村土地承包经营权证》申报审批表，有发包方、乡镇政府主管站（所）、乡镇人民政府、县有关行政主管部门负责人签字并加盖公章。

⑤合同的管理。乡镇政府主管站（所）应当指导处置方将已订立经济合同的所有项目及期限、指标等造册登记，并将收取的合同款（物）登记入账。

（2）土地经营权承包合同的鉴证程序

①准备鉴证材料。当事人申请鉴证提供的材料包括合同文本一式 4 份、合同当事人或委托代理人身份证明和资格证明、其他有关证明材料等。

②提出鉴证申请：承包合同双方应在 3 日内向主管部门提出申请，要求鉴证或公证。对金额在 5 万元以下的合同一般由乡镇政府主管站（所）或农村集体经济组织“三资”监管代理中心鉴证；对合同金额在 5 万元以上（含 5 万元）或较复杂的，由所在县级有关行政主管部门鉴证。

③合同的审核。承包合同鉴证管理机构应当依照法律法规和有关政策规定，认真审查当事人提供的合同文本及有关证明材料是否完备、真实；处置方是否具有处置资格，承受方是否具有承受资格；当事人的意思表示是否真实；合同内容是否符合法律、法规、政策，是否符合农村集体经济组织章程和决议；合同主要条款是否完整，含义是否清楚，有关条款是否合理，文字表达是否准确；合同签订是否符合法定程序，手续是否完备；鉴证机构认为应审查的其他方面的内容。承包合同鉴证管理机构应当在 15 日内办理合同鉴证。

承包合同鉴证管理机构对经审查认为不真实、不合法、不符合鉴证条件的合同，不予鉴证。鉴证人员应向当事人说明不予鉴证的理由，并在合同文本上注明。对经审查认为不完善的合同，应指导当事人予以修改，经修改后符合鉴证条件的，予以鉴证；当事人不予修改或虽经修改仍不符合鉴证条件的，不予鉴证。

④合同的鉴证。合同管理机构对经审查认为符合鉴证条件的经济合同，经审查无异议的应当在两日内鉴证。鉴证人员应制作鉴证书，或在合同文本上直接鉴证。鉴证书应包括鉴证意见、鉴证人员署名、鉴证编号、鉴证日期，加盖农村经济合同管理机构的印章。经鉴证的合同，一式 3 份，有关当事人各执 1 份，鉴证机构保留 1 份。合同管理机构鉴证承包合同，按照有关规定收取鉴证费。

（3）合同的转包或转让

①承包方可以将其承包项目转包第三者，并与第三者订立转包合同，原承包合同仍然有效。也可以将其承包合同转让第三者，并与第三者订立转让合同，由第三者向发包方履行承包合同规定的权利和义务，原承包合同即行终止。

②承包方与第三者订立转包或转让合同，须经发包方书面同意，并经承包合同主管机关

登记。

③承包方转包承包项目或转让承包合同,可以要求受包方或受让方对其在承包生产经营期间的投资(包括劳务)及其获得的收益给予经济补偿,可以获得双方约定的其他经济利益。

(4)转包或转让合同的登记

①登记的申请。合同的承受方将其承受项目的全部或部分转包给第三者,与第三者签订的转包合同,以及将其权利和义务的全部或部分转让给第三者,与第三者签订的转让合同须经发包方书面同意,由承受方在一个月内向处置方所在地的乡镇政府主管站(所)或农村集体经济组织“三资”监管代理中心申请登记。

②登记材料的准备。申请登记转包合同的材料包括原合同文本、鉴证材料、转包合同或转让合同文本、受包方或受让方身份证明和资格证明、发包方书面同意意见、其他有关证明材料。

③合同的审查。在办理转包和转让合同登记时,应当依照法律、法规和有关政策规定,认真审查下列内容:

a. 原承包合同的真实性、合法性。

b. 受包人和受让人是否具有承包能力。

c. 发包方是否书面同意。

d. 是否改变原承包合同的条款和内容。

e. 是否超过原承包合同的期限。

f. 转包或转让合同主要条款是否完整,含义是否清楚,有关条款是否可行,文字表达是否准确。

g. 登记机关认为应审查的其他内容。

④合同的登记。经审查符合登记条件的转包合同或转让合同登记的内容,主要包括发包方、承包方或受让方、转包或转让项目名称;转包或转让的期限;登记编号、登记人员姓名、登记日期。将这些内容填入转包合同和转让合同登记簿,并在转包或转让合同文本上写明登记人员姓名、登记编号、登记日期,并加盖合同管理机构的印章。

对经审查不符合登记条件的转包合同或转让合同,不予登记。登记人员应向当事人说明不予登记的理由,并在转包合同或转让合同文本上注明。转让合同的登记,参照有关规定收取登记费。

(5)承包合同的变更和解除

①合同变更和解除的适用范围。村集体土地经营权承包有下列情形之一的,可以变更或解除承包合同。

a. 当事人双方协商同意,并且不损害国家、集体和他人利益的。

b. 订立承包合同所依据的国家价格、税收等发生重大变化,继续履行将严重影响一方利益的。

c. 由于承包土地等生产资料被国家征用或收回使用权的。

d. 由于不可抗力,致使承包合同无法履行的。

e. 一方违约，致使承包合同无法履行或没有必要继续履行的。

f. 除义务兵服役和中专、高等学校学生就读外，按人口或劳力平均承包的土地承包合同，承包方人口或劳力发生变动，经集体经济组织成员大会或成员代表会议同意的。

g. 承包方因病残等原因而丧失生产经营能力的。

h. 承包方进行破坏性、掠夺性生产经营，擅自改变土地用途或荒芜承包土地、放弃生产经营行为，经发包方劝阻无效的。

②合同变更和解除的程序。当事人一方要求变更或解除承包合同，应当及时与对方协商。双方商定变更或解除承包合同，应当采用书面形式，由当事人双方签字并加盖印章。经过鉴证或公证的承包合同，应报送鉴证或公证机关审查备案。双方协商不能达成协议，原承包合同仍然有效，按当事人双方约定的纠纷处理办法处理。

③合同变更和解除的赔偿责任。因变更或解除承包合同致使一方遭受损失，应由责任方负责赔偿。当事人一方有前述变更或解除承包合同第 b、c、d 项规定情形之一，经当事人双方商定，并取得有关部门证明，可以减轻或者免除赔偿责任。

④不得变更、解除承包合同的情形。

a. 承包合同生效后，发包方不得因承办人或者负责人的变动而变更或者解除。

b. 承包合同生效后，发包方也不得因集体经济组织的分立或者合并而变更或者解除。

c. 国家机关及其工作人员不得利用职权干涉农村土地承包或者变更、解除承包合同。

(6) 无效合同的确认和处理

①有下列情形之一的，应确认为无效承包合同。

a. 违反法律、法规的。

b. 损害国家、集体、社会公共利益和他人合法权益的。

c. 违反民主议定原则的。

d. 采取欺诈、胁迫或其他不正当手段签订的。

e. 发包方无权发包的。

f. 违反法规规定，擅自转包承包项目、转让承包合同的。

无效承包合同，由人民法院或村集体经济承包合同仲裁机构确认。无效承包合同，从订立时起就没有法律约束力，不受法律保护。

②被确认为无效的承包合同，有关财产问题按下列规定处理。

a. 当事人双方依据承包合同取得的财产，应当返还对方。

b. 当事人有过错的一方应当赔偿对方所受的经济损失；双方都有过错，各自承担相应的责任。

c. 违反国家、集体或第三人利益以及社会公共利益的承包合同，其取得的财产应分别缴归国家、集体或返还第三人。

(7) 农村土地承包经营合同纠纷调解处理的方式和途径

因执行承包经营合同导致的农村土地承包经营纠纷，要按照《中华人民共和国农村土地承包法》的相关规定处理。

①农村土地承包经营纠纷的处理。当事人可以协商解决，也可以请求村民委员会、乡镇

人民政府等协调解决，协商调解不成的可以向农村土地承包仲裁机构申请仲裁，对仲裁裁决不服的，可以在收到裁决书之日起 30 日内向人民法院起诉，逾期不起诉的裁决书即发生法律效力。

②农村承包合同发生纠纷。当事人双方应通过协商解决，或由村人民调解委员会调解，也可以向乡（镇、街道办事处）、县（市、区）农村承包合同主管机关申请调解。

③当事人双方不愿通过协商、调解解决承包合同纠纷或协商、调解无效的。一方或双方可以依据承包合同仲裁条款或事后达成的书面仲裁协议，向村集体经济承包合同仲裁机构申请仲裁。承包合同没有订立仲裁条款，事后当事人双方又没有达成书面仲裁协议的，可以向人民法院起诉。

④村集体经济承包合同仲裁委员会主持调解达成协议的，应当制作调解书，仲裁作出裁决的，应当制作裁决书。当事人对村集体经济承包合同仲裁委员会仲裁不服的，可以向上一级仲裁委员会申请复议，由上一级仲裁委员会作出仲裁复议决定。当事人一方在规定期限内不履行发生法律效力的仲裁调解书、裁决书、复议裁决书，另一方可以依法向人民法院申请执行。

(8)土地经营承包合同的档案管理

村集体土地经营承包合同应当建立健全档案，指定专人统一管理，并建立档案借阅审批制度以及档案安全管理制度，防止档案遗失和受损。

①合同档案管理范围。包括合同年度分类统计册（簿）、鉴证合同登记簿、鉴证合同档案袋、转包、转让合同登记簿、合同管理收费登记簿、年度收支决算及与合同管理有关的需要保存备查的其他资料。

②合同资料的归档。乡镇行政主管部门对本级经济合同纠纷仲裁委员会在调解、仲裁经济合同纠纷案件过程中形成的仲裁协议书、仲裁申请书、答辩书、证据材料、笔录及调解书、裁决书、复议裁决书等档案材料，应当在案件处理终结后，按时间顺序装订成册，编号归档保存。

4）农村集体承包经营权流转合同的管理

农村集体土地承包经营权流转是在坚持土地所有权和承包权不变的前提下，按照土地使用权市场化的要求，在一定期限内依法自愿有偿转让给其他单位或个人的行为。村集体土地承包经营权流转有利于平衡和完善农村土地承包关系，妥善解决人地矛盾；有利于推进农业产业结构调整，实现土地资源优化配置，提高土地经济效益；有利于确保农民收入增长，维护农村社会稳定。

(1)土地承包经营权流转的基本原则

①自愿流转原则。承包方自主决定土地承包经营权是否流转以及流转的方式和期限等。受让方自主决定是否接受流转。流转过程中，承包方与受让方依据承包合同平等协商约定流转双方的权利和义务，任何组织和个人不得非法干涉。

②依法流转原则。农村土地承包经营权的流转要严格按法律法规和政策办事，规范操作，完备手续。土地承包经营权流转时，发包方要依法依规，公正地维护流转双方的合法权益，不得借流转的名义随意改变土地承包关系；发包方、承包方都不得干预受让方正常的生

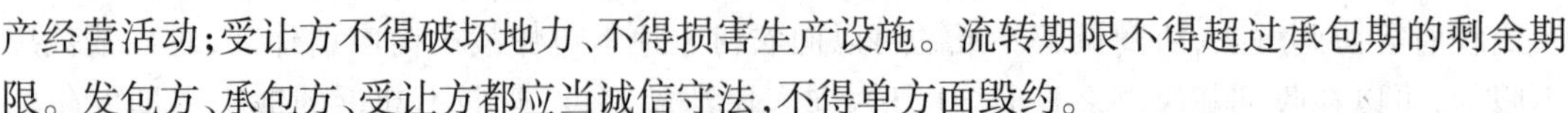

产经营活动;受让方不得破坏地力、不得损害生产设施。流转期限不得超过承包期的剩余期限。发包方、承包方、受让方都应当诚信守法,不得单方面毁约。

③有偿流转原则。农村土地承包经营权流转应当是有偿的。土地流转收益的项目、标准、方式以及相关事宜由承包方与受让方协商约定。任何组织和个人不得侵占、截留、扣缴流转当事人应得的收益。

(2)土地承包经营权流转的管理服务机构

①管理服务机构的建立。为了加强对村集体土地承包经营权流转的指导、协调和服务,促使土地使用权依法、规范、有序流转,县(市、区、旗)应建立相应的土地流转管理服务机构,服务机构原则上设在县级有关行政主管部门内。乡(镇、屯)也应建立土地流转管理服务机构,办公室设在乡镇政府主管站(所)或农村集体经济组织"三资"监管代理中心,村一级的土地流转服务由村委会承担。

②管理服务的基本职能。

a. 接受土地使用权供求登记和信息咨询,登记可流转土地数量、区位、类别等情况,接受土地供求双方的咨询。

b. 发布信息和推介项目。多渠道、多形式向辖区内外及时发布土地储备和开发土地资源的信息,推介开发项目,促进土地使用权流转的市场化。

c. 搞好协调、指导鉴证。根据出让、受让信息及双方委托,及时牵线协调,促成流转双方达成意向,办理有关流转手续。提供统一的合同(协议)格式,搞好合同(协议)鉴证。

d. 跟踪服务,调解处理纠纷。积极主动帮助土地经营者进行开发项目的可行性论证,在信贷、技术、物资等方面开展横向联系,并在法律和政策范围内协助调解处理土地经营中引起的纠纷,维护土地所有者、承包者、经营者三方的合法权益。

(3)土地承包经营权流转的方式

①出租。出租是指承包方将部分或全部土地承包经营权以一定期限租赁给他人从事农业生产经营。出租后,原土地承包关系不变,原承包方继续履行原土地承包合同规定的权利和义务,受让方履行土地租赁合同约定的权利和义务。

②转包。转包是指承包方将部分或全部土地承包经营权以一定期限转给同一集体经济组织的其他农户从事农业生产经营。超过1年的代耕也视同转包。转包后原土地承包关系不变,原承包方继续履行原土地承包合同规定的权利和义务,受让方履行转包合同约定的权利与义务。

③入股。入股是指实行家庭承包方式的承包方之间将土地承包经营权作为股权,自愿联合从事农业合作生产经营;其他承包方式的承包方将土地承包经营权量化为股权,入股组成股份公司或者合作社等从事农业生产经营。入股后,原土地承包关系不变,承包方继续履行原土地承包合同规定的权利和义务。

④互换。互换是指承包方之间为方便耕种或者各自需要,对属于同一集体经济组织的承包地块进行交换,同时交换相应的土地承包经营权。

⑤转让。转让是指承包方有稳定的非农职业或稳定的收入来源,经承包方申请和发包方同意,将部分或全部土地承包经营权让渡给本集体经济组织内其他从事农业生产的农户,

在转让期内由受让方履行相应的土地承包经营合同规定的权利和义务。

(4)土地承包经营权流转的程序

农村土地承包经营权的流转,除 1 年以内的代耕形式外,都必须按照一定的程序签订流转合同,并及时报告乡镇政府主管站(所)。

①承包方自主流转土地承包经营权的,应当遵循以下程序。

a. 流转双方当事人依据承包合同,协商流转方式(转让、互换方式除外)、流转时间、流转价格以及流转收益支付方式等,根据协商结果签订书面流转合同一式 4 份,流转双方、发包方和乡镇政府主管站(所)各执 1 份。

b. 发包方及乡镇政府主管站(所)收到流转合同后,如发现有不妥之处,应及时指出并要求其改正。

c. 流转当事人向乡镇政府主管站(所)申请合同鉴证。

②承包方委托发包方流转其土地承包经营权的,应当遵循以下程序。

a. 承包方自愿委托发包方流转其承包土地的,应向发包方递交由户主签字或盖章的委托流转申请书。

b. 发包方讨论是否接受委托,并将讨论结果在 15 日内通知承包方。

c. 决定接受委托的,发包方应当与承包方签订流转委托书,载明委托事项、权限和期限,委托双方签字盖章。

d. 发包方在接受委托后 3 个月内,将流转农户、待流转地块等基本情况以适当形式向村内外公告。

e. 愿意承接流转土地的,在公告的有效期内提交承接流转土地的申请。

f. 公告期限结束后,发包方应本着公正、公平、公开的原则,及时召集已提交承接流转土地申请且具备承接资格的受让方磋商,在协商一致的基础上与受让方签订书面流转合同一式 4 份,流转双方、发包方、乡镇政府主管站(所)各执 1 份。

g. 流转当事人可以向乡镇政府主管站(所)申请合同鉴证。

③以转让、互换方式流转土地承包经营权的,应当遵循以下程序。

a. 承包方向发包方递交土地承包经营权转让或互换申请。

b. 发包方同意转让或互换的,应及时向乡镇政府主管站(所)报告,发包方同意转让或互换的,应当于 7 日内向承包方书面说明理由。

c. 征得发包方同意后,原承包方可与受让方协商签订土地承包经营权转让或者互换合同一式 4 份,流转双方、发包方、乡镇政府主管站(所)各执 1 份。

d. 办理土地承包合同和土地承包经营权证变更或注销、换发等手续。

e. 流转当事人可以向乡镇政府主管站(所)申请合同鉴证。

④土地承包经营权再流转的,应当遵循以下程序。

a. 通过以出租、转包方式取得土地承包经营权后再流转的,首先需取得原承包方的同意,然后根据再流转双方商定的流转方式(不含转让、互换方式),按以上相应程序实施。

b. 通过以互换、转让方式取得的土地承包经营权,并依法登记获得土地承包经营权证后,可以依法采取转包、出租、互换、转让、入股等方式流转。流转程序按相应流转方式实施。

(5)土地承包经营权流转合同的日常管理

①流转合同的订立。承包方流转农村土地承包经营权，应当与受让方在协商一致的基础上签订书面流转合同；承包方委托发包方或者中介服务组织流转其承包土地的，流转合同应当由承包方或其书面委托的代理人签订；承包方将土地交由他人代耕不超过1年的，可以不签订书面合同；农村土地承包经营权流转合同一式4份，流转双方各执1份，发包方和乡镇政府主管站(所)各备案1份。

②合同文本的格式。农村土地承包经营权流转合同文本格式由省级有关行政主管部门确定。乡镇政府主管站(所)应当及时向达成流转意向的承包方提供统一文本格式的流转合同，并指导签订。

农村土地承包经营权流转合同一般包括以下内容：双方当事人的姓名、住所，流转土地的四至、坐落、面积、质量等级，流转的期限和起止日期，流转方式，流转土地的用途，双方当事人的权利和义务，流转价款及支付方式，流转合同到期后地上附着物及相关设施的处理，违约责任。

③合同的鉴证。

a. 双方提供的材料。承包方提供的材料包括：个人提出自愿承包或自愿流转土地的《申请书》，原承包人提供个人资格和《土地承包经营权证》原件证明，现承包方提供身份证件和入户时间证明。发包方提供的材料包括村委会负责填写统一规范的《××县(市、区、旗)农村土地承包(流转)申请审核表》和《××县农村土地承包经营权承包(流转)合同书》，村委会将土地承包方案、承包方及承包土地的详细情况(包括承包土地"四至示意图")等材料一式4份上报乡镇政府主管站(所)审核。

b. 乡镇需要办理的事项。乡镇政府主管站(所)对以上《×××承包合同书》及相关材料初审，材料符合规定的，及时编发合同号码、登记造册，并由乡镇政府主管站(所)向县行政主管部门提出鉴证申请。

c. 县行政主管部门需要办理的事项。接受申请，对《×××承包合同书》以及相关材料进行认真审查。申请材料符合规定的，对《×××承包合同书》加盖"鉴证合格"和" ××县(市、区、旗)土地承包合同管理委员会办公室"印章，并出具《×××承包合同鉴证书》一式4份；根据《×××合同鉴证书》，再次征求双方意见，保留谈话记录并送达《×××合同鉴证书》回执、存档；根据《×××合同鉴证书》，编入农村土地承包经营权证登记簿；报县人民政府颁发《中华人民共和国农村土地承包经营权证》。

④农村土地承包经营流转合同纠纷调解处理的方式。

a. 农村土地承包经营权流转发生争议或者纠纷，当事人应当依法协商解决。

b. 当事人协商不成的，可以请求村民委员会、乡镇人民政府调解。

c. 当事人不愿协商或者调解不成的，可以向农村土地承包仲裁机构申请仲裁，也可以直接向人民法院起诉。

⑤流转合同的档案管理。

a. 档案管理的范围。包括合同年度分类统计册(簿)，鉴证合同登记簿，鉴证合同档案袋，转包、转让合同登记簿，合同管理收费登记簿，年度收支决算及与合同管理有关的需要保存备查的其他资料。

b. 档案管理的内容。建立农村土地承包经营权流转情况登记册，及时准确记载农村土地承包经营权流转情况。以转包、出租或者其他方式流转承包土地的，及时办理相关登记；以转让、互换方式流转承包土地，及时办理有关承包合同和土地承包经营权证变更等手续。对农村土地承包经营权流转合同及有关文件、文本、资料等进行归档并妥善保管。一般应当在合同终止或者合同纠纷仲裁终结之后保存 5 年。通过招标、拍卖和公开协商等方式承包荒山、荒沟、荒丘、荒滩等村集体土地，经依法登记取得农村土地承包经营权证的，可以采取转让、出租、入股、抵押或者其他方式流转，其流转合同档案参照上述规定管理。

3.4.3　农村集体资产、资源承包合同的管理

1）农村集体资产、资源的承包经营

（1）农村集体资产、资源的承包经营方式

①集体经济组织直接经营。采取这种方式承包经营的，必须明确经营责任、目标，按照集体资产、资源的经营和使用规定，保证集体资产、资源的保值增值。

②承包、租赁经营。采取这种方式承包经营的，应当按照平等、公开和资产、资源保值增值的原则，依法签订承包合同或租赁合同，依照合同规定提供财产抵押或经济担保，合理利用集体资产、资源，按时缴纳承包款或租金，提取并缴纳固定资产折旧费。

农村集体资产、资源实行承包、租赁经营的，除法律法规另有规定外，必须采取招标、投标等方式确定经营者。招投标方案必须经村民会议或村民代表会议讨论通过，报乡（镇）人民政府批准，由农村集体经济组织"三资"监管代理中心组织实施。

③参股、联营、股份合作经营。采取这种方式承包经营的，必须清产核资，清理债权债务，并由农村集体经济组织"三资"监管代理中心或具有合法资质的中介组织进行资产评估。

④其他方式。农村集体资产、资源的承包经营，还可以根据当地实际情况采取以上几种方式相结合进行，如"四荒地"（不包括属于国家所有的地下资源和埋藏物）既可以通过招标、拍卖、公开协商等方式实行承包经营，也可将土地承包经营权折股分给本集体经济组织成员后，再实行承包经营或股份合作经营。

（2）农村集体资产、资源承包经营应注意的问题

①应遵守有关法律法规，防止水土流失，保护生态环境。

②本集体经济组织成员享有优先承包权。

③本集体经济组织以外的单位或个人承包，须经村民会议 2/3 以上成员或 2/3 以上村民代表同意，并报乡镇人民政府批准，且对承包人应当进行资信调查，确信承包人资信良好，有充分的经营能力后，才能签订承包合同。防止虚假承包，甚至转手渔利的情况发生。

④下列事项必须经村集体经济组织成员大会或成员代表大会讨论通过。

a. 集体资产经营方式的确定和重大变更。

b. 重要固定资产购置和重大项目投资。

c. 年度资产、资源收益分配方案。

d. 主要资产、资源处分和其他重大事项。

2）农村集体资产、资源承包合同的管理

农村集体资产、资源承包合同主要包括土地承包合同，山林或荒山承包、租赁合同，水面和滩涂承包、租赁合同，土地承包清册，土地承包变更协议和到户清册等。

(1)承包合同的订立

①合同订立前的准备。

a. 民主议定处置方案。（村集体经济组织进行资产、资源经营项目处置时，方案须经本集体经济组织村民大会或村民代表会议 2/3 以上成员民主议定通过，报农村集体经济组织“三资”监管代理中心。）

b. 村民代表讨论表决。经农村集体经济组织“三资”监管代理中心批准后，村（居）委会应组织召开村民代表会议，针对处置集体资产、资源时，签订合同的对象、条件等重点事项进行讨论表决，并形成会议记录。会议记录内容要翔实完整，包括会议的时间、与会人员、研究的主要内容、研究结果以及与会人员的签名等。

②合同的签订。处置方和承受方应当签订书面合同，由双方法定代表人签字或盖章。由农村集体经济组织“三资”监管代理中心提供标准合同文本等方式，指导当事人签订合同。承包合同应当具备以下主要条款。

a. 承包生产经营项目名称、地点、规格、品种、数量、质量、生产经营方式。

b. 承包起止时间及承包合同兑现结算时间。

c. 发包方提供的生产经营条件、服务项目和时间、服务效果和服务收费标准。

d. 发包方和承包方的权利义务。

e. 承包方承担的税金、国家任务、承包金、承包物、固定资产折旧费等。

f. 承包生产资料的使用、维修、保养要求以及考核和奖惩办法。

g. 承包前债权、债务处理办法。

h. 违约责任、风险责任。

i. 纠纷处理办法。

j. 合同终止后财产移交和清算办法。

k. 当事人双方商定的其他事项。

对合同金额达到 2 000 元以上或较复杂的经济合同，或者采用招标、拍卖方式确定经营方时，县有关行政主管部门或农村集体经济组织“三资”监管代理中心派人具体指导、监督。

(2)承包合同的鉴证

为保证农村集体资产、资源承包合同的真实性、合法性，及时纠正无效合同，双方当事人所签订的合同须到当地农村集体经济组织“三资”监管代理中心进行鉴证，具体可参照土地承包经营权合同鉴证进行。

(3)承包合同的登记

合同登记主要是将发包方、承包方或受让方、转包或转让项目名称、转包或转让的期限、登记编号、登记人员姓名、登记日期填入转包合同和转让合同登记簿；并在转包或转让合同文本上写明登记人员姓名、登记编号、登记日期，加盖合同管理专用章。对经审查不符合登记条件的转包合同或转让合同，不予登记。登记人员应向当事人说明不予登记的理由，并在

转包合同或转让合同文本上注明。

(4)承包合同的变更和解除

①发生下列情况之一的,允许变更或者解除承包合同。

a. 当事人双方经过协商一致,并且不因变更或者解除承包合同而损害国家、集体利益和社会公共利益的。

b. 订立承包合同所依据的国家价格、税收等发生重大变化,继续履行将严重影响一方利益的。

c. 由于承包土地等生产资料被国家征用或收回使用权的。

d. 由于不可抗力,致使承包合同无法履行的。

e. 一方违约,致使承包合同无法履行或没有必要继续履行的。

f. 除义务兵服役和中专、高等学校学生就读外,按人口或劳力平均承包的土地承包合同,承包方人口或劳力发生变动,经集体经济组织成员大会或成员代表会议同意的。

g. 承包方因病残等原因而丧失生产经营能力的。

h. 承包方进行破坏性、掠夺性生产经营,擅自改变土地用途或荒芜承包土地、放弃生产经营行为,经发包方劝阻无效的。

i. 签订承包合同所依据的国家政策发生重大变化的。

②其他规定。

a. 承包合同当事人一方要求变更或者解除承包合同,应当及时书面通知对方,对方应当自接到通知书之日起15日内予以书面答复。当事人双方就变更或者解除承包合同达成书面协议,报农村集体经济组织“三资”监管代理中心备案。当事人双方就变更或者解除承包合同达不成书面协议的,按合同纠纷程序解决。

b. 因变更或者解除承包合同使一方遭受损失的,除依法可以免除责任的以外,应当由造成损失的责任方负责赔偿。

c. 承包经营合同履行期间,发包方不得随意调整承包方承包的资产、资源。因承包集体性资源依法由农用地转为建设用地或者发生自然灾害和其他特殊情况,需要对村集体资产、资源承包方案做调整的,应当经集体经济组织成员大会或者村民代表大会讨论通过。

d. 当事人一方要求变更或解除承包合同,应当及时与对方协商。双方商定变更或解除承包合同,应当采用书面形式,由当事人双方签字并加盖公章。经过鉴证或公证的承包合同,应报送鉴证或公证机关审查备案。双方协商不能达成协议,原承包合同仍然有效,按当事人双方约定的纠纷处理办法处理。

e. 在承包期内,当事人一方合并或分立,由合并或分立后的当事人承担或分别承担承包合同规定的权利和义务,并及时通知对方当事人。

f. 在承包期内,不得因村集体经济组织法定代表人变动而要求变更或解除承包合同。

g. 承包方可以将其承包项目转包第三者,并与第三者订立转包合同,原承包合同仍然有效。

h. 承包方可以将其承包合同转让第三者,并与第三者订立转让合同,由第三者向发包方履行承包合同规定的权利和义务,原承包合同即行终止。

i. 承包方与第三者订立转包或转让合同,须经发包方书面同意,并经承包合同主管机关登记。

j. 承包方转包承包项目或转让承包合同,可以要求受包方或受让方对其在承包生产经营期间的投资(包括劳务)及其获得的收益给予经济补偿,可以获得双方约定的其他经济利益。

(5)无效承包合同的确认与处理

①有下列情形之一的,应确认为无效承包合同。

a. 违反法律、法规的。

b. 损害国家、集体、社会公共利益和他人合法权益的。

c. 违反本规定的民主议定原则的。

d. 采取欺诈、胁迫或其他不正当手段签订的。

e. 发包方无权发包的。

f. 违反规定,擅自转包承包项目、转让承包合同的。

无效承包合同,由人民法院或村集体经济承包合同仲裁机构确认。无效承包合同,从订立时起就没有法律约束力,不受法律保护。

②被确认为无效的承包合同,有关财产问题按下列规定处理。

a. 当事人双方依据承包合同取得的财产,应当返还对方。

b. 当事人有过错的一方应当赔偿对方所受的经济损失;双方都有过错,各自承担相应的责任。

c. 违反国家、集体或第三人利益以及社会公共利益的承包合同,其取得的财产应分别缴归国家、集体或返还第三人。

3.4.4 农村大宗商品采购和建设项目招投标合同的管理

1) 农村大宗商品采购合同的管理

(1)农村大宗商品采购合同订立程序及相关事项

农村大宗商品采购的订立包括起草采购合同文本草案、审定采购合同文本草案、合同签订、合同生效等步骤。

①起草采购合同文本草案。农村大宗商品采购合同文本一般由采购方组织起草完成,并与供应商共同协商和阅签。

谈判起草合同文本草案过程中,应当注意以下几个问题。

a. 协议内容务求详细。为了最大限度地避免纠纷的产生,为合同履行、检验验收、交接交付、纠纷处理等日后工作提供便利和依据,合同双方需将所有谈判达成的意见明确写入商品采购合同文本草案之中。

b. 专家参与。谈判和合同文本的起草工作要组织相关专业人员和法律专家共同参与。

c. 合同文本内容的表述力求准确、完整。

②审定采购合同文本草案。审定合同文本草案由农村集体经济组织“三资”监管代理中心负责。审定内容主要包括合同草案文本的法律依据,供应商的资格条件,商品的名称、质

量、价格以及其他合同条款。审定采购合同时,要严格审查供应商资格以及供应商遴选过程的真实性。对供应商资格不真实的以及选定供应商过程不真实的,应当取消相应的成交通告,并依法追究相关人员的法律责任。对合同文本内容,要严格全面审查商品的数量、规格、质量标准、价格、结算方式以及双方权利、义务、违约条款等。

③合同签订。农村集体经济组织“三资”监管代理中心审定并批准农村大宗商品采购合同文本草案后,村委会应及时与供应商签订合同。

采购合同签订过程中,应注意以下两个问题。

a. 合同的签订说明采购人和供应商之间的要约和承诺已经达成一致,商品采购合同至此宣告成立。但由于农村大宗商品采购合同关系到集体和群众的利益,合同签订时除村委会和供应商签章外,还要由农村集体经济组织“三资”监管代理中心和村民理财小组签章后方可生效。

b. 采购合同签订主体要适格。采购合同签订主体适格就是要求代表采购人和供应商的签订主体要具有法人资格或委托授权。

④合同生效。合同生效是农村大宗商品采购合同订立阶段的一个重要标志,是最具实质意义的环节。采购合同具备了法定的生效要件,即具有了法律效力,便对采购人和供应商产生预期的法律约束力。

大宗商品采购合同效力管理工作需要注意以下 3 个问题。

a. 生效日期。合同生效日期应以盖章日期为准。

b. 大宗商品采购合同文本地位。大宗商品采购合同生效前形成的协议、纪要、文件,凡与合同条款有冲突的均无效,相关内容应以合同文本的约定为准。

c. 大宗商品采购合同的无效情形包括一方以欺诈、胁迫手段订立合同,损害公众、社会和国家利益的;恶意串通,损害公众、社会和国家利益的;以合法形式掩盖非法目的的;违反法律、法规的强制性规定的;合同当事人没有代理权、超越代理权或者代理权终止后签订合同的。

合同确认无效后,合同双方应当相互返还非法取得的财产;给对方造成损失的,过错一方应当承担相应的赔偿责任。

(2)农村大宗商品采购合同文本的归档管理

①农村大宗商品采购合同文本必须由村委会指定专人担任合同管理员,将双方正式签字生效后的合同、合同附件提交 1 份给合同管理员登记存档。

②合同管理员要建立《采购合同履行台账》,台账内容包括合同编号、内容摘要、合同预付款支付、交货情况、付款情况、采购商品质量情况等信息,便于合同及时适当履行。

③合同管理员应将合同整理规范,妥善保管,不得遗失。确保合同文本内容全面、页面整齐、字迹清晰,同时注意保持合同页面清洁,不得涂改、挖补。

2)农村中小型建设项目招投标合同的管理

关于农村中小型建设项目的招投标管理在上一节已经作了详细介绍,本节仅就农村中小型建设项目招投标合同文本应注意的问题作简单介绍。

(1)注意审查中标人是否具有法人资格和施工能力

中标人是否具有法人资格是合同签订的基础,在起草合同前要仔细审查对方的营业执照及有效期、经济实力、技术水平等基础材料。在对上述材料审查结束后,应将材料复印件留存,并由对方在复印件上加盖印章。不能轻信熟人、亲友介绍来的客户,而疏于对其进行必要的调查。

(2)不得擅自变更招标通告中注明的信息

农村中小型建设项目招投标合同必须遵照招标通告中注明的相关信息,对招标农村中小型项目的地点及质量、时间要求不得做任何修改。

(3)合同主要内容要完备

农村中小型建设项目招投标合同文本的标的、双方权利义务、价款、质量、交付、违约责任、争议的解决方式等,作为合同的主要条款,缺一不可。

(4)合同条款无法律障碍

农村中小型建设项目招投标合同条款必须首先合法,以保证其法律效力。

(5)工程质量标准的约定要明确

在起草农村中小型建设项目招投标合同时,要广泛征询了解该项目建设工程的国家质量标准、行业标准及企业标准。对质量标准的表述不能含糊不清。

(6)款项的结算要确保双方利益

农村中小型建设项目要约定"验收合格后付清款项",同时对验收的标准、期限、期满的处理等都要做具体的约定,确保合同签订双方的义务到位。

(7)明确界定违约责任

违约责任是合同当事人约定不履行义务的风险承担条款,应当具体明确,如约定"违约金20万元",或者"违约金为合同总价款的50%"。

(8)关于争议的解决与管辖要具体

农村中小型建设项目合同要注明争议的解决程序、争议的范围,管辖的法院或者仲裁机构要选择对己方有利的管辖机构,最大限度地减少损失。

3.5 农村集体经济组织"三资"的监管代理

3.5.1 农村集体经济组织"三资"监管代理的原则

1)坚持民主自愿的原则

实行农村集体经济组织"三资"监管代理工作,要按照《中华人民共和国村民委员会组织法》和国家有关文件的规定,必须尊重农民群众意愿和民主权利,经全体村民会议或村民代表会议讨论通过后,农村集体经济组织"三资"监管代理机构与村集体经济组织订立书面委托协议,明确双方的权利、义务及法律责任,实行依法委托代理。

2)坚持"五权"不变的原则

实行农村集体经济组织"三资"监管代理,必须坚持农村集体经济组织"三资"所有权、使用权、监督权、处置权和收益权“五权”不变的原则，任何单位和个人不得侵占、平调、挪用集体资产，不得擅自改变集体资产性质，不得侵犯农村集体组织合法权益。

3）坚持独立核算原则

实行农村集体经济组织“三资”监管代理，必须维护村集体的独立核算主体，分村建账，单独核算。村级银行存款账户，也要分村设立，印鉴由农村集体经济组织“三资”监管代理机构印章和村集体负责人印章联合组成，印章分别保管，做到互相牵制，避免挪用。

4）坚持“五统一”原则

（1）统一开设账户

取消各村自行设立的资金账户，由农村集体经济组织“三资”监管代理中心统一在金融机构开设“村级资金核算专户”，实行“单一账户管理，分村设账核算”，即在“村级资金核算专户”下，分村设立明细账，分户核算，便于各村报账会计与“三资”代理中心核对存款余额。

（2）统一代理记账

取消村级会计和出纳，村设立报账会计。农村集体经济组织“三资”监管代理中心要按照会计制度的要求，为每个村集体设立相关账簿，包括总分类账、明细分类账、现金日记账、银行存款日记账、固定资产登记簿、资源登记簿和合同管理台账等，并根据村级会计业务填制记账凭证，编制财务会计报告，整理、装订会计档案。村集体资金必须全部纳入村级财务核算，统一管理，不得设置账外账。

（3）统一票据管理

为了规范票据使用，避免白条入账，县级以上行政主管部门可印制统一的村集体村级收入、支出往来结算票据和规范的其他票据，并制订村级专用票据的管理办法，如收款收据、借据、领款凭据、凭证报销封面等。

（4）统一实行会计电算化

农村集体经济组织“三资”监管代理中心要配备计算机，统一安装农村集体经济组织“三资”管理软件，实行电算化管理。建立县（市、区、旗）、乡（镇）网络化管理，便于数据的共享及上级主管部门的监督检查。建立健全电算化岗位责任制和操作管理、会计档案管理等内部管理制度，规范操作行为，确保电算化的安全运行。

（5）统一管理制度

健全统一规范的岗位责任制、会计档案管理等制度，实行规范化、制度化管理，建立长效管理机制。

3.5.2 农村集体经济组织“三资”监管代理的程序

农村集体经济组织“三资”监管代理工作要按照《中华人民共和国村民委员会组织法》《中华人民共和国会计法》和国务院有关文件的规定，遵循村民自治、村务公开、民主管理、加强监督的原则进行。

1）全面开展农村集体经济组织“三资”清理

开展农村集体经济组织“三资”清理工作是农村集体经济组织“三资”监管代理工作最

基础、最关键的环节。在实行农村集体经济组织"三资"监管代理工作时,必须首先对村级集体资金、资产、资源进行全面清理,摸清"三资"管理的现状和底数,为实行村集体"三资"监管代理工作奠定坚实的基础。

2)农村集体经济组织"三资"监管代理程序

(1)签订代理协议

农村集体经济组织"三资"委托代理服务要在尊重农民意愿,保障农民群众民主权利,保证农村集体经济组织"三资"所有权、使用权、监督权、处置权、收益权不变的前提下,由村民委员会召开村民会议或村民代表会议表决同意后,委托农村集体经济组织"三资"监管代理中心管理,并与其签订委托代理协议,实现乡(镇)、村两级双重监管。

(2)办理账务移交

各村集体经济组织对清理认定后的"三资",进行调账、记账、并账,建立各类台账。将清理后的"三资"档案整体移交农村集体经济组织"三资"监管代理中心,由农村集体经济组织"三资"监管代理中心统一建档、集中管理,分村设立档案柜。

实行村级"三资"监管代理后,村级不再设会计和出纳,只配备专职或兼职的报账员。同时,取消各行政村在金融机构自行设立的银行账户。由农村集体经济组织"三资"监管代理中心在银行或信用社设立"村级资金代管专户"核算村级资金。

3)规范运作程序和账簿设置

实行农村集体经济组织"三资"委托代理服务后,农村集体经济组织"三资"监管代理中心要根据《中华人民共和国会计法》和《村集体经济组织会计制度》,按照新机制的有关要求,统一报账时间、报账程序、会计核算、档案管理。同时还要规范账簿和科目的设置,乡镇一般设立"三账三簿",即银行存款日记账、总账,往来明细账和固定资产登记簿,债权债务登记簿,资产、资源登记簿。村级设立"一账四簿",即现金(存款)日记账、内部往来登记簿、固定资产登记簿、资源登记簿、"两工"登记簿。

3.5.3 农村集体经济组织"三资"监管代理的机构建设

1)健全组织机制

(1)县(市、区、旗)级

县(市、区、旗)成立以县(市、区、旗)政府主要领导及相关部门负责人为成员的农村集体经济组织"三资"监管代理工作领导小组和工作机构,加强对农村集体经济组织"三资"管理工作的指导。其主要工作职责为:加强对农村集体经济组织"三资"监管代理工作的指导、监督和服务;做好农村集体经济组织"三资"监管代理中心工作人员和村级报账员的资格审查、业务培训;从业务上支持对农村集体经济组织的审计;加强调查研究,制订农村集体经济组织"三资"保值增值的政策措施;指导建立健全农村集体经济组织"三资"管理制度;定期对监管代理中心进行监督检查;做好政策、信息咨询和服务指导;加大对构成违纪案件的查处力度。

(2)乡镇级

乡镇成立由党政主要领导,相关部门负责人为成员的农村集体经济组织"三资"监管代理工作领导小组和农村集体经济组织“三资”管理监督委员会，负责乡镇各村的农村集体经济组织“三资”监管代理的组织领导和协调、指导、监督工作。

以乡镇有关站(所)为依托，整合资源，成立农村集体经济组织“三资”监管代理中心，与原有的村级会计委托代理服务中心合署办公，根据当地情况和工作需要，还可以内设农村土地承包经营权流转管理、村集体资产、资源招投标等工作机构，代理中心的工作任务主要是负责对本行政区域内的村级集体经济组织“三资”管理工作进行统一指导和监管；负责村级集体经济组织“三资”的登记、核算和监督工作。

(3)村级

村设立民主理财小组，负责配合做好本村财务资金管理、资产、资源和工程项目建设管理等工作。

民主理财小组人员一般由 3～5 人组成，并推选 1 名负责人，由其负责召集日常理财和联络、协调工作。民主理财小组成员由村民会议或村民代表会议从村务公开监督小组成员中推选产生，村干部及其配偶、直系亲属不得担任民主理财小组成员。民主理财小组成员要保持相对稳定，不得随意变更和撤换。因疾病、迁出、死亡等原因不能履行职责的，经村民会议或村民代表会议讨论通过，予以变更，并报农村集体经济组织“三资”监管代理中心备案。

民主理财小组成员须具备必要的条件：

①应在本集体经济组织内有一定的威望和影响力，遵纪守法、认真负责，廉洁奉公，敢于讲实话，办实事。

②应甘于为群众服务，有积极参与集体事务民主管理的主动性和工作热情。

③应熟悉了解本村集体经济组织生产经营活动，并具备一定的财务管理基本知识。

2）建立基本保障体系

要以县(市、区、旗)为单位，统筹农村集体经济组织“三资”监管代理中心的建设，尽可能地实现“八统一”，即统一交易场所、统一挂牌服务、统一配备人员、统一公示公开、统一代理合同、统一软硬件设施、统一管理制度、统一录入建档。一般来讲，农村集体经济组织“三资”监管代理中心要做到“五有”，具体如下所述。

(1)有专门的办公场所

农村集体经济组织“三资”监管代理中心在乡镇现有的有关站(所)的基础上组建，加挂“××乡(镇)农村集体经济组织‘三资’监管代理中心”的牌子，并设专门的对外服务窗口。

(2)有专职的工作人员

代理中心主任原则上由乡镇有关站(所)的领导兼任，设总会计 1 人、资金会计 1 人、代理会计若干人。代理中心的会计人员必须持有会计从业资格证，熟悉会计电算化操作业务。

(3)有现代化的办公设备

办公场所应配有办公桌椅、计算机、打印机、档案柜、保险柜、照相机等必需的办公设备。统一安装农村集体经济组织“三资”管理软件，对会计核算，资产、资源管理，合同管理等实行电算化管理。要有信息公开栏。有条件的，招投标场所安装电子监控设备，对开、评标过程进行全程摄像监控，并对影像资料进行光盘刻录存档。

(4)有完善的管理制度

建立健全农村集体经济组织“三资”管理的各项制度,制订农村集体经济组织“三资”监管代理操作程序,规范代理服务流程,确保集体资产、资源处置做到民主、科学、公正。

(5)有必需的工作经费

农村集体经济组织“三资”监管代理中心的工作经费要足额纳入财政预算,以保证工作需要。

3.5.4 农村集体经济组织“三资”监管代理的工作职责

1)农村集体经济组织“三资”监管代理中心工作职责

农村集体经济组织“三资”监管代理的工作包括村级财务核算和村级资产、资源管理。

(1)财务核算管理职责

①代理会计核算。按照《中华人民共和国会计法》《村集体经济组织会计制度》等法律、法规和制度的要求为每个会计核算单位设立账簿,进行会计核算,实施会计监督。

②管理资金。农村集体经济组织“三资”监管代理中心在金融机构统一开设“村级资金核算专户”,核算村级各项资金。

③代理财务收支。收入主要包括财政补助资金、“一事一议”筹集的资金、集体资产发包收入、集体统一经营收入、投资收益、国家征用土地的补偿费、扶贫救灾款、上级部门专项拨款、其他单位和个人赠与款项等所有村集体收入。支出主要包括村干部报酬、五保户供养和村级办公经费、村内兴办集体公益事业及“一事一议”筹资筹劳等所有村集体支出。代理机构按照协议规定的内容办理资金报账业务;按照规定的备用金限额办理备用金支付领用手续。

④代理会计档案。按核算单位及时整理村级会计档案,分类编号,装订成册,统一保管,不得散失、毁损。要配备会计档案保管室,购置必要的会计档案柜,建立健全会计档案管理制度,实施规范统一的档案管理。

⑤提供会计信息。按照财务会计制度和上级业务主管部门的要求,及时编报财务报告,提供真实完整的各类会计信息,以保证乡镇政府和上级业务主管部门的监管和群众监督的需要。

(2)村级资产、资源管理职责

①贯彻执行农村集体资产、资源、工程建设管理的有关法律、法规和规章。

②负责指导和帮助所辖农村集体经济组织建立健全集体资产、资源管理制度,并对制度的落实情况进行监督和检查。

③负责农村集体资产产权交易,包括村集体固定资产、无形资产、流动资产、农业资产等增减(或变更),产权界定、价值的评估及交易过程的监管。

④开展对农村集体“四荒”地、多经地、林地、水面等资源以采取招标、拍卖、租赁、公开协商等方式处置交易过程的监管,依法负责办理有关合同鉴证、签订、变更、解除、兑现、承包纠纷调解处理等,做到规范化管理。

⑤开展农村其他项目承包经营权交易,负责村级其他经济项目承包合同谈判、签订、鉴

证、变更、兑现的监管。

⑥负责对农村集体工程项目建设的招投标、财务活动、工程建设质量的监管，按要求进行公示，实行阳光操作。

⑦负责农村集体资产、资源的统计入账、档案管理等工作。

(3)农村集体经济组织“三资”管理监督委员会工作职责

①负责监督村“三资”台账登记工作情况并核实。

②负责对村一次性支出超过2 000元的进行备案。

③负责审核村价值2 000元以上的固定资产的处置方案是否符合程序并备案。

④负责对村被征用、出租、转让、出售的资源登记并备案。

⑤负责对农村集体经济组织“三资”监管委托代理服务中心财务管理的执行程序是否合法合规进行审核。

2)农村集体经济组织“三资”监管代理中心岗位人员职责

农村集体经济组织“三资”监管代理中心内设6个岗位：主任、总会计、资金会计、代理会计、档案管理员、报账会计。

(1)主任职责

①主持代理服务中心全面工作。

②指导做好本区域内“三资”监管代理工作。

③监督指导村级的财务收支、投资和经营决策活动。

④实施有效监督，对挪用、截留、贪污村级资金和其他违法违纪行为，应向上级有关部门报告。

⑤定期组织代理中心人员、村干部及村报账员的学习和培训，不断提高从业人员的职业道德和管理工作能力。

⑥负责协调各部门的工作关系，为代理服务中心营造良好的工作环境。

(2)总会计职责

①按照现行财务制度，监督和指导各代理会计做好分村会计业务核算。

②负责组织实施村级财务审计工作，协助中心主任制订和落实村级财务管理各项工作责任制。

③指导各村编制年度财务收支预决算工作，汇总会计财务月报表、季报表，编制分村财务分析报告和资金运行报告。

④协助主任负责审批资金的收缴和拨付。

(3)资金会计职责

①负责办理现金和银行存款收支结算业务。

②负责开具转账支票、现金支票等有关结算业务。

③登记现金日记账、银行存款日记账，定期与会计专管员、主管会计交换收支凭证，核对账款，定期与银行对账，做到账账、账款、账实相符。

④月末，将银行存款日记账与银行对账单进行核对，对未达款项应认真核对，查明原因并督促有关单位和个人办结未达款项。

⑤完成其他工作事项。

(4)代理会计职责

①负责指导规范、监督村级“三资”管理工作。

②严格执行国家会计法规及统一的会计制度;按照有规定建立健全村级会计账簿,规范账务处理程序和会计核算。

③负责村集体所有“三资”登记管理,严格审核原始凭证,正确填制记账凭证,做到手续完备,保证账证、账账、账实、账表相符,保障其安全与完整。

④负责审核村级年度收支预决算,按要求编报会计报表。

⑤监督指导村报账员和资金会计的业务处理。

⑥熟悉并掌握各村“三资”管理情况,及时分析各村财务和资金运行情况,依法向会计信息使用者提供情况。

⑦负责收费票据使用的监管以及申领、审核、上缴核销工作。

⑧负责“三资”档案资料的收集及管理。

⑨完成其他工作事项。

(5)档案管理员职责

①认真落实会计档案管理有关规定,妥善保管会计资料及其他文书资料。

②健全会计档案的立卷、归档、保管、查阅等制度,保证会计档案妥善保管、有序存放、方便查阅,严防毁损、散失和泄密。

③会计档案必须做到“四防”,即防水、防火、防蛀、防潮。

④严格遵守保密纪律,会计人员对需要保密的相关会计信息,不得泄露。

(6)村报账会计职责

①负责村级收入、支出的办理以及收支原始凭证的收集、整理、审核,确保收支原始凭证的真实、合理。

②登记和管理全村应收应付、债权债务、内部往来等分户分项明细账、表,负责集体资产的登记造册。

③办理村级备用金领取与核销,及时向代理会计报账,同时与资金会计进行收支结算。登记固定资产、低值易耗品、库存物资、“一事一议”筹资筹劳等分户明细账和统计台账。

④负责票据的领、销、存手续,并妥善保管。

⑤依据代理会计提供村财务公开资料,负责村级财务公开的具体工作。

3.6 农村集体经济组织“三资”管理的监督

3.6.1 农村集体经济组织“三资”的民主管理

1)农村集体经济组织“三资”民主管理的意义

民主理财和民主监督是民主管理的基本内容,是农村集体经济组织“三资”管理的基本要求,是完善集体经济组织管理体制和机制的重要方面,对规范农村集体经济组织“三资”管理有着重要意义。

(1)加强民主管理是建设社会主义新农村的客观要求

“管理民主”是中央关于社会主义新农村建设的基本要求之一。这就要求在农村集体经济组织“三资”管理中,加强民主理财、民主监督,让农民群众全面、充分地了解农村集体经济组织“三资”管理活动,参与农村集体经济组织“三资”管理决策,能够对农村集体经济组织“三资”管理实施监督,保障农民群众依法行使民主权利,切实维护农民的知情权、参与权、监督权。

(2)加强民主管理是农村基层党风廉政建设工作的需要

党风廉政建设是党的执政能力和先进性建设的重要内容,农村基层党风廉政建设作为其基本组成部分,对于加强农村基层政权稳定,巩固党在农村的执政基础,密切党群干群关系具有重要作用。民主理财、民主监督工作可以有效促进基层干部作风的转变,有效遏制各种农村基层不正之风和腐败现象的发生。

(3)加强民主管理是广大农民群众共同的愿望

随着社会主义新农村建设的不断深入,农民群众的民主、法制意识不断增强,参与村级各项事务管理的热情不断高涨。民主理财、民主监督作为一种重要手段,可以充分满足广大农民群众民主管理的愿望和要求,严格集体资金的管理和监督,促进集体资产的保值和增值,切实维护集体经济组织和自身的合法权益。

(4)加强民主管理是规范农村集体经济组织“三资”管理工作的有效措施

民主理财、民主监督是将农村集体经济组织“三资”管理工作关口前移,直接关系到会计信息的真实、完整和财务管理的及时、有效,也关系到集体资产、资源的健康、安全,是农村集体经济组织“三资”管理工作的关键环节,加强民主理财是提高农村集体经济组织“三资”管理规范化水平的有效措施。

2)农村集体经济组织“三资”民主管理的基本形式

民主管理的基本形式主要是成立监督委员会、实行“四议两公开”议事制度、实行民主理财、实行财务公开等,村民主理财小组行使集体资产、资源民主监督职责,农村集体资产、资源所有权的取得、变更或终止,资产经营方式的确定和变更,资产购置、处置和其他涉及资产管理工作的重要事项,必须经村民会议或村民代表会议讨论通过,并报农村集体经济组织“三资”监管代理服务中心备案。

(1)实行“四议两公开”民主议事制度

“四议两公开”是指农村集体经济组织“三资”管理重大事项决策都必须经过村党支部提议、“两委”会商议、党员大会审议、村民会议或村民代表会议决定,做到决议公开,实施结果公开。

①“四议两公开”的内容。村集体长期经济发展规划和年度工作计划的制订、村集体土地的承包和租赁、新农村建设规划、宅基地划拨、集体资产处置、公益事业经费筹集方案和建设工程承包方案、工作人员聘用、大额度资金支出等凡与农村群众切身利益密切相关的事项,都要按照“四议两公开”的程序进行民主决策,扩大群众的参与面,实现群众由事后知情到事前参与决策,保障群众的决策权。

②“四议两公开”的程序。

a. 村级组织提议。村党支部、村民委员会,1/10 以上村民联名或 1/5 以上村民代表联名提出有关农村集体经济组织“三资”管理的议案,由村党支部统一受理,并拟定初步意见。

b. 村“两委会”商议。村党支部拟定初步意见后,支部书记应及时组织召开“两委会”会议,研究提出具体意见和建议。

c. 党员大会审议。对于村“两委会”班子会议形成的意见,党支部应及时召开党员大会进行审议,党员会议人数应超过全体党员的 2/3,审议事项须经到会半数以上党员同意。

d. 村民会议或村民代表会议决议。村党支部和村民委员会应及时组织召开村民会议或村民代表会议,对议案进行讨论表决,乡镇政府派人参加,议案经会议半数以上人员表决通过后方可实施,表决结果报农村集体经济组织“三资”监管代理中心备案,并向群众张榜公布,接受群众监督。

(2)实行民主理财

①建立村民主理财小组。村民主理财小组一般由村委会提名,经村民大会或村民代表大会选举产生,也可以由村民推荐产生。民主理财小组一般由 3 ~5 人组成,其成员要具有一定的思想觉悟、文化素质和财务知识。村民主理财小组的工作职责主要有下述几个方面。

a. 参与制订本集体经济组织的财务计划和各项财务管理制度,定期召开民主理财会议,开展民主理财活动。

b. 审核本集体经济组织财务账目及相关的经济活动事项,审查集体经济组织开支;接受本集体经济组织成员委托查阅、审核财务账目。

c. 监督、检查本集体经济组织财务公开,向村民会议或村民代表会议报告民主理财情况。

d. 向本集体经济组织提出财务管理方面的意见和建议。

e. 配合经管部门或农村审计部门做好农村审计。

f. 保守村集体经济组织的财务、商业秘密。

②民主理财的内容。农村集体经济组织的年度财务预算和决算,年度收益分配方案,集体资金、资产、资源经营方式的确定及变更,购置或者处分重要固定资产,重大投资项目或举债,集体经济组织产权制度改革,以及其他有关集体资金、资产、资源管理的重大事项,都要依法召开本集体经济组织成员的全体村民会议或村民代表会议,履行民主程序。

集体经济组织应当定期向本集体经济组织成员公布资金、资产、资源运营情况,听取本集体经济组织成员对集体资金、资产、资源管理工作的意见和建议,接受全体成员的监督。村务公开监督小组或者民主理财小组应当对村集体资金、资产、资源管理的事项进行监督,对农村集体资金、资产、资源的使用、维护和收益分配不当的提出整改意见。

③民主理财的重点。民主理财的重点包括农村集体经济组织各项财务制度执行情况;财务预算及其执行情况;经济活动监督检查及财务公开执行情况;财务收支的审核;集体资产的处置;财务会计账目的查阅;收益分配方案的审查;其他财务事项。

④民主理财小组审批程序。财务事项发生时,经手人必须取得有效的原始凭证,注明用途并签字(盖章),交民主理财小组集体审核。审核同意后,由民主理财小组组长签字(盖

章），报经村党组织、村民委员会负责人审批同意并签字（盖章），由村报账会计向农村集体经济组织"三资"监管代理中心报账。

⑤财务公开。农村财务公开是实行民主理财、群众监督的有效手段。农村集体经济组织"三资"管理必须按照农业部、监察部颁布的《村集体经济组织财务公开暂行规定》进行公开，接受成员监督。凡是集体经济组织成员普遍关心的财务活动，都要及时逐项逐笔进行公布，对群众提出的问题，集体经济组织负责人有义务及时给予解答和解决，并将结果向群众公布。

(3) 实行农村集体经济组织"三资"监管代理的核查管理

①执行主体。农村集体经济组织"三资"核查工作在乡镇农村集体经济组织"三资"管理监督委员会统一指导下，由村民委员会组织实施。

②核查内容。农村集体经济组织"三资"定期核查的主要内容包括资金使用情况，资产、资源处置情况，资产、资源保值增值及收益分配情况等事项。

③核查程序。

a. 农村集体经济组织"三资"核查工作实行"一季一巡查、半年一评议、全年一公示"制度。即由农村集体经济组织"三资"监管代理中心具体负责，每季度由乡镇党政班子成员带队，对村财务公开、工程招投标、农村财务、资产、资源管理4项内容进行一次督查；每半年由乡镇党委、政府组织党员、村民代表对村"三资"管理运行情况进行一次民主测评；年终由农村集体经济组织"三资"监管代理中心，将村财务收支和资产、资源增值或减少情况在村务公开栏内进行公示，接受群众监督。

b. 将核查结果在农村集体经济组织"三资"监管代理服务中心存档的同时，要及时上报农村集体经济组织"三资"管理监督委员会备案，并向群众张榜公示，接受群众监督。

c. 在核查中发现的问题，要按责任追究办法进行追究。

d. 农村集体经济组织"三资"管理监督委员会对村级组织的核查情况进行复查，对没有落实"四议两公开"制度，核查情况没有公示，自查核查发现问题整改不到位的，要严肃处理。

3.6.2　农村集体经济组织干部经济责任审计

1）农村集体经济组织审计的含义

农村集体经济组织审计是指审计或其他行政主管部门，依照国家法律、法规的规定，运用审计的方法，按照规定的程序，对农村集体经济组织内部及其所属单位的财务收支和经营管理活动的真实性、合法性和效益性进行审查、评价及鉴证，以达到严肃财经法纪，改善经营管理，提高经济效益的一种监督活动。其具有审计对象的多元性，审计方法的灵活性，审计活动的群众性等多种特征。

2）农村集体经济组织干部经济责任审计的意义

当前，农村财务管理方面还存在不少问题，主要表现在以下几方面：一是一些农村干部法制观念淡薄，违反国家规定截留财政资金或集体收入，用作不正当开支或私分。二是违反民主、科学的决策程序，个人或少数人说了算，造成决策的重大失误，导致国家和集体财产的

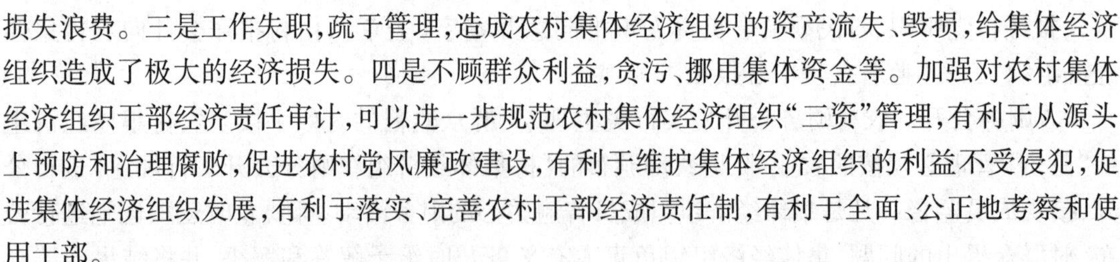

损失浪费。三是工作失职,疏于管理,造成农村集体经济组织的资产流失、毁损,给集体经济组织造成了极大的经济损失。四是不顾群众利益,贪污、挪用集体资金等。加强对农村集体经济组织干部经济责任审计,可以进一步规范农村集体经济组织"三资"管理,有利于从源头上预防和治理腐败,促进农村党风廉政建设,有利于维护集体经济组织的利益不受侵犯,促进集体经济组织发展,有利于落实、完善农村干部经济责任制,有利于全面、公正地考察和使用干部。

3)农村集体经济组织干部经济责任审计的对象

农村集体经济组织干部经济责任审计的对象是村党支部书记、村民委员会主任、农村专业合作社法人。

4)农村集体经济组织干部经济责任审计的内容

农村集体经济组织干部经济责任审计的重点是:对审计对象在任期内履行经济职责、作出重大经济事项决策、重大投资项目管理和建设、贯彻执行国家经济政策法规、个人遵守财经纪律和廉政规定情况以及相关财务收支的真实性、合法性、效益性等内容进行审计。

(1)经营与管理方面

①对农村经济发展经营方针决策,各项计划目标和投资方案的经济性、合理性和可行性的审计,对这些进行审计,可以推断决策者的预见性、民主议事、综合分析能力和在市场经济环境下把握经营方向的水平。

②对被审干部的管理素质和管理水平的审计。

③对经营活动中人力、物力、财力等资源利用(节约或浪费)的审计。

④对经营成果和财务成果等效益实现程度及影响因素进行的审计。

(2)执行财经法纪方面

①各项收入是否及时、足额入账。

②有无侵占、挪用、私分集体资金和私设"账外账"或"小金库"等问题。

③有无滥用职权侵占、挪用、平调集体资产的问题。

④是否存在未按民主程序,私下交易变卖资产、资源等问题。

(3)农村经济责任目标方面

①任期内农民人均纯收入等经济指标是否增长。

②农村基础设施建设目标是否完成。

③农村集体资产是否增值和债务是否下降。

④财务管理、资产管理和民主理财等内部控制制度是否健全等。

(4)社会责任方面

主要被审计对象是否片面追求经济效益和自身的利益,有无忽视长远利益和社会利益,浪费资产、资源以及不遵守环保规定的问题。

(5)群众关注的热点问题

①集体资产处置方面。主要审计农村集体企业改制、村组合并过程中集体资产的处置情况,有无非法转让、转卖和侵吞集体资产的行为等。

②债权、债务管理方面。主要审计举债是否经村民代表大会讨论;是否按规定的审批程序办理;是否存在以兴办公益事业为由擅自高息借款;是否擅自为企业贷款提供担保、抵押,导致新增债务;是否借债进行达标升级活动。

③土地发包、承包方面。主要审计"四荒"等资源的发包是否采取招标、拍卖、租赁、参股和公开协商等方式,是否签订规范的承包合同;村级基建工程建设是否公开招标,有无"人情"承包和"以权"承包等。

④专项资金管理方面。主要审计上级划拨或接受社会捐赠的资金和物资的管理、使用情况;土地补偿费管理、使用情况;农村集体资产处置资金是否用于偿还村级债务、专款专用;粮食直补等惠农补贴资金的发放情况等。

⑤财务公开方面。主要审计财务公开是否全面、真实、及时、规范;村内"一事一议"筹资筹劳的程序是否规范,资金收取是否超标准、超范围,有无乱摊派乱收费,以及资金的使用情况等。

同时,各地可根据实际情况,对当地党委、政府和农民群众要求审计的其他热点问题进行审计。

对审计结果,审计机构要做出审计结论,并督促整改纠正存在的问题。有关行政主管部门要针对审计中发现的普遍性、多发性、倾向性问题,制订和完善农村集体经济组织"三资"管理制度。

3.6.3 农村集体经济组织"三资"的网络监管

近年来,全国不少地方为了提高工作效率,强化农村集体经济组织"三资"管理,积极推行农村集体经济组织"三资"网络化监管,并取得了一定的成效。农村集体经济组织"三资"网络监管平台包括农村集体经济组织"三资"信息管理平台、农村集体经济组织"三资"网络监管平台。

1)农村集体经济组织"三资"信息管理平台

(1)账务资金管理

①账务处理。包括会计科目设置、凭证处理、记账结账、账簿管理、报表管理等功能。支持反记账、反审核、凭证修改、批量审核、批量记账等。能自动生成各类财务报表,能进行便捷查询、汇总功能。

②财务公开。财务公开包括财务收支公开榜、经济往来公开榜、收益分配公开榜、财务计划公开榜、集体资产公开榜、集体负债公开榜、现金收支明细表、银行收支明细表、财务收支明细表、债权明细表、债务明细表、管理费用公布表、"一事一议"资金明细表、专项应付款明细表、应付福利费明细表、应收应付明细表;并且支持自定义科目公开。

③预算管理。通过预算管理中的预算项目、列支定义、核算关系进行预算报表编制,通过预算审核后生成预算完成分析、预算列支报表、预算被列支报表,通过预算管理可以有效地控制各项支出。

④出纳管理。出纳管理员可以按不同单位录入各单位现金日记账和银行存款日记账,可以根据银行存款日记账生成银行存款积数查询、利息计算与分配、现金余额表、银行存款

余额表;并且有支票管理功能。

⑤人事管理。提供完备的人事档案管理,人员增加、调动、删除及其他等操作。

⑥工资管理。通过对各模块的系统设置,对工资项目的基础资料的定义录入,方便快捷自动生成工资表。

(2)资产管理

①固定资产管理。包括资产分类、资产变动方式管理、资产维护、资产汇总及明细台账等功能。系统预安装资产分类,用户也可以根据实际情况进行添加、修改和删除。

②资产合同管理。资产经济合同包括对合同类型、承包方类型、承包方资料及对资产经济合同的录入、审核、履行和合同到期查询。

③集体资产公开。自动生成集体资产明细台账,便于集体资产的公开透明。

④资产招标管理。资产招标管理实现对资产招标及中标各类信息的登记管理。

⑤重大建设项目管理。有重大建设项目产生时,在此提交申请,上级主管部门审核通过后,方可进行重大建设项目合同的录入、审核、履行。

(3)资源管理

①资源管理。系统预安装资源分类,用户也可以根据实际情况进行添加、修改和删除;可以自动生成资源的汇总报表及明细台账。

②资源合同管理。资源经济合同包括对合同类型、承包方类型、承包方资料及对资产经济合同的录入、审核、履行和合同到期查询,自动生成资产经济合同报表。

③集体资源公开。自动生成集体资源明细台账、已承包集体资源明细台账,便于集体资源的公开透明。

④资源招标管理。资源招标实现对资源招标及中标各类信息的登记管理。

2)农村集体经济组织"三资"网络监管平台

(1)农村集体经济组织"三资"信息查询

①财务公开查询。财务公开表自动取数、财务公开表自动生成、财务公开查询等功能。

②凭证明细查询。对各单位的凭证汇总表查看、每个会计期间以及任意一个年度时间段内的凭证进行查看。

③资产明细查询。对各单位的资产明细情况进行查询。可以自动生成资产的汇总报表及资产明细台账。

④资源明细查询。对各单位的资源明细情况进行查询,可以进行资源的详细信息登记管理,可以自动生成集体资源汇总报表及集体资源明细台账。

(2)资金监管分析

①会计科目汇总管理。对多个村的会计科目数据进行实时查询。

②常用报表汇总管理。汇总查询多个单位的会计报表;可以选择几个单位进行报表汇总。

③资金账务监管查询。资金账务监管条件设置好后,选择此前设置的监控条件来进行监控。

④账套未结账监管。对到期没有结转的账套进行监管。

(3)资产监管分析

①资产公开汇总管理。对本单位的各下级单位的资产每个月按类别进行汇总查看。

②资产公开明细管理。对本单位的各下级单位的资产明细情况进行公开。

③资产余额汇总管理。对本单位的各下级单位的资产余额情况进行汇总。

④资产出租管理。对本单位的各下级单位的资产出租情况进行汇总。

⑤资产合同履约管理。对本单位的各下级单位的资产合同履约情况进行汇总。

⑥资产合同到期监管。对本单位的各下级单位的资产合同到期情况进行汇总。

⑦资产变动监管查询。对本单位的各下级单位的资产变动按照此前设置的条件进行查询。

(4)资源监管分析

①资源公开汇总管理。对本单位的各下级单位的资源情况进行汇总。

②资源公开明细管理。对本单位的各下级单位登记的所有集体资源明细情况进行分类显示。

③资源合同交款管理。依据经济合同每笔合同履行金额,自动生成资源合同执行情况,已缴纳合同金额等。

④资源合同欠款管理。依据经济合同每笔合同履行金额,自动生成资源合同执行情况,欠款金额等。

⑤资源汇总分析。对本单位的各下级单位的资源情况进行汇总分析。

⑥资源合同到期监管。对本单位的各下级单位的资源合同到期情况进行监管。

(5)财务监管分析

①债权监管。对本单位的各下级单位的债权类科目进行查询汇总分析。

②债务监管。对本单位的各下级单位的债务类科目进行查询汇总分析。

③往来账监管。对本单位的各下级单位的往来类科目进行查询汇总。

④财务指标分析。实现对各个农村集体组织的集体财务信息进行各类财务经济指标分析。

(6)预算监控

预算监控,可实现对预算项目、列支定义、核算关系进行编制预算报表,通过预算审核后生成预算完成分析、预算列支报表、预算被列支报表,通过预算管理可以有效地控制各项支出。

本章小结

农村集体经济组织“三资”是农村集体经济组织资金、资产和资源的简称,是农村集体经济组织成员长期劳动积累和入股所形成的共有财富,属于集体性质,归该集体经济组织全体成员共同所有,受国家法律保护,任何单位和个人不得侵占、平调和挪用。

农村集体资金、资产、资源属于农村集体经济组织全体成员共同所有,是发展农村经济和实现农民共同富裕的重要物质基础。在统筹城乡发展和推进城市化、工业化过程中,农村集体经济组织“三资”管理工作面临许多新情况、新问题。新时期加强农村集体经济组织“三资”管理具有十分重要的意义。

农村集体经济组织的“三资”管理包括了资产的清查、对收入与支出的核算、对“三资”的处置与购置管理、招投标管理、经济合同管理等内容。

案例　“三瓣印章”杜绝乱花钱

在××县社区，有一个有趣的现象，社区民主理财小组的印章被切分成3瓣，3位理财小组成员各拿一瓣：纪××手上的印章刻着“××镇民主”5个字；饶××手上的印章刻着“竹林理财”4个字；黄××手上的印章刻着“咀社区小组”5个字。把3瓣合起来，正好是“××镇竹林咀社区民主理财小组”。

3位理财小组成员来自不同的村民小组，黄××说：“村里的每一项开支，如果有1个人不同意，那就拼不成一个完整的章，也就没办法报销了。”

村民之所以这么理直气壮，是因为该县新的村级会计代理服务中心彻底改变了过去“村账乡管”的做法，政府部门通过新建的平台对村账的监督落到了实处。过去报销单据只要有村民理财小组的1个人签字就可以报，现在必须是3个人签字，扮演的不仅仅是“账房先生”的角色，更重要的是对村财务进行监督，凡不符合规定的可拒绝报销；过去花多少钱村干部说了算，现在村里开支超过1万元的，要向乡镇纪委写申请报告，接受纪检部门的事前监督。

现在每个村的每一笔账目，不仅在乡镇财政所的计算机上一目了然，县财政局也能实时进行监控，而且还与县委书记、县长、县纪委书记的计算机联网，他们打开计算机就可以查到。

在社区档案室有3本台账：《债权债务认定台账》《资产清理台账》《资源清理台账》。每一本台账上都盖上了村民主理财小组和村民委员会公章，村里的债权、债务、资产、资源情况分类记录得清清楚楚。黄××说，今后，村干部动用村里一分一厘、一草一木，都将记录在册。

“过去，我们当了很多年的村民代表，村里有哪些资产、哪些企业都不清楚，经过清理，我们才知道村里农贸市场、超市等每年的收入一共有40多万元，现在这些收入全部公示在村委会外面的公示墙上，民主理财才真正看得见、摸得着。”另一位理财小组成员纪××说。

该县农村财务管理过去存在很多问题，如“包包账”“断头账”，白条做账，甚至无账无据，收和支都由村干部说了算，民主理财也落了空，现在这些都已经成为历史。

案例分析与讨论题

1. ××镇竹林咀社区“三瓣印章”的做法对于农村集体经济组织“三资”管理有什么帮助？
2. 结合“三瓣印章”的做法谈谈你对农村集体经济组织“三资”民主管理的看法。

第 4 章　农民专业合作社会计

学习目标

- 了解农民专业合作社会计的相关基本概念、相关会计制度等问题，对农民专业合作社会计有总体认识。
- 了解农民专业合作社资产、负债、所有者权益、盈余以及盈余分配的相关核算方法。
- 掌握农民专业合作社相关的会计核算。

知识点

农民专业合作社会计；资产的核算；负债的核算；所有者权益的核算；盈余以及盈余分配的核算

案例导入

农民合作社会计制度制定过程

2007 年 1 月，制度起草工作正式开始。1 月中旬，在北京召开第一次制度起草座谈会，确定制度起草基本思路。合作社会计制度以《中华人民共和国农民专业合作社法》为基础，参考《小企业会计制度》《村集体经济组织会计制度》《浙江省农民专业合作社会计核算办法》等，分别制定合作社会计制度和合作社财务制度。

2007 年 2 月初，制度第一稿完成，设置 66 个会计科目，包括对税收方面的核算。在赴广东、海南调研中发现：制度适用对象与使用对象间存在矛盾；制度过于复杂，会计人员专业能力同完全执行制度存在不小的差异；不希望出现涉税会计科目。

2007 年 3 月，在北京召开第二次制度起草座谈会，全国人大农委和四川、陕西、江苏、浙江、甘肃等省经管系统同志参加。明确：制度必须体现农民专业合作社的特点；制度要有利于合作社的发展和规范；制度要实现规范性、通俗性和可操作性统一。

2007 年 4 月中旬，相关人员赴重庆、四川再次调研，5 月底，制度初稿基本形成。

2007 年 5 月，在北京召开第三次制度起草座谈会，全国人大农委、财政部会计司、财政部税政司参加。确定制度起草基本思路不变，以《村集体经济组织会计制度》为基础，会计制度与财务制度合并。

2007 年 5 月，制度征求意见稿下发全国财政系统、农业系统和相关部委征求意见。

2007 年 9 月，20 个省提出意见，与财政部共同座谈，逐条讨论。进一步明确：税收问题待与国家税务总局协商后确定；部门职能分工待两部委协商后确定；科目名称尽量体现合作社特点;合作社合并、分立、清算待调研后定。

2007年10月,在北京召开第四次制度起草座谈会,全国人大农委、财政部、国家税务总局和部分省农经系统同志参加,最后明确:制度中不体现涉税科目;待国家税收优惠政策出台后,如有需要再行补充(共有科目37个);财政部、农业部职责分工延用《村集体经济组织会计制度》表述方法;合作社合并、分立、清算相关内容待制度出台后,单独补充说明;尽快以财政部文件下发制度。

2007年12月,《农民专业合作社财务会计制度(试行)》正式由财政部印发,2008年1月1日起施行。

4.1 农民专业合作社基础知识

改革开放以来,党中央确立了在农村的基本经营制度,即以家庭联产承包经营为基础,统分结合的双层经营体制,农户的市场经营主体地位因此确立。但是,由于经营规模小、应对自然风险和市场风险的能力弱,农户在商品生产和经营中遇到很多困难,因此,组织起来共同面对市场风险成为市场经济体制下分散经营的农民的必然选择。其中,受到农民群众普遍欢迎的一种十分重要的组织形式是农民专业合作社。

农民专业合作社是在农村家庭承包经营基础上,同类农产品的生产经营者或者同类农业生产经营服务的提供者、利用者,自愿联合、民主管理的互助性经济组织。农民专业合作社以其成员为主要服务对象,提供农业生产资料的购买,农产品的销售、加工、运输、贮藏以及与农业生产经营有关的技术、信息等服务。

4.1.1 农民专业合作社会计制度

为了规范农民专业合作社的会计工作,2008年1月1日起实施的《农民专业合作社财务会计制度(试行)》从总则、会计核算的基本要求、会计科目、会计报表以及会计凭证、会计账簿和会计档案5个方面规范了农民专业合作社财务以及会计核算工作。农民专业合作社应当按照国家制定的财务会计制度进行核算,这是对农民专业合作社财务工作的基本要求。

4.1.2 农民专业合作社会计科目的设置

会计科目是按照经济业务的内容和经济管理的要求,对会计要素的具体内容进行分类核算的科目。农民专业合作社在日常核算中应主要设置的科目见表4.1。

表4.1 会计科目表

顺序号	科目编号	科目名称
一、资产类		
1	101	库存现金
2	102	银行存款
3	113	应收款

续表

顺序号	科目编号	科目名称
4	114	成员往来
5	121	产品物资
6	124	委托加工物资
7	125	委托代销商品
8	127	受托代购商品
9	128	受托代销商品
10	131	对外投资
11	141	牲畜(禽)资产
12	142	林木资产
13	151	固定资产
14	152	累计折旧
15	153	在建工程
16	154	固定资产清理
17	161	无形资产
二、负债类		
18	201	短期借款
19	211	应付款
20	212	应付工资
21	221	应付盈余返还
22	222	应付剩余盈余
23	231	长期借款
24	235	专项应付款
三、所有者权益类		
25	301	股金
26	311	专项基金
27	321	资本公积
28	322	盈余公积
29	331	本年盈余
30	332	盈余分配
四、成本类		
31	401	生产成本

续表

顺序号	科目编号	科目名称
五、损益类		
32	501	经营收入
33	502	其他收入
34	511	投资收益
35	521	经营支出
36	522	管理费用
37	529	其他支出

《农民专业合作社财务会计制度(试行)》还规定:合作社在经营中涉及使用外埠存款、银行汇票存款、银行本票存款、信用卡存款、信用证保证金存款等各种其他货币资金的,可增设“其他货币资金”科目(科目编号109);合作社在经营中大量使用包装物,需要单独对其进行核算的,可增设“包装物”科目(科目编号122);合作社生产经营过程中,有牲畜(禽)资产、林木资产以外的其他农业资产,需要单独对其进行核算的,可增设“其他农业资产”科目(科目编号149),参照“牲畜(禽)资产”“ 林木资产”进行核算;合作社需要核算分年摊销费用的,可增设“长期待摊费用”科目(科目编号171)。

4.2 农民专业合作社资产的核算

4.2.1 农业资产的计价

1)农业资产概述

合作社的农业资产包括牲畜(禽)资产和林木资产,主要包括幼畜及育肥畜、产畜及役畜(包括禽、特种水产等)、经济林木和非经济林木等。

农业资产具有与其他资产不同的生物特征,其主要表现在以下几个方面:生物转化性和自然增值性;生长周期性;多样性;地域差异性;提供副产品的特性;附着物不可分割性;双重资产特性;未来经济利益不确定性等特征。

2)农业资产的计价基础

合作社农业资产价值构成与其他资产的价值构成有明显差别,主要体现在生物的成长期间增加了农业资产价值,农业资产一般按以下3种方法计价。

(1)原始价值

原始价值指购入农业资产的买价及相关税费的总额,是实际发生并有支付凭证的支出。如果是自产幼畜,则为相关期间的生产成本。

(2)饲养价值、管护价值和培植价值

饲养价值是指幼畜及育肥畜成龄前发生的饲养费用;管护价值是指经济林木投产后发

生的管护费用;培植价值是指经济林木投产前及非经济林木郁闭前发生的培植费用。

(3)摊余价值

摊余价值指农业资产的原始价值加饲养价值或培植价值减去农业资产的累计摊销后的余额。摊余价值反映农业资产的现有价值。

3)农业资产计价原则

农业资产具有特殊的生物性,其价值随着生物的出生、成长、衰老、死亡等自然规律和生产经营活动不断变化。为适应这一特点,合作社会计制度规定了农业资产的计价原则,如下所述。

①购入的农业资产按照买价及相关的税费等计价。

②幼畜及育肥畜的饲养费用、经济林木投产前的管护费用和非经济林木郁闭前的培植费用按实际成本计入相关资产成本。

③产役畜、经济林木投产后,应将其成本扣除预计残值后的部分在其正常生产周期内按直线法分期摊销,预计净残值率按照其成本的5%确定。

④已提足折旧但未处理仍然继续使用的产役畜、经济林木不再摊销。

⑤农业资产死亡毁损时,按规定程序批准后,依实际成本扣除应由责任人或者保险公司赔偿的金额后的余额,计入其他支出。

4.2.2　牲畜(禽)资产的核算

牲畜(禽)资产是指合作社农业资产中的动物资产。主要有幼畜及育肥畜、产畜及役畜等(包括特种水产)。与产品物资不同,牲畜(禽)资产具有下述特点。

①牲畜(禽)资产按用途可以分为两类:一是用于产仔、产奶、更添、运输的种猪、奶牛、黄牛、役马等产畜或役畜,简称"产役畜";二是出于养育阶段,用于转为"产役畜"或对外出售的"幼畜及育肥畜"。产役畜属于劳动手段性质的生产性动物资产,幼畜及育肥畜属于劳动对象性质的消耗性动物资产。

②牲畜(禽)资产必须处于活体才具有提供收益的能力,所以要根据其生物特性和生长发育规律发生各种饲养费用,而饲养费用的核算又有区别:为幼畜及育肥畜发生的饲养费用计入幼畜及育肥畜成本,为产役畜发生的饲养费用则计入经营支出。

③幼畜及育肥畜的账面价值与产役畜的账面价值的稳定性不同。

④牲畜(禽)资产内部存在转化情况,如幼畜成龄后可以转为产役畜,由劳动对象转为劳动手段;产畜或役畜淘汰转为育肥畜,则由劳动手段转为劳动对象。

⑤牲畜(禽)资产不仅用于耗费、使用,还可以对外出售、对外投资,而且具有生老病死的规律性。

为全面反映和监督合作社牲畜(禽)资产的情况,合作社应设置"牲畜(禽)资产"账户进行核算。该账户的借方登记因自产、购买、接受投资、接受捐赠等原因而增加的牲畜(禽)资产的成本,以及幼畜及育肥畜的饲养费用;贷方登记因出售、对外投资、死亡毁损等原因而减产的牲畜(禽)资产的成本,以及产役畜的成本摊销;期末余额在借方,反映合作社幼畜及育肥畜和产役畜的账面余额。本账户应设置"幼畜及育肥畜""产役畜"两个二级账户,并按牲

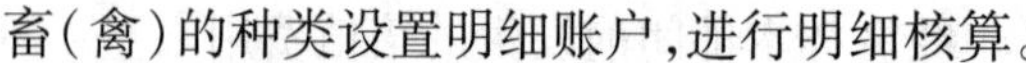

畜(禽)的种类设置明细账户,进行明细核算。

1)牲畜(禽)资产增加的核算

牲畜(禽)资产的增加应按照实际成本计价。不同来源的牲畜(禽)资产,计价内容也有所不同。

(1)购入的牲畜(禽)资产

合作社购入的牲畜(禽)资产,按购买价格、运输费、保险费以及其他可直接归属于购买牲畜资产的相关税费,作为实际成本。借记"牲畜(禽)资产——幼畜及育肥畜"账户,贷记"库存现金""银行存款"等账户。

(2)投资者投入的牲畜(禽)资产

合作社按确认的价值,记入"牲畜(禽)资产"账户借方,按投资各方确认的股金份额确认"股金"账户贷方,按二者差额,记入"资本公积"账户。

(3)接受捐赠的牲畜(禽)资产

合作社接受捐赠的牲畜(禽)资产,按所附发票金额加上实际发生的运输费、保险费等作为入账价值,记入"牲畜(禽)资产"账户借方,同时记入"专项基金"账户贷方。

(4)自产的牲畜(禽)资产

自产牲畜(禽)资产的增加,主要是幼畜及育肥畜在成长过程中,由于支付饲养费用而得到的增加额。至于幼畜成熟转为产役畜,并没有增加牲畜(禽)资产的总量,因而不应列为牲畜(禽)资产的增加内容。发生幼畜及育肥畜饲养费用时,借记"牲畜(禽)资产——幼畜"账户,按照发生饲养费用的内容和金额,贷记"产品物资""应付工资"等账户。

【例4.1】生猪合作社饲养母猪,2016年2月产仔10头。其整个生产期间饲养工资200元,饲料费用600元。新生产小猪防疫等费用500元,已现金支付。

借:经营支出　　800

　贷:产品物资　　600

　　应付工资　　200

借:牲畜(禽)资产——幼畜——猪　　500

　贷:库存现金　　500

2)牲畜(禽)资产饲养费用的核算

《农民专业合作社财务会计制度(试行)》规定,牲畜(禽)资产的饲养费用要区分以下两种处理方法:一是幼畜及育肥畜的饲养费用资本化,增加牲畜(禽)资产值;二是产役畜的饲养费用作为当期费用,计入经营支出。

(1)幼畜及育肥畜的饲养费用

幼畜及育肥畜的饲养费用要予以资本化,记入"牲畜(禽)资产"账户借方,同时记入"产品物资""应付工资"等账户贷方。

(2)产役畜的饲养费用

合作社产役畜的饲养费用,不再增加牲畜资产的价值,而是增加当期费用。按实际发生的费用记入"经营支出"账户借方,同时记入"应付工资""产品物资"等账户的贷方。

3）牲畜（禽）资产转换的核算

牲畜（禽）资产的转换，是指幼畜及育肥畜与产役畜之间的转换，即幼畜成龄转为产畜或役畜，产畜或役畜淘汰转为育肥畜。幼畜成龄转为产畜或役畜时，按照幼畜的账面价值，借记"牲畜（禽）资产——产役畜"账户，贷记"牲畜（禽）资产——幼畜及育肥畜"账户；产畜或役畜淘汰转为育肥畜时，按照被淘汰产役畜的账面价值，借记"牲畜（禽）资产——幼畜及育肥畜"账户，贷记"牲畜（禽）资产——产役畜"账户。

【例4.2】2016年12月31日，养牛合作社5头幼牛已成龄，转为役畜，预计可使用10年，幼牛买入价6 000元，饲养费用6 000元。

幼牛的成本=6 000+6 000=12 000（元）

借：牲畜（禽）资产——产役畜——役畜——牛　　　　12 000

　贷：牲畜（禽）资产——幼畜及育肥畜——幼畜——牛　　　　12 000

幼畜转为产役畜后发生的饲养费用，不再资本化，作为当期费用。

4）产役畜成本摊销的核算

产役畜作为生产性的成年动物，可以参加1年以上的生产活动，具有多年生产能力，能够提供多年产仔、产奶、耕田或畜力运输等服务，使合作社获得多年的相关收入。因此，其成本应在产役畜预计具有生产能力的年限内平均摊销，这一摊销也是产役畜价值的折耗，已提足折耗但仍继续使用的产役畜，不再摊销。其摊销的计算公式为：

$$\text{某产役畜年度摊销成本}=\frac{\text{该产役畜账面成本}-\text{该产役畜预计净残值}}{\text{该产役畜正常生产年数}}$$

上式中，预计净残值是指产役畜淘汰时，预计可出售的价值减去有关出售费用后的净收入，或转为育肥畜的价值，通常按照产役畜成本的5%确定；产役畜的正常生产年数按照其生产周期确定。

经上述确定的产役畜摊销成本，在摊销时借记"经营支出"账户，贷记"牲畜（禽）资产——产役畜"账户。产役畜的账面价值将随着摊销额的增加而不断减少。

【例4.3】接上题，2017年1月，合作社开始摊销成龄奶牛的成本，此时奶牛成本12 000元，预计可使用8年。

奶牛成本的月摊销额计算：

每年应摊销的金额=12 000×（1-5%）÷8=1 425（元）

每月应摊销的金额=1 425÷12=118.75（元）

借：经营支出　　　　118.75

　贷：牲畜（禽）资产——产役畜——役畜——奶牛　　　　118.75

5）牲畜（禽）资产处置的核算

牲畜（禽）资产的处置主要包括对外出售、对外投资、死亡与毁损等情况。根据减少的原因与结果，减少时，借记"现金""银行存款""应收款""经营支出""其他支出"等账户，贷记"牲畜（禽）资产"账户。

（1）牲畜（禽）资产出售的核算

牲畜（禽）资产的出售，一方面要确认营业收入，记入"库存现金""银行存款"等账户借方，同时记入“经营收入”账户贷方；另一方面要结转其实际成本，记入“经营支出”账户。

【例 4.4】2016 年 1 月合作社将育成的 50 头仔猪出售给天阳肉品厂，每头售价 600 元，货款暂欠，该批仔猪购买成本 10 000 元，饲养费用 14 000 元。

借：应收款——天阳肉品厂　　30 000

　贷：经营收入　　30 000

同时结转成本：

育肥畜（猪）的成本 = 10 000+14 000 = 24 000（元）

借：经营支出　　24 000

　贷：牲畜（禽）资产——幼畜及育肥畜——育肥畜——猪　24 000

(2) 牲畜（禽）资产对外投资的核算

合作社以牲畜（禽）资产对外投资时，按照投资各方的合同、协议确定的价值，借记“对外投资”等账户，贷记“牲畜（禽）资产”账户；合同、协议确定的价值大于牲畜（禽）资产账面价值的差额，贷记“资本公积”账户，合同、协议确定的价值小于牲畜（禽）资产账面价值的差额，借记“资本公积”账户。

【例 4.5】接上题，2016 年 2 月 1 日，合作社用 10 头役牛向阳光生态旅游区投资，双方已协商同意并签订了合同，该批役牛是 2016 年 1 月 1 日由幼畜转役畜，成本 12 000 元，预计可使用 8 年。

首先计算投资时 10 头役牛的账面价值：

已摊销成本 = 12 000×(1-5%) ÷8 = 1 425（元）

1 425÷12 = 118.75（元）

役牛成本 = 12 000-118.75 = 11 881.25（元）

双方协议每头役牛 1 300 元，则：

借：对外投资——阳光生态旅游区　　13 000

　贷：牲畜（禽）资产——产役畜——役畜——牛　　11 881.25

　　资本公积　　1 118.75

双方协议每头役牛 1 100 元，则：

借：对外投资——阳光生态旅游区　　11 000

　资本公积　　881.25

　贷：牲畜（禽）资产——产役畜——役畜——牛　　11 881.25

双方协议役牛的价格为 11 881.25 元，则：

借：对外投资——阳光生态旅游区　　11 881.25

　贷：牲畜（禽）资产——产役畜——役畜——牛　　11 881.25

(3) 牲畜（禽）资产死亡毁损的核算

牲畜（禽）资产死亡与毁损时，按照规定程序批准后，如有残值变现，按照变现金额借记“库存现金”等账户，按过失人及保险公司应赔偿的金额，借记“成员往来”“应收款”等账户，如果其账面价值小于变现残值和过失人及保险公司应赔偿的金额，属于净损失，借记“其他支出”账户，反之则属于净收益，贷记“其他收入”账户，按照牲畜（禽）资产的账面价值，贷记

“牲畜(禽)资产”账户。

【例4.6】某生猪合作社因饲养人员疏忽,致使一头母猪死亡,母猪账面价值为2 000元,按规定保险公司赔偿1 200元,经批准,由饲养人员赔偿400元,其他列支出。

做两笔会计分录:

借:应收款——保险公司　　1 200
　成员往来——饲养员　　400
　其他支出　　400
　贷:牲畜资产——产役畜——猪　　2 000

收到保险公司赔付款项时:

借:银行存款　　1 200
　贷:应收款——保险公司　　1 200

4.2.3 林木资产的核算

林木资产是指合作社农业资产中的植物资产,主要包括经济林木和非经济林木,其会计核算与牲畜(禽)资产的会计核算基本相似。

为全面监督合作社林木资产的情况,合作社应设置“林木资产”账户进行核算。该账户的借方登记因购买、营造、接受捐赠等而增加的林木资产的成本,以及经济林木投产前、非经济林木郁闭前的培植费用;贷方登记因出售、对外投资、死亡毁损等原因而减产的林木资产的成本,以及经济林木的成本摊销;期末余额在借方,反映合作社购入或营造的林木资产的账面余额。本账户应设置“经济林木”“非经济林木”两个二级账户,并按林木的种类设置明细账户,进行明细核算。

现行制度规定,购入或营造的经济林木投产前、非经济林木郁闭前发生的培植费用,予以资本化,增加受益林木资产的成本价值;合作社经济林木投产之后发生的管护费用,按收入费用配比原则,不再记入“林木资产”账户,而是记入“经营支出”账户借方,同时记入“应付工资”“产品物资”等账户贷方。非经济林木郁闭后发生的管护费用,为避免过度资本化积累风险,记入“其他支出”借方。

1)林木资产增加的核算

(1)购入的林木资产

合作社购入经济林木时,按购买价及相关税费,借记“林木资产”账户,贷记“库存现金”“银行存款”“应付款”等账户。

【例4.7】2016年年初,绿源合作社从某林场购入梨树苗500棵植入果园,价款10 000元,购入杨树苗200棵种植于道路两旁,价款5 000元。以上树苗全部用银行存款支付。

借:林木资产——经济林木——梨树　　10 000
　　　　——非经济林木——杨树　　5 000
　贷:银行存款　　15 000

(2)营造的林木资产

合作社营造的经济林木投产前发生的培植费用,借记“林木资产”账户,贷记“应付工资”“产品物资”“库存现金”“应付款”等账户。

(3)接受捐赠的林木资产

合作社接受捐赠林木资产时,按所附发票价格作为林木资产的原始价值,借记“林木资产”,贷记“专项基金”。

2)林木资产培植费用的核算

购入或营造的经济林木投产前、非经济林木郁闭前发生的培植费用,予以资本化,按实际发生的费用,记入“林木资产”账户借方,同时记入“产品物资”“应付工资”等账户贷方。

【例4.8】2016年,合作社培植梨树支付了2 000元的临时工人工资,使用了1 000元的农药;培植杨树用现金支付了水费400元,应付临时工的护林费1 200元;培植枇杷树应付合作社工人工资8 000元,施用4 000元肥料。

梨树投产前发生的培植费用,计入梨树的成本,会计分录为:

借:林木资产——经济林木——梨树　　3 000

　贷:库存现金　　2 000

　　产品物资——农药　　1 000

杨树发生的培植费用,计入杨树的成本,会计分录为:

借:林木资产——非经济林木——杨树　　1 600

　贷:库存现金　　400

　　应付款　　1 200

枇杷树投产前发生的培植费用,计入枇杷树的成本,会计分录为:

借:林木资产——经济林木——枇杷树　　12 000

　贷:应付工资　　8 000

　　产品物资——肥料　　4 000

以后每年发生的培植费用都做同样的账务处理。

3)林木资产管护费用的核算

(1)经济林木投产后发生的管护费用

合作社经济林木投产后发生的管护费用,不再记入“林木资产”,而是借记“经营支出”科目,贷记“应付工资”“产品物资”等科目。

【例4.9】2016年7月,合作社营造的10亩枇杷树开始投产,预计可以正常生产枇杷5年。投产后发生管护人员工资1 500元、农药支出500元、肥料支出3 500元、其他物资支出1 000元。

借:经营支出　　6 500

　贷:产品物资——农药　　500

　　　　　——肥料　　3 500

　　　　　——其他　　1 000

　　应付工资　　1 500

(2)非经济林木郁闭后发生的管护费用

合作社非经济林木郁闭后发生的管护费用,不再记入本科目,借记“其他支出”科目,贷记“应付工资”“产品物资”等科目。

【例 4.10】2016 年年末，当年种植的杨树郁闭。2017 年 1 月，合作社用现金支付已经郁闭杨树的管护费用 300 元。

借：其他支出　　300

　　贷：库存现金　　300

非经济林木长成郁闭时，不需要进行会计核算。但由于郁闭前和郁闭后其发生费用的会计核算方法不同，需要在有关备查簿中对郁闭时点及相关事项登记备查。

4）经济林木成本摊销的核算

合作社经济林木投产后，应将其成本扣除预计残值后的部分在其正常生产周期内按直线法分期摊销，预计残值按照产役畜、经济林木成本的 5% 确定。借记“经营支出”科目，贷记本科目（经济林木）。

【例 4.11】2016 年 8 月，合作社开始摊销枇杷树的成本，假设枇杷树的成本是 25 000 元。2017 年 2 月，合作社开始摊销梨树成本，假设梨树的成本是 13 600 元。

枇杷树成本月摊销额 = (13 000+12 000)×(1−5%)÷5÷12 = 395.83（元）

借：经营支出　　395.83

　　贷：林木资产——经济林木——枇杷树　　395.83

梨树成本摊销额 = (10 000+3 600)×(1−5%)÷5÷12 = 215.33（元）

借：经营支出　　215.33

　　贷：林木资产——经济林木——梨树　　215.33

5）林木资产处置的核算

（1）林木资产出售的核算

按规定程序批准后，林木采伐出售时，按照实现的销售收入，借记“库存现金”“银行存款”“应收款”等科目，贷记“经营收入”科目；同时，按照出售林木的实际成本，借记“经营支出”科目，贷记“林木资产”。

【例 4.12】2017 年 8 月，绿源合作社将投产的枇杷树出售，价款 30 000 元已收存银行；经批准，将用于道路防护的 200 棵杨树全部采伐出售，价款 7 000 元，已收存银行。

出售枇杷树的会计分录为：

借：银行存款　　30 000

　　贷：经营收入　　30 000

同时，结转枇杷树成本：

枇杷树的成本 = 25 000−395.83×12 = 20 250（元）

借：经营支出　　20 250

　　贷：林木资产——经济林木——枇杷树　　20 250

出售杨树的会计分录为：

借：银行存款　　7 000

　　贷：经营收入　　7 000

同时,结转杨树成本:

杨树成本=5 000(买入价)+1 600(培植费用)=6 600(元)

借:经营支出　　6 600

　贷:林木资产——非经济林木——杨树　　6 600

(2)林木资产对外投资的核算

以林木资产对外投资时,按照合同、协议确定的价值,借记"对外投资"科目,贷记本科目,合同或协议确定的价值与林木资产账面余额之间的差额,借记或贷记"资本公积"科目。

(3)林木资产死亡毁损的核算

林木死亡毁损时,按规定程序批准后,按照过失人及保险公司应赔偿的金额,借记"成员往来""应收款"科目,如发生净损失,则按照扣除过失人和保险公司应赔偿金额后的净损失,借记"其他支出"科目,按照林木资产的账面余额,贷记本科目;如产生净收益,则按照林木资产的账面余额,贷记本科目,同时按照过失人及保险公司应赔偿金额超过林木资产账面余额的金额,贷记"其他收入"科目。

4.2.4 固定资产的核算

1)固定资产增加的核算

(1)固定资产核算的账户设置

为了真实准确地反映合作社固定资产的原始价值、折旧和净值,在核算固定资产时,应设置"固定资产""累计折旧""在建工程"等账户。

(2)固定资产取得的核算

①购入的固定资产。合作社购入的固定资产,有的不需要安装可以直接投入使用,有的则需要安装才能投入使用。购入不需安装的固定资产,按实际支付的买价加采购费、包装费等记入"固定资产"账户的借方,同时记入"银行存款""应付款"等账户的贷方。

合作社购入需要安装的固定资产应根据实际支付的买价、包装运杂费和安装费,借记"在建工程",贷记"银行存款"科目,待安装完毕后,记入"固定资产"借方,同时记入"在建工程"贷方。

②自行建造的固定资产。

a. 自营工程。合作社自营工程主要通过设置"在建工程"科目进行核算,该科目核算合作社为在建工程所发生的各项实际支出,以及改扩建工程等转入的固定资产净值。为营建工程实际发生的各项支出记入"在建工程"账户的借方,工程完工验收合格后,按工程的实际成本,记入"在建工程"账户的贷方。

b. 出包工程。出包工程是指合作社以出包方式进行的自制、自建固定资产工程,工程的具体支出由承包单位核算。采用这种方式建造固定资产,合作社将与承包单位结算的工程价款作为工程成本,通过"在建工程"核算,此时,"在建工程"科目为合作社与承包单位的结算科目。

c. 改建、扩建的固定资产。改建、扩建固定资产的价值等于改建、扩建前原有固定资产的账面原值,加上由于改建、扩建而增加的支出,减去改建、扩建过程中发生的变价收入后的余额作为固定资产的原值。

【例4.13】兴业合作社为了扩大规模，决定将旧仓库改造成生产车间，该仓库原值1 000 000元，已计提折旧400 000元。扩建过程由合作社自己进行，用银行存款支付拆除费20 000元，收回材料变价收入10 000元，扩建承包给建筑公司，支付500 000元。

①旧仓库转入扩建时：

借：在建工程　　600 000
　累计折旧　　400 000
　贷：固定资产　　1 000 000

②支付拆除费时：

借：在建工程——出包工程　　20 000
　贷：银行存款　　20 000

③收到变价收入：

借：银行存款　　10 000
　贷：在建工程——出包工程　　10 000

④存款支付承包款时：

借：在建工程——出包工程　　500 000
　贷：银行存款　　500 000

⑤工程合格验收完毕：

借：固定资产　　1 110 000
　贷：在建工程——出包工程　　1 110 000

d. 投资者投入的固定资产。新投入的固定资产，按双方确认的价值记入固定资产的借方，按投资者拥有的份额，记入股金账户，按两者的差额记入资本公积账户。

e. 接受捐赠的固定资产。

f. 国家财政直接补助资金形成固定资产。合作社用其接受的国家财政直接补助资金，建造固定资产。在接受财政补助资金时，借记“银行存款”科目，贷记“专项应付款”科目；固定资产建造过程中发生的支出通过“在建工程”科目核算，待固定资产建造完成，交付使用时，将“在建工程”转入“固定资产”科目，同时，借记“专项应付款”科目，贷记“专项基金”科目。

2）固定资产折旧与修理的核算

（1）固定资产折旧的核算

固定资产折旧是指在固定资产使用寿命内，按照确定的方法对应计提的固定资产折旧额进行系统分摊。《农民专业合作社财务会计制度（试行）》规定，合作社必须建立固定资产折旧制度，按年或按季、按月提取固定资产折旧。一般来说，经济业务少的，可按年提取折旧；经济业务较多的，可按季或按月提取折旧。不论怎么计算，其所提折旧费应保证对固定资产损耗价值的补偿。

①固定资产折旧的概念。固定资产折旧是指固定资产因使用磨损而减少的价值。

②固定资产折旧的范围。

A. 合作社应计提折旧的固定资产。

a. 房屋和建筑物(不论是否使用)。

b. 在用的机械、机器设备、运输车辆、工具器具。

c. 季节性停用和大修理停用的固定资产。其中季节性使用的固定资产要在使用期内提足全年折旧。

d. 以融资租赁方式租入和以经营租赁方式租出的固定资产。

B. 不计提折旧的固定资产。

a. 房屋和建筑物以外的未使用、不需用的固定资产。

b. 以经营租赁方式租入和以融资租赁方式租出的固定资产。

c. 已提足折旧继续使用的固定资产。

d. 国家规定不提折旧的其他固定资产。

固定资产应当按月计提折旧,并根据用途分别计入相关资产的成本或当期费用。合作社在实际计提固定资产折旧时,当月增加的固定资产,当月不提折旧,从下月起计提折旧;当月减少的固定资产,当月仍提折旧,从下月起停止计提折旧。固定资产提足折旧后,不论能否继续使用,均不再提取折旧;提前报废的固定资产,也不再补提折旧。

处于更新改造过程中而停止使用的固定资产,因已经转入在建工程,不计提折旧,待更新改造项目达到预计可使用状态转为固定资产后,再按重新确定的折旧方法和尚可使用的年限计提折旧。

③影响固定资产折旧的因素。影响固定资产折旧的因素有 3 个:

a. 固定资产原值。

b. 预计使用年限或预计完成工作量。

c. 预计净残值。

④固定资产折旧计算方法。按照《农民专业合作社财务会计制度(试行)》规定,固定资产的折旧方法可在"平均年限法""工作量法"等方法中任选一种。折旧方法一经选定,不得随意变动。提取折旧时,可以采用个别折旧率,也可以采用分类折旧率或综合折旧率计提。

a. 平均年限法。平均年限法是将固定资产应计提的折旧额在固定资产使用年限内平均分摊的方法。这种方法也称直线法。其计算公式为:

固定资产年折旧额=(固定资产原值-预计净残值)÷预计使用年限

固定资产月折旧额=固定资产年折旧额÷12

b. 工作量法。工作量法是根据固定资产在其预计使用年限内可完成的工作总量(如运输车辆的总行驶里程)来计算折旧额的一种方法。计算公式为:

单位工作量折旧额=(固定资产原值-预计净残值)÷预计使用年限内可完成工作总量

某项固定资产的年(月)折旧额=该项固定资产当年(月)实际完成工作量×单位工作量折旧额

【例 4.14】圆圆合作社有设备 1 台,原值 63 000 元,预计可使用 30 000 小时,预计净残值 3 000 元,本月实际使用设备 500 小时。

每小时折旧额=(63 000-3 000)÷30 000=2(元)

月折旧额=500×2=1 000(元)

⑤固定资产折旧的核算。合作社生产经营用固定资产的折旧,记入“生产成本”账户的借方;管理用固定资产计提的折旧,记入“管理费用”账户的借方;公益性固定资产计提的折旧,记入“其他支出”账户借方。借记“生产成本”“管理费用”“其他支出”科目,贷记“累计折旧”科目。

(2)固定资产修理的核算

合作社的固定资产在使用过程中,各个零部件往往会发生不同程度的磨损或局部损坏。为了保证资产的正常运行,就要定期对固定资产进行修理,支付维修费用。生产经营用固定资产发生的修理费用记入“经营支出”账户借方;管理用固定资产发生的修理费用记入“管理费用”账户借方;公益性用途固定资产发生的修理费用记入“其他支出”账户的借方,同时,记入相关账户的贷方。

3)固定资产减少的核算

固定资产减少的核算是指因固定资产的实物形态消失或因所有权发生转移,而需注销账面原值,保持账实相符的情况。合作社在生产经营过程中,对不适用或不需用的固定资产,通过对外出售的方式进行处置;对由于使用而不断磨损直到最终报废,或由于技术进步等原因发生提前报废,或由于遭受自然灾害等非正常损失发生毁损的固定资产及时进行清理。另外,合作社以固定资产对外投资、发生固定资产盘亏等也会造成固定资产的减少。合作社对各种情况下的固定资产减少都要及时进行核算,加强管理。

固定资产减少的核算包括固定资产出售、报废、毁损,投资转出固定资产,捐赠转出固定资产,盘亏固定资产等,都可通过“固定资产清理”科目进行核算。本科目核算合作社因出售、捐赠、报废和毁损等原因转入清理的固定资产净值及其在清理过程中所发生的清理费用和清理收入。出售、捐赠、报废和毁损的固定资产转入清理时,按固定资产账面净值,借记本科目,按已提折旧,借记“累计折旧”科目,按固定资产原值,贷记“固定资产”科目。清理过程中发生的费用,借记本科目,贷记“库存现金”“银行存款”等科目;收回出售固定资产的价款、残料价值和变价收入等,借记“银行存款”“产品物资”等科目,贷记本科目;应当由保险公司或过失人赔偿的损失,借记“应收款”“成员往来”等科目,贷记本科目。清理完毕后发生的净收益,借记本科目,贷记“其他收入”科目;清理完毕后发生的净损失,借记“其他支出”科目,贷记本科目。本科目应按被清理的固定资产设置明细科目,进行明细核算。本科目期末余额,反映合作社转入清理但尚未清理完毕的固定资产净值,以及固定资产清理过程中所发生的清理费用和变价收入等各项金额的差额。

(1)出售、报废和毁损固定资产的核算

合作社对于出售、报废和毁损的固定资产核算要进行以下步骤:将出售、报废等固定资产转入清理;支付清理费用;确认收入和收回变价收入;过失人赔偿;结转清理净损益。

(2)投资转出固定资产的核算

投资转出的固定资产按照投资各方确认的价值或合同协议约定的价值记入“对外投资”账户借方,按已提折旧记入“累计折旧”账户借方,按固定资产原值记入“固定资产”账户贷方,按各方协议价和净值之间的差额记入“资本公积”账户。

(3)捐赠转出固定资产的核算

合作社将现有固定资产捐赠转出时,应首先通过“固定资产清理”科目,对捐出固定资产的账面价值、发生的清理费用及应交纳的相关税费等进行核算,捐赠项目完成后,再将“固定资产清理”科目的余额转入“其他支出”科目,借记“其他支出”科目,贷记“固定资产清理”科目。

(4)盘亏固定资产的核算

合作社在财产清查中盘亏的固定资产,应查明原因。按已提折旧额借记“累计折旧”科目,按其原价贷记“固定资产”科目,按其原价扣除累计折旧、过失人及保险公司赔款后的差额借记“其他支出”科目。

4.2.5 固定资产租赁的核算

1)固定资产租出的核算

合作社的固定资产在闲置、不需用时可能会出租或者发包出去赚取租金,以发挥固定资产的最大效能,出租是为了赚取租金,其只是使用权发生转移,所有权并无转移,租赁期满后,还要归合作社所有。合作社在出租固定资产收到租金时,记入“应收款”“成员往来”等账户的借方,同时记入“其他收入”账户贷方,并按期计提固定资产折旧。

【例4.15】圆圆合作社将不使用的机器设备对外出租。租赁合同规定,租期2年,年租金6 000元,年初付租金。该设备年折旧额为4 000元。

签订合同时:

借:应收款	6 000	
贷:其他收入		6 000

提取折旧时:

借:其他支出	4 000	
贷:累计折旧		4 000

收到租金时:

借:库存现金	6 000	
贷:应收款		6 000

2)固定资产租入的核算

租赁,是指在约定的期间内,出租人将资产使用权让与承租人,以获取租金的协议。合作社租入的固定资产按照租赁期满后固定资产的所有权是否转移可分为经营租赁和融资租赁两种。

(1)经营租赁

合作社租入的固定资产只拥有使用权,而不拥有所有权,所以不作为固定资产入账。计算应付经营租入固定资产租金时,记入“经营支出”“管理费用”“其他支出”等账户的借方,同时记入“应付款”“成员往来”等账户的贷方。

(2)融资租赁

融资租赁是指实质上转移与资产所有权有关的全部或绝大部分风险和报酬的租赁。这种租赁与经营租赁相比,一般租赁期较长,租赁费包括了设备的价款、租赁手续费及垫付资金的利息等。融资租赁实质上是通过延期付款方式来购买固定资产,因此应视为自有固定资产核算。

【例 4.16】兴业合作社以融资租赁方式租入不需安装的机器 1 台,合同约定的价款为 100 000 元,分 5 年付清全款,每年年末支付 20 000 元,余款按 10% 支付利息,全款付清后,设备转给合作社所有。

合作社共需支付利息计算如下:

第 1 年支付利息 100 000×10% =10 000(元)

第 2 年支付利息(100 000-20 000)×10% =8 000(元)

第 3 年支付利息(80 000-20 000)×10% =6 000(元)

第 4 年支付利息(60 000-20 000)×10% =4 000(元)

第 5 年支付利息(40 000-20 000)×10% =2 000(元)

共支付利息 30 000 元。

取得融资租赁设备时:

借:固定资产——融资租入固定资产　　100 000

　　贷:长期借款——应付融资租赁费　　100 000

用存款支付第 1 年租金和利息时:

借:长期借款——应付融资租赁费　　20 000

　　其他支出　　10 000

　　贷:银行存款　　30 000

后 4 年支付租金的会计分录与上面的相同。

第 5 年年末付完最后一笔租金后办理产权转移时:

借:固定资产——生产经营用固定资产　　100 000

　　贷:固定资产——融资租入固定资产　　100 000

4.2.6　无形资产的核算

合作社通过"无形资产"科目核算无形资产的取得、摊销和处置。取得无形资产时,借记"无形资产"科目,贷记"银行存款"等科目;摊销无形资产时,借记"管理费用"科目,贷记"无形资产"科目;"无形资产"科目的期末余额在借方,反映合作社已入账但尚未摊销的无形资产的摊余价值。合作社应按无形资产的类别设置明细账户,进行明细核算。

(1)购入的无形资产

合作社外购专利权、商标权、非专利技术等无形资产时,按购入价值记入"无形资产"账户的借方,同时记入"银行存款"等账户贷方。

(2)自行开发的无形资产

开发时发生的注册费、律师费等实际支出,记入"无形资产"账户借方,同时记入"应付工资""银行存款"等账户的贷方。

(3)接受捐赠的无形资产

按照所附发票上的金额加上应支付的相关税费或经过批准的价值,记入"无形资产"账

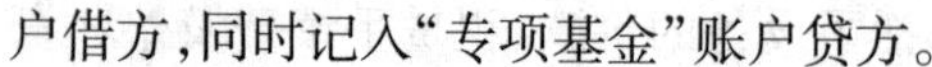

户借方,同时记入"专项基金"账户贷方。

(4)投资者投入的无形资产

投资者投入的无形资产,应按投资合同或协议价记入"无形资产"账户的借方,按经过批准的新成员所拥有的合作社注册资本份额计算的资本金额,记入"股金"账户贷方,将二者差额记入"资本公积"账户。

1)无形资产摊销的核算

无形资产属于合作社的长期资产,能在较长时期内给合作社带来经济效益。同时,无形资产通常也有一定的有效期限,在这个期限内伴随着无形资产为合作社提供经济利益,其价值会发生转移,或具有价值的权利会终结或消失。因此,合作社取得无形资产时,应当分析判断其使用寿命。使用寿命有效的无形资产,应在预计使用寿命内系统、合理地进行摊销。合作社的无形资产从使用之日起,按直线法分期平均摊销,摊销年限不应超过10年。

无形资产摊销时,按摊销的价值,记入"管理费用"账户借方,同时记入"无形资产"账户贷方。

2)出售无形资产的核算

无形资产出售是合作社处置无形资产的一种形式,是合作社转让无形资产所有权的行为,合作社出售无形资产的收入与该无形资产的账面价值和应支付税费之和的差额,是出售处置该项资产的损益,应直接记入"其他收入"账户贷方或"其他支出"账户借方。

3)无形资产出租的核算

合作社可将暂时不用的无形资产出租,出租无形资产,就是将无形资产的使用权转让,这仅仅是将部分使用权让渡给其他单位和个人,出租方并不丧失对原有无形资产的所有权,因而仍拥有使用、取得收益和处置的权利。出租无形资产时,按取得的租金收入,记入"银行存款""应收款"等账户借方,同时记入"其他收入"账户贷方。结转出租的无形资产成本时,记入"其他支出"账户借方,同时记入"无形资产"账户贷方。

4)无形资产转销的核算

无形资产如果预期不能给合作社带来经济利益,就不再符合无形资产的定义,则应将其及时转销。按无形资产账面余额,记入"其他支出"账户借方,同时记入"无形资产"账户贷方。

4.3 农民专业合作社负债的核算

4.3.1 负债的概念和分类

1)负债的概念

合作社的负债是指合作社因过去的交易、事项形成的现时义务,履行该义务预期会导致经济利益流出合作社。其具有以下特征:①负债是由过去的交易或事项形成的。如合作社购货形成的应付款、借入的款项等。②负债的清偿会导致经济利益流出合作社。合作社履行清偿义务时，关系到合作社付出有经济利益的资源，如支付现金、提供劳务、转让其他资产等，会导致合作社经济利益流出。

2）负债的分类

合作社的负债按流动性可分为流动负债和长期负债。流动负债是指偿还期限在 1 年以内（含 1 年）的债务，主要包括短期借款、应付款项、应付工资、应付盈余返还、应付剩余盈余等。长期负债是指偿还期限在 1 年以上（不含 1 年）的债务，主要包括专项应付款、长期借款等。

4.3.2　流动负债的核算

流动负债是指偿还期限在 1 年以内（含 1 年）的债务，包括短期借款、应付款、应付工资、应付盈余返还、应付剩余盈余等。流动负债一般具有数额较小、偿还期限较短、债务利息较少甚至没有的特点。

1）短期借款

（1）短期借款的概念

短期借款是指合作社从银行、信用社以及外部单位和个人借入的期限在 1 年以内（含 1 年）的各种借款。短期借款一般是合作社为满足日常生产经营活动和为成员提供服务或为偿还各项债务的需要，从银行、信用社以及外部单位和个人借入的款项。

（2）短期借款的核算

合作社借入各种短期借款时，按实际借入的金额借记"库存现金""银行存款"账户，贷记"短期借款"账户。

（3）短期借款还本付息的核算

合作社归还短期借款时，按实际归还的本金借记"短期借款"账户，按实际归还的短期借款利息借记"其他支出"账户，按实际归还的本息总额贷记"库存现金"或"银行存款"账户。

2）应付款

（1）应付款的内容

应付款是指合作社与非成员之间发生的各种应付及暂收款项，包括因购买产品物资和接受劳务、服务等应付的款项以及应付的赔款、利息等。应付款是合作社为满足日常生产经营活动和为成员提供服务需要而形成的。一般在合作社取得赊购非成员产品物资的所有权、接受劳务服务和应付赔款、保证金、利息等时，确认应付款实现并入账核算。

（2）应付款的核算

为反映应付款的形成、偿还、结余及管理情况，合作社应设置"应付款"账户，该账户属于负债类账户。贷方登记合作社与非成员之间发生的各种应付及暂收款项，借方登记偿还和已经核销的应付款，期末余额在贷方，反映合作社应付未付及暂收款项的总额。该账户应按发生应付款的非成员单位和个人设置明细账户，进行明细核算。

3）应付工资

(1)应付工资的内容

应付工资是指合作社应付给其管理人员及固定员工的工资总额,包括在工资总额内的各种工资、奖金、津贴、补助等。合作社应按劳动工资制度规定,编制"工资表",计算各种工资。再由合作社财务会计人员将"工资表"进行汇总,编制"工资汇总表"。

(2)应付工资的核算

为了核算合作社工资结算及分配情况,应设置"应付工资"账户,本科目核算合作社应支付给管理人员及固定员工的工资总额。该账户为负债类科目,合作社的应付工资,包括在工资总额内的各种工资、奖金、津贴、补助等,不论是否在当月支付,都应通过本科目核算。合作社付给临时员工的报酬,不通过本科目核算。临时员工是非成员的,通过"应付款"账户核算;临时员工是成员的,通过"成员往来"账户核算。

提取工资时,根据人员岗位进行工资分配,借记"生产成本""管理费用""在建工程"等科目,贷记本科目。实际支付工资时,借记本科目,贷记"库存现金"等科目。合作社应当设置"应付工资明细账",按照管理人员和固定员工的姓名、类别以及应付工资的组成内容进行明细核算。本科目期末一般应无余额,如有贷方余额,反映合作社已提取但尚未支付的工资额。

4）应付盈余返还

(1)应付盈余返还的内容

应付盈余返还是指合作社可分配盈余中应返还给成员的金额。可分配盈余是指合作社在弥补亏损、提取公积金后的当年盈余。本科目核算合作社按成员与本社交易量(额)比例返还给成员的盈余,现行财会制度规定,应付盈余返还按成员与本社交易量(额)比例返还给成员的金额,返还给成员的盈余总额不得低于可分配盈余的60%,具体返还办法按照合作社章程规定或者经成员大会决议确定。

(2)应付盈余返还的核算

为全面反映应付盈余返还的分配、支付情况,合作社应设置"应付盈余返还"账户,该账户属于负债类账户。贷方登记合作社应按成员与本社交易量(额)比例返还给成员的可分配盈余的金额,借方登记合作社按成员与本社交易量(额)比例实际支付给成员的可分配盈余的金额,期末贷方余额反映合作社尚未支付的应按成员与本社交易量(额)比例返还给成员的可分配盈余的金额。合作社根据章程规定的盈余分配方案,按成员与本社交易量(额)提取返还盈余时,借记"盈余分配"科目,贷记本科目。实际支付时,借记本科目,贷记"库存现金""银行存款"等科目。本科目期末贷方余额,反映合作社尚未支付的盈余返还。该账户按与本社有交易的成员设置明细账户,进行明细核算。

【例 4.17】2016 年年末,兴业合作社将弥补提取公积金后的当年可分配盈余 150 000 元按章程规定进行分配。合作社章程规定,每个会计年度内,将实现可分配盈余的70%返还给成员;返还时,以每个成员与本社的交易额占全部成员与本社交易总额的比重为依据。根据成员账户记载,当年成员与本社的交易总额为 600 000 元,其中,A、B、C、D 4 个成员的交易额分别为 10 000 元、40 000 元、50 000 元、70 000 元。

兴业合作社按规定返还盈余时：

第一步，计算出当年可分配盈余中应返还给与本社有交易的成员的金额。

$$150\ 000\times70\%=105\ 000(元)$$

第二步，计算出每个成员的交易额占全部成员与本社交易总额的比重。

A：$10\ 000\div600\ 000\times100\%=1.7\%$

B：$40\ 000\div600\ 000\times100\%=6.7\%$

C：$50\ 000\div600\ 000\times100\%=8.3\%$

D：$70\ 000\div600\ 000\times100\%=11.7\%$

第三步，计算出应返还给与本社有交易的成员的可分配盈余金额。

A：$105\ 000\times1.7\%=1\ 785$(元)

B：$105\ 000\times6.7\%=7\ 035$(元)

C：$105\ 000\times8.3\%=8\ 715$(元)

D：$105\ 000\times11.7\%=12\ 285$(元)

第四步，依据盈余返还作相应会计分录。

科目	借方	贷方
借：盈余分配——各项分配	29 820	
贷：应付盈余返还——A		1 785
——B		7 035
——C		8 715
——D		12 285

合作社兑现返还的盈余时：

科目	借方	贷方
借：应付盈余返还——A	1 785	
——B	7 035	
——C	8 715	
——D	12 285	
贷：库存现金		29 820

5）应付剩余盈余

（1）应付剩余盈余的内容

应付剩余盈余是指按成员与本社交易量（额）比例返还给成员的可分配盈余后，应付给成员的可分配盈余的剩余部分。这部分可分配盈余在分配时，不再区分成员是否与本社有交易量（额），对成员一视同仁，人人有份，平均受益。合作社财会制度规定，应付剩余盈余以成员账户中记载的出资额和公积金份额，以及本社接受国家财政直接补助和他人捐赠形成的财产平均量化到成员的份额，按比例分配给本社成员。

（2）应付剩余盈余的核算

为全面反映应付剩余盈余的分配、支付情况，合作社应设置"应付剩余盈余"账户，该账户属负债类账户。本科目核算合作社以成员账户中记载的出资额和公积金份额，以及本社接受国家财政直接补助和他人捐赠形成的财产平均量化到本社成员的份额，按比例分配给本社成员的剩余可分配盈余。合作社按交易量(额)返还盈余后,根据章程规定或者成员大会决定分配剩余盈余时,借记"盈余分配"科目,贷记本科目。实际支付时,借记本科目,贷记"库存现金""银行存款"等科目。本科目应按成员设置明细账,进行明细核算。本科目期末贷方余额,反映合作社尚未支付给成员的剩余盈余。

【例4.18】接上例,合作社将当年可分配盈余150 000元的70%,按成员与本社的交易额返还给成员,剩余的30%按章程规定,全部对成员进行分配。当年年末,合作社所有者权益总额为700 000元,其中,股本为600 000元,专项基金60 000元,公积金40 000元(包括资本公积和盈余公积)。成员A个人账户记载的出资额为8 000元;专项基金3 000元,公积金4 000元;与合作社没有交易的成员甲个人账户记载的出资额为9 000元,专项基金2 000元、公积金1 000元。

合作社分配剩余盈余时:

第一步,计算出每个成员个人账户记载的出资额、专项基金、公积金占这3项总额的份额。

成员A:(8 000+3 000+4 000)÷(600 000+60 000+40 000)×100%=2.14%

成员甲:(9 000+2 000+1 000)÷(600 000+60 000+40 000)×100%=1.71%

第二步,计算出每个成员应分配的剩余盈余金额。

成员A:150 000×30%×2.14%=963(元)

成员甲:150 000×30%×1.71%=769.5(元)

第三步,做出分配剩余盈余的会计分录。

借:盈余分配——各项分配　　　　1 732.5
　贷:应付剩余盈余——A　　　　　963
　　　　　　　　——甲　　　　　769.5

第四步,合作社用现金支付应付剩余盈余时:

借:应付剩余盈余——A　　　　963
　　　　　　　——甲　　　　769.5
　贷:库存现金　　　　　　　　1 732.5

4.3.3 长期负债的核算

合作社的长期负债是指偿还期限超过1年以上(不含1年)的债务,包括长期借款、专项应付款等。

1)长期借款

(1)长期借款的内容

长期借款是指合作社从银行、信用社和有关单位、个人借入的期限在1年以上(不含1年)的借款及偿还期在1年以上(不含1年)的应付款项。

(2)长期借款的核算

为反映和监督合作社长期借款的取得、偿还及结余情况,合作社应设置"长期借款"账户,该账户属于负债类账户。本科目核算合作社从银行等金融机构及外部单位和个人借入的期限在 1 年以上(不含 1 年)的各项借款。合作社借入长期借款时,借记“库存现金”“银行存款”科目,贷记本科目。合作社长期借款利息应按期计提,借记“其他支出”科目,贷记“应付款”科目。合作社偿还长期借款时,借记本科目,贷记“库存现金”“银行存款”科目。支付长期借款利息时,借记“应付款”科目,贷记“库存现金”“银行存款”科目。本科目应按借款单位和个人设置明细账,进行明细核算。本科目期末贷方余额,反映合作社尚未偿还的长期借款本金。

【例 4.19】2014 年 7 月 1 日,合作社向信用社贷款 30 000 元,并已到户。贷款合同约定借款期限为 2 年,年利率为 6%,每年年末偿还一次利息,到期时偿还本金和剩余利息。

①合作社向信用社贷款 30 000 元:

借:银行存款　　30 000

　　贷:长期借款——信用社　　30 000

②2014 年年末计提信用社贷款利息,计算该项长期贷款利息:

$$30\ 000\times 6\%\times(6\div 12)=900(\text{元})$$

借:其他支出　　900

　　贷:应付款　　900

③2014 年 12 月 31 日,合作社按贷款合同约定支付信用社贷款利息:

借:应付款　　900

　　贷:银行存款　　900

④2016 年 7 月 1 日,合作社归还贷款本金及利息:

借:长期借款——信用社　　30 000

　　其他支出　　900

　　贷:银行存款　　30 900

2)专项应付款

(1)专项应付款的内容

专项应付款是指合作社接受国家财政直接补助的资金。这部分资金具有专门用途,主要是扶持引导合作社发展,支持合作社开展信息、培训、农产品质量标准与论证、农业生产基础设施建设、市场营销和技术推广等服务。

(2)专项应付款的核算

为加强对专项应付款的管理,及时反映专项应付款的取得、使用和结存状况,合作社应设置“专项应付款”账户。本科目核算合作社接受国家财政直接补助的资金。该账户属负债类账户,贷方登记取得专项应付款的数额;借方登记使用专项应付款的数额和转入专项基金的数额;期末贷方余额反映结存专项应付款的数额。该账户应按国家财政补助资金项目设置明细科目,进行明细核算。合作社收到国家财政补助的资金时,借记“库存现金”“银行存款”等科目,贷记本科目。合作社按照国家财政补助资金的项目用途,取得固定资产、农业资产、无形资产等时,按实际支出,借记“固定资产”“牲畜(禽)资产”“林木资产”“无形资产”等科目,贷记“库存现金”“银行存款”等科目,同时借记本科目,贷记“专项基金”科目;用于开展信息、培训、农产品质量标准与认证、农业生产基础设施建设、市场营销和技术推广等项目支出时,借记本科目,贷记“库存现金”“银行存款”等科目。

4.4 农业合作社所有者权益的核算

4.4.1 所有者权益概述

所有者权益是合作社及其成员在合作社资产中享有的经济利益,其金额为合作社全部资产减去全部负债后的余额。合作社的所有者权益包括股金、专项基金、资本公积、盈余公积和未分配盈余。

(1)股金

股金是合作社成员实际投入合作社的各种资产的价值。它是进行生产经营活动的前提,也是合作社成员分享权益和承担义务的依据。

(2)专项基金

专项基金是合作社通过国家财政直接补助转入和他人捐赠形成的专用基金。

(3)资本公积

资本公积是合作社收到成员入社投入的资产和其他来源取得的用于扩大生产经营、承担经营风险及合作社公益事业的专用基金。

(4)盈余公积

合作社从当年盈余中按一定比例提取盈余公积。盈余公积是合作社的公共积累。根据章程规定和经成员大会讨论决定,盈余公积可用于转增股金,弥补亏损等。

(5)未分配盈余

未分配盈余是指合作社历年来积存的未作分配的盈余。

4.4.2 所有者权益的核算

1)股金的核算

股金是合作社成员实际投入合作社的各种资产的价值。它是进行生产经营活动的前提,也是合作社成员分享权益和承担义务的依据。为了反映投资人实际投入的股金以及股金的增减变化情况,应设置“股金”账户,该账户属所有者权益类账户,核算合作社通过成员入社出资、投资入股、公积金转增等所形成的股金。贷方登记实际收到的股金金额以及用资本公积转增的股金数额,借方登记按规定程序减少的股金数额。期末贷方余额反映合作社实际拥有的股金总额。该账户应按合作社成员设置明细账户进行明细核算。

(1)合作社收到成员或外单位以货币资金投入的股金

按实际收到的金额,借记“库存现金”“银行存款”科目,按成员或外单位应享有合作社注册资本的份额计算的金额,贷记本科目,按两者之间的差额,贷记“资本公积”科目。

(2)合作社收到成员或外单位投资入股的非货币资产

按投资评估价格或各方确认的价值,借记“产品物资”“固定资产”“无形资产”等科目,贷记本科目,按成员应享有合作社注册资本的份额计算的金额,贷记本科目,按两者之间的差额，贷记或借记“资本公积”科目。

(3)合作社收到成员投入的劳务

按投资方确认价或当时劳务的标准价格确认记入“在建工程”等账户借方，同时记入“股金”账户贷方。

(4)资本公积和盈余公积转增股金

按批准转增额记入“资本公积”“盈余公积”账户借方，同时记入“股金”账户贷方。

(5)合作社按照法定程序减少注册资本或成员退股时

借记本科目，贷记“库存现金”“银行存款”“固定资产”“产品物资”等科目，并在有关明细账及备查簿中详细记录股金发生的变动情况。

2) 专项基金的核算

合作社的专项基金是接受国家财政直接补助资金和接受捐赠资金所形成的，因此应设置“专项基金”账户进行准确及时地反映。该账户属所有者权益类账户，核算合作社通过国家财政直接补助转入和他人捐赠形成的专项基金。贷方登记合作社使用国家财政直接补助资金取得固定资产、无形资产和农业资产等资金数额，以及接受捐赠财产的数额，借方登记按规定减少的数额。期末贷方余额反映的是合作社实有的专项基金数额。应按专项基金的来源设置明细科目，进行明细核算。

①合作社使用国家财政直接补助资金取得固定资产、农业资产和无形资产等时，按实际使用国家财政直接补助资金的数额，借记“专项应付款”科目，贷记本科目。

②合作社实际收到他人捐赠的货币资金时，借记“库存现金”“银行存款”科目，贷记本科目。合作社收到他人和外单位捐赠的非货币性资产，按所属发票记载金额加上应支付的相关税费，记入“固定资产”“产品物资”等账户借方，同时记入“专项基金”账户贷方；无发票的，按照经过批准的评估价值记入“固定资产”“产品物资”等账户借方，同时记入“专项基金”账户贷方。

3) 资本公积的核算

资本公积是合作社收到成员入社投入的资产和其他来源取得的用于扩大生产经营、承担经营风险及集体公益事业的专用基金。合作社收到成员入社投入的资产，双方确认的价值与按享有合作社注册股金份额计算的金额之差额，计入资本公积；对外投资中，资产重估确认价值与原账面净值的差额计入资本公积。

为了反映合作社资本公积的来源和使用情况，应设置“资本公积”账户。该账户属所有者权益类账户，其贷方登记合作社收到成员入社投入的资产和由于股金溢价、接受捐赠资产价值等增加的资本公积，借方登记按规定转增股金、弥补亏损等原因减少的资本公积。“资本公积”科目应按资本公积的来源设置明细科目，进行明细核算。

(1)合作社成员入社投入货币资金的核算

合作社成员入社的时间有先有后，因此投入资金的份额也是有差异的。合作社成员入社投入货币资金时，借记“库存现金”“银行存款”，贷记“股金”科目，按两者之间的差额，贷记或借记本科目。

【例4.20】合作社收到成员张某入社投入库存现金5 000元,存款转入10 000元,协议约定入股份额为13 000元。会计分录为:

借:库存现金 5 000
　银行存款 10 000
　贷:股金——个人股金 13 000
　　资本公积 2 000

(2)合作社成员入社投入实物资产的核算

合作社成员入社投入实物资产时,按实际投资各方确认的价值,借记"固定资产""产品物资"等科目,按其应享有合作社注册资本的份额计算的金额,贷记"股金"科目,按两者之间的差额,贷记或借记本科目。

【例4.21】兴业合作社收到杨某入社投入的加工机器1台,双方协议价为30 000元,协议约定杨某享有合作社股金份额25 000元。

借:固定资产 30 000
　贷:股金 25 000
　　资本公积 5 000

(3)合作社以实物资产方式进行长期投资的核算

合作社以实物资产方式进行长期投资时,按照投资各方确认的价值,借记"对外投资"科目,按投出实物资产的账面价值,贷记"固定资产""产品物资"等科目,按两者之间的差额,借记或贷记本科目。

【例4.22】兴业合作社将1台不需要的旧机器设备进行对外投资,该机器设备原值40 000元,已计提折旧20 000元,双方确认价值30 000元。

借:对外投资 30 000
　累计折旧 20 000
　贷:固定资产 40 000
　　资本公积 10 000

(4)资本公积转增股金的核算

合作社经批准以资本公积转增股金时,借记"资本公积"账户,贷记"股金"账户。

【例4.23】经批准,兴业合作社将资本公积30 000元转增股金。

借:资本公积 30 000
　贷:股金 30 000

4)盈余公积的核算

合作社在进行会计核算反映盈余公积的提取、使用和结余情况时,应设置"盈余公积"账户,该账户属于所有者权益类账户,其贷方登记合作社提取的盈余公积数额,借方登记转增资本、弥补亏损等使用的数额,期末贷方余额,反映合作社实有的盈余公积数额。本科目应按用途设置明细科目进行明细核算。

合作社年终进行盈余分配时,应按一定比例从本年盈余中提取盈余公积。合作社年终从本年盈余中提取盈余公积时,借记"盈余分配——各项分配"账户,贷记"盈余公积"账户。

【例 4.24】2016 年年末，兴业合作社从当年盈余当中提取盈余公积 12 000 元。会计分录为：

借：盈余分配——各项分配　　12 000

　贷：盈余公积　　12 000

4.5　农民专业合作社盈余和盈余分配的核算

盈余是指合作社在一定时期的经营成果，合作社作为独立核算的经营实体，其最终目的是取得一定的经济效益，即用一定会计期间的收入抵补其费用，实现盈余。合作社的各项收入包括经营收入和其他收入，各项费用与支出包括经营支出（生产成本）、管理费用和其他支出。如果各项收入大于费用，为盈余；如果各项收入小于费用，则为亏损。盈余的多少是反映合作社生产经营水平的一项综合指标。

4.5.1　收入的核算

1）收入的概念及特点

（1）收入

收入是指农民专业合作社在销售商品、提供劳务、让渡资产使用权以及为成员代购代销、向成员提供技术、信息服务等活动中形成的经济利益总流入。包括销售产品物资收入、劳务收入、租金收入、代购代销收入、服务收入、利息收入等。收入的实现，是农民专业合作社盈余实现的前提和基础，也是农民专业合作社经济活动的重要环节。因此，农民专业合作社应加强对收入实现过程的管理和核算，正确计算各项收入，为准确核算全年收益提供必要的基础。

（2）农民专业合作社收入的特点

①收入是从农民专业合作社经营活动中产生的，如农民专业合作社组织销售农产品、提供劳务服务等经营活动的收入。有些事项也能给农民专业合作社带来经济利益，但不属于经营活动，其流入的利益是利得，不是收入，如农民专业合作社接受国家财政补助资金和他人捐赠的资金。

②收入可能表现为农民专业合作社资产的增加，如增加库存现金、银行存款、成员往来、应收款等；也可能表现为农民专业合作社负债的减少，如以产品、劳务服务抵偿债务等；或二者兼而有之，如用部分产品、劳务服务偿还债务，部分收取货币资金。

③收入能够导致农民专业合作社所有者权益增加。因农民专业合作社的收入能增加资产或减少负债或二者兼而有之，根据“资产-负债=所有者权益”这一会计恒等式，农民专业合作社取得收入一定能增加所有者权益。这里的收入是经济利益的总流入，而不是指净流入，是不将成本考虑在内的。

④收入只包括农民专业合作社自身的经济利益流入。农民专业合作社预收或代收的款项，虽然增加了农民专业合作社的资产，但同时也增加了农民专业合作社负债，不能作为农民专业合作社的收入。另外，农民专业合作社具有法人资格，是独立的市场主体，其成员个

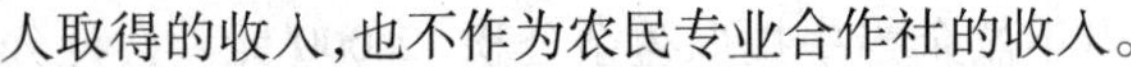

人取得的收入,也不作为农民专业合作社的收入。

2）收入的来源及分类

农民专业合作社是一个互助性经济组织,既要为成员提供各项劳务服务,带动成员共同致富,又要开展一定的生产经营活动,增加积累,保障自身正常运转。同时,通过示范作用,辐射到非成员。因此,农民专业合作社的收入来源主要有3个方面:一是为成员提供农业生产资料购买,农产品的销售、加工、运输、贮藏以及与农业生产经营有关的技术、信息服务取得的收入;二是销售农民专业合作社自己生产的产品;三是为非成员提供劳务服务取得的收入。具体来说,可以分为经营收入和其他收入。

①经营收入。指农民专业合作社销售产品、提供服务,以及为成员代购代销、向成员提供技术、信息服务等活动取得的收入。包括农产品销售收入、物资销售收入、租赁收入、服务收入、劳务收入等。

②其他收入。指农民专业合作社除经营收入以外的其他收入。如罚款收入、违约金收入、存款利息收入等。

3）收入的内部控制

农民专业合作社应当建立健全销售业务内部控制制度,明确审批人和经办人的权限、程序、责任和相关控制措施。

合作社应当按照规定的程序办理销售和发货业务。应当在销售与发货各环节设置相关的记录、填制相应的凭证,并加强有关单据和凭证的相互核对工作。

合作社应当按照有关规定及时办理销售收款业务,应将销售收入及时入账,不得账外设账,不得坐支现金。

合作社应当加强销售合同、发货凭证、运货凭证、销售发票等文件和凭证的管理。

合作社对定期或不定期监督检查过程中发现的销售与收款业务内部控制中的薄弱环节,应当及时采取措施,加以纠正和完善。

4）收入的确认

农民专业合作社收入的确认,实际上是指收入在什么时候记账,并在盈余及盈余分配表上反映。

根据《农民专业合作社财务会计制度(试行)》规定,农民专业合作社应按以下原则确认收入的实现。农民专业合作社一般于产品物资已经发出,劳务服务已经提供,同时收讫价款或取得收取价款的凭据时,确认经营收入的实现。农民专业合作社在实际收讫罚款、违约金、利息等款项时,确认其他收入的实现。

5）收入的核算要求

(1)正确划清收入界限

①要划清盈余性收入内部各项目的界限。农民专业合作社的盈余性收入虽然都要纳入盈余分配,但为了正确核算经营、劳务服务和投资的经济效益,应按照收入的实际来源和性质认真区别,以便找出薄弱环节,采取增收节支措施。

②要划清农民专业合作社收入与成员收入的界限。合作社与其成员的收入实行统一核

算和分别核算相结合的核算体系。凡合作社成员家庭承包者经营取得的收入和社会团体成员的自营收入,都由成员独立核算,不纳入合作社核算范畴;凡合作社直接组织生产经营和提供劳务服务取得的收入,都纳入合作社核算范畴;合作社受托代购、代销等取得的收入,既有属于成员的,又有属于合作社的,要按代购、代销合同加以区分。

(2)搞好收支配比

农民专业合作社要按照收入、支出配比原则,在同一会计期间内确认收入的同时,结转为了取得该项收入而发生的相关支出,如产品物资销售收入确认时,要同时结转其入库的生产费用支出;劳务服务收入确认的同时,要结转为提供该项劳务服务而发生的费用支出。

(3)实行收入公开

农民专业合作社要根据《中华人民共和国农民专业合作社法》和章程的规定,于成员大会召开 15 日前,将年度收入业务报告置于办公地点,供成员查阅。

6)收入的核算

(1)经营收入的核算

为了反映和监督经营收入的总体情况,农民专业合作社应设置"经营收入"账户,该账户为损益类账户。贷方登记农民专业合作社实现的收入金额,借方登记年末转出的收入金额,平时余额在贷方,反映农民专业合作社本年度实现的经营收入总额。年终结转后,本账户应无余额。为详细反映经营收入的具体情况,农民专业合作社应按经营收入项目分别设置"农产品销售收入""物资销售收入""委托代销商品收入""受托代购商品收入""受托代销商品收入""租赁收入""服务收入""劳务收入"等明细账户,进行明细分类核算。

①农产品销售收入的核算。农民专业合作社销售农产品,一般于该农产品已经发出,同时收讫价款或取得收取价款的凭据时,确认收入的实现。

②委托代销商品收入的核算。农民专业合作社委托代销商品,一般于收到代销单位报来的代销清单时,确认收入的实现。

【例 4.25】农民专业合作社与某商店签订委托代销海产品合同,约定每千克售价 20 元,代销商店按售价的 10% 收取手续费。某日,合作社发给该商店 2 000 kg 海产品,成本为每千克 10 元。次日,收到该商店的代销清单,记录已出售 200 kg。

委托代销产品时:

借:委托代销商品——海产品　　20 000

　　贷:产品物资——海产品　　20 000

收到代销清单时:

借:应收款——某代销商店　　4 000

　　贷:经营收入——委托代销商品收入　　4 000

结转手续费时:

借:经营支出——委托代销商品手续费支出　　400

　　贷:应收款——某代销商店　　400

结转代销商品成本:

借:经营支出——委托代销商品支出　　2 000

贷:委托代销商品——海产品　　2 000

收到委托代销商品款时:

借:银行存款　　3 600

贷:应收款——某代销商店　　3 600

③代购商品收入的核算。农民专业合作社受托代购商品,一般将代购商品交付委托方时,确认收入的实现。

【例4.26】农民专业合作社接受成员张三委托代购水稻种子2 000 kg,预收代购款6 000元,并约定按每千克1元收取手续费。合作社以每千克7元按时交付成员张三,代购货款差价和手续费尚未收到。

预收代购款时:

借:库存现金　　6 000

贷:成员往来——张三　　6 000

购入代购商品时:

借:受托代购商品——水稻种子　　14 000

贷:银行存款　　14 000

付受托代购商品时:

借:成员往来——张三　　16 000

贷:受托代购商品——水稻种子　　14 000

经营收入——受托代购商品收入　　2 000

④受托代销商品收入的核算。农民专业合作社受托代销商品,一般于受托代销商品售出时,确认收入的实现。

【例4.27】农民专业合作社接受成员王五委托代销大米1 000 kg,合同或协议约定的价格为每千克2元,合作社以每千克2.3元售出,货款尚未收到。

委托代销商品时:

借:受托代销商品——大米　　2 000

贷:成员往来——王五　　2 000

销售代销商品,确认收入时:

借:成员往来——王五　　2 300

贷:受托代销商品——大米　　2 000

经营收入——受托代销商品收入　　300

⑤服务收入的核算。农民专业合作社的服务收入,一般于服务已经提供,同时收讫价款或取得收取价款的凭据时,确认收入的实现。

【例4.28】农民专业合作社库房为成员李四贮藏荔枝,计收贮藏费用为现金500元。

借:库存现金　　500

贷:经营收入——服务收入　　500

(2)其他收入的核算

为了反映和监督其他收入的总体情况,农民专业合作社应设置"其他收入"账户,该账户为损益类账户。贷方登记实际收到的其他各项收入金额,借方登记转出的其他收入金额,结转前余额在贷方,年终结转后,本账户应无余额。农民专业合作社其他收入主要包括罚款收入、违约金收入、利息收入、产品物资盘盈收入等。

农民专业合作社发生其他收入时,借记"库存现金""银行存款"等科目,贷记"其他收入"科目。

4.5.2 成本的核算

1)成本的概念

成本是指农民专业合作社为生产产品或提供劳务服务而发生的各种消耗,主要包括材料、燃料、动力、人工、折旧等各项耗费。《农民专业合作社财务会计制度(试行)》规定,合作社直接组织生产或提供劳务服务所发生的各项生产费用和劳务服务成本,要按成本核算对象和成本项目分别归集,进行成本核算。合作社成本核算的对象主要是农产品和提供劳务服务。成本项目是指生产农产品和提供劳务服务而发生的各种耗费,既包括生产农产品和提供劳务服务而发生的直接费用,也包括为生产农产品和提供劳务服务而发生的间接费用。

(1)农产品的成本项目

①直接材料。指生产中耗用的自产或外购的种子、种苗、饲料、肥料、地膜、农药等。

②直接人工。指直接从事种植业生产人员的工资、工资性津贴、奖金、福利费。

③其他直接费用。指除直接材料、直接人工以外的其他直接支出。包括机械作业费、技术服务费、灌溉费、田间运输费等。

④间接费用。指应摊销、分配计入各产品的间接生产费用。包括为组织和管理生产所发生的管理人员工资、折旧费、修理费、水电费、办公费等。

(2)加工品的成本项目

①外购材料。指农民专业合作社为加工农产品而耗用的一切从外单位购进的原料及主要材料、半成品、包装物、低值易耗品等。

②外购燃料。指农民专业合作社为加工农产品而耗用的一切从外单位购进的各种固体、液体和气体燃料。

③外购动力。指农民专业合作社为加工农产品而耗用的一切从外单位购进的各种动力。

④工资。指农民专业合作社应计入加工农产品成本的职工工资。

⑤折旧费。指农民专业合作社按照规定应计入加工农产品成本的固定资产折旧费。

⑥包装物。指农民专业合作社外购和自制的应计入加工农产品成本的包装物。

⑦其他支出。指不属于以上各要素但应计入加工农产品成本的支出。

(3)劳务服务费用成本项目

农民专业合作社提供劳务服务而发生的各项费用,包括培训费、工资福利、差旅费、保险费等。

2)成本核算

成本核算是个非常复杂的过程。为正确进行成本核算,满足成本管理的需要,农民专业合作社必须要划分盈余性支出与资本性支出的费用界限、产品生产成本与期间费用的界限、本期产品与下期产品之间的费用界限、各种产品之间的费用界限、本期完工产品与期末在产品之间的界限。这5个方面费用界限的划分,都应遵循受益原则,即谁受益谁负担,负担费用的多少与受益程度的大小相配比,这种费用划分过程,也就是产品和劳务成本计算过程。

从目前实际情况看,虽然合作社数量和种类较多,涉及领域较广,但就某一个合作社而言,生产经营的品种不多,规模也不大,农产品加工也属于简单的粗加工,大规模农产品深加工一般都由独立的农业企业来组织实施。因此,为了既能适应成本管理的要求,又能达到简化成本核算目的,本节简单介绍合作社相关的成本核算。

为反映、控制和监督合作社生产经营和劳务服务的耗费,合作社应设置"生产成本"账户,进行成本总分类核算。该账户属于成本类账户,借方反映按成本核算对象归集的各项生产费用和劳务服务成本,贷方反映完工入库产品和已实现销售的劳务服务的实际成本,期末余额在借方,反映合作社尚未完工的产品成本或尚未实现销售的劳务服务成本。该账户应按生产费和劳务服务成本的种类设置明细账户,进行明细核算。

(1)农产品成本核算

农产品生产周期较长,收获期比较集中,各项费用和用工发生不均匀,农产品成本通常应按产品生产周期计算。发生各项生产费用和劳务服务成本时,要按成本对象归集和分配生产费用。能够分清属于某种产品负担的,就直接归集计入该种产品成本;不能区分的,可采用一定方法分配计入产品生产成本,如按照产品的种植面积、作业面积、产量等分配,最后将耗用的直接材料、直接人工、其他直接费用和间接费用直接或分配计入产品生产成本。

合作社直接组织生产农产品时,按照实际发生的支出,借记"生产成本",贷记"产品物资""应付工资""成员往来""应付款""库存现金"等。农产品收获入库时,将按成本核算对象归集的生产费用和劳务服务成本,转入农产品成本,借记"产品物资",贷记"生产成本"。

【例4.29】大华农民专业合作社统一组织白木耳栽培,购入栽培用工具2 000元,投入培养基3 500元、菌种5 500元、菌袋700元,支付临时工工资1 700元,支付技术服务费1 700元,提取生产工人工资2 300元。

购入工具时:

借:生产成本——白木耳　　2 000

　　贷:产品物资——工具　　2 000

投入培养基时:

借:生产成本——白木耳　　3 500

　　贷:产品物资——白木耳培养基　　3 500

投入菌种时:

借:生产成本——白木耳　　5 500

　　贷:产品物资——白木耳菌种　　5 500

投入菌袋时:

借:生产成本——白木耳　　700

　　贷:库存物资——菌袋　　700

支付临时工工资时：

借：生产成本——白木耳　　1 700

　贷：库存现金　　1 700

支付技术服务费时：

借：生产成本——白木耳　　1 700

　贷：库存现金　　1 700

提取生产工人工资时：

借：生产成本——白木耳　　2 300

　贷：应付工资　　2 300

白木耳入库时：

借：产品物资——白木耳　　17 400

　贷：生产成本——白木耳　　17 400

(2)加工农产品成本核算

农民专业合作社直接组织加工农产品的成本核算，要按成本对象归集费用。

【例 4.30】大华农民专业合作社收购成员新茶 3 t，每吨收购价 20 000 元，售出后结算收购款。合作社统一组织新茶加工、包装和销售，支付临时工工资 1 500 元，领用包装物 1 600 元，计提加工人员工资 4 000 元，提取加工车间固定资产折旧费 1 000 元，加工完全部入库待售。

收购成员新茶入库时：

借：产品物资——茶叶　　60 000

　贷：成员往来——成员姓名　　60 000

支付临时工工资时：

借：生产成本——茶叶　　1 500

　贷：库存现金　　1 500

领用包装物时：

借：生产成本——茶叶　　1 600

　贷：产品物资——包装物　　1 600

计提加工人员工资时：

借：生产成本——茶叶　　4 000

　贷：应付工资——加工人员姓名　　4 000

提取加工车间固定资产折旧费时：

借：生产成本——茶叶　　1 000

　贷：累计折旧　　1 000

结转加工茶叶的费用时：

借：产品物资——茶叶　　8 100

　贷：生产成本——茶叶　　8 100

4.5.3 费用的核算

1）费用的概念

费用是指合作社为组织生产经营活动和管理活动所发生的各种耗费的总和，主要包括经营支出、管理费用、其他支出等。

成本和费用是两个并行使用的概念，既有联系也有区别。两者均是合作社经济资源的耗费，成本从本质上看就是费用，是按一定对象所归集的费用，是对象化了的费用。也就是说，成本是相对于一定的产品或劳务服务而言所发生的费用，是按照产品品种或劳务服务项目等成本计算对象对当期发生的费用进行归集而形成的。因此，作为会计六大要素之一的费用，自然包括了成本。两者之间也是有所区别的。成本是针对一定成本计算对象而言的，与一定种类和数量的产品或劳务服务相联系，而不论发生在哪一个会计期间。费用则是针对某一期间而言的，它与一定的会计期间相联系，而与生产哪一种产品或提供哪一种劳务服务无关。

2）费用核算的基本要求

(1)正确划分盈余性支出的界限

①要划清盈余性支出与对外投资的界限。盈余性支出是一种耗费性支出，而合作社发生的对外投资，虽然要支付货币或实物，但这种支付并没有因此而耗费，仍可变现。同时，成员退社收回记载在该成员账户的出资额和公积金份额时，尽管农民专业合作社要付出货币或实物，但这是经营资本的减少，而不是经营耗费的增加，同样不能作为经营支出进行核算。

②要划清盈余性支出与盈余公积支出的界限。盈余性支出是用于生产经营活动的支出，直接以收入补偿。而盈余公积是按照章程规定或者成员大会决议从当年盈余中提取，具有特定用途，主要用于弥补亏损、扩大生产经营或者转为成员出资，其使用不能与生产经营支出相混淆，否则，会不恰当地增加或减少费用，同时会减少或增加盈余分配。

③要划清盈余性支出与资本性支出的界限。盈余性支出是当年耗费、可以当年补偿的支出，而资本性支出是当年耗费、多年补偿的支出，如果将资本性支出列入盈余性支出核算，必然造成各年度之间收入、支出配比不合理。

④要划清盈余性支出与往来结算款项的界限。盈余性支出是农民专业合作社直接发生的耗费行为，而往来款项是履行债务或形成债权的行为，两种业务性质截然不同，不能混淆。如农民专业合作社为成员代垫购货款、机耕费等，这对于成员是耗费性支出，而对于农民专业合作社只是形成了一笔债权，并没有发生耗费，所以不能列入盈余性支出进行核算。

⑤要划清盈余性支出内部各项目的界限。为考核各支出项目的水平，特别是考核各生产经营项目的投资效果，在核算过程中应严格区分各支出项目的界限。要坚持收支配比的原则，使各业支出与各业收入相对应。

(2)加强各项费用的预算管理

合作社要按农民专业合作社章程规定，每年年初，根据当年的预计收入，编制费用支出预算，并提交农民专业合作社成员大会或成员代表大会讨论通过。同时，要加强对预算执行情况的监督，控制不合理的费用支出，节约开支。

(3)建立健全开支审批制度

对经营性支出，要进行定额控制；对非经营性支出，要实行总量控制，不得超支。所有的支出，要按照农民专业合作社章程规定和财务流程，履行审批手续，规范操作。

3）费用的核算

农民专业合作社的费用主要包括经营支出、管理费用、其他支出等，具体又可以分为两大类：一类是经营性支出，是指与主要生产经营活动直接相关的支出；另一类是非经营性支出，是指与主要生产经营活动没有直接关系的支出。

(1)经营支出的核算

经营支出是指农民专业合作社因销售产品、提供劳务，以及为成员代购代销，向成员提供技术、信息等主要生产经营活动发生的支出。包括销售产品的成本，销售牲畜或林木的成本，对外提供劳务服务的成本，生产经营用固定资产的维修费、保险费，产役畜的饲养费用及其成本摊销，经济林木投产后的管护费用及其成本摊销等。

为了反映和监督经营支出的总体情况，农民专业合作社应设置"经营支出"账户，进行总分类核算。发生经营支出时，借记"经营支出"，贷记"产品物资""生产成本""应付工资""成员往来""应付款""牲畜(禽)资产""林木资产"等。该账户为损益类账户，年终结转时，借记"本年盈余"，贷记"经营支出"，结转后，本科目应无余额。为详细反映经营支出的具体情况，农民专业合作社应按经营支出的项目设置明细账户，进行明细核算。

(2)管理费用的核算

管理费用是指农民专业合作社管理活动发生的各项支出，包括农民专业合作社管理人员的工资、办公费、差旅费、管理用固定资产折旧费和维修费等。

为了详细反映管理费用的具体情况，合作社应设置"管理费用"账户进行核算。发生管理费用时，借记"管理费用"科目，贷记"应付工资""现金""银行存款""累计折旧"等科目。该账户为损益类账户，年终结转时，借记"本年盈余"科目，贷记"管理费用"科目，结转后，本账户应无余额。农民专业合作社应按管理费用的项目分别设置"办公费""差旅费""折旧费""管理人员报酬"等明细账户，进行明细核算。

(3)其他支出的核算

其他支出是指农民专业合作社发生的除经营支出、管理费用以外的与生产经营服务活动无直接关系的其他支出。包括公益性固定资产折旧费用、利息支出、农业资产的死亡损毁支出、固定资产及产品物资的盘亏、损失、防汛抢险支出、无法收回的应收款项损失、罚款支出等。

为了详细反映其他支出的情况，农民专业合作社应设置"其他支出"账户进行核算。发生其他支出时，借记"其他支出"科目，贷记"累计折旧""库存现金""银行存款""库存物资""付款"等科目。该账户为损益类账户，年终结转时，借记"本年盈余"科目，贷记"其他支出"科目，结转后，本账户应无余额。

4.5.4 盈余的核算

1）盈余的概念

盈余是指农民专业合作社在一定期间(月、季、年)内生产组织经营和提供劳务服务活动所取得的净收入，即总收入与总支出的差额，其反映农民专业合作社一定期间的财务成果，是反映和考核农民专业合作社生产经营和提供劳务服务活动质量的一项综合性财务指标。

2）盈余的特点

(1)农民专业合作社的盈余来源具有专业性和多样性

农民专业合作社是一种经济组织，以其成员为主要服务对象，提供农业生产资料购买，农产品销售、加工、运输、贮藏以及与农业生产经营有关的技术、信息等服务。国家支持发展农业和农村经济的建设项目，可以委托和安排有条件的相关农民专业合作社实施。中央和地方财政应当分别安排资金，支持农民专业合作社开展信息、培训、农产品质量标准与认证、农业生产基础设施建设、市场营销和技术推广等服务。由此可见，其盈余来源具有“专业”特点的单一性，主要是提供“专业”服务取得的盈余。同时，其盈余来源又呈现出多样性，既有直接组织生产经营活动取得的盈余，也有对外投资活动获得的盈余；既有为其成员提供劳务服务取得的盈余，也有为其非成员提供劳务服务获得的盈余，既有国家项目支持形成的盈余，也有中央和地方财政资金支持形成的盈余等。

(2)农民专业合作社盈余中的收入与支出的配比并不严格

农民专业合作社的盈余来源于多种收入。有的收入与它所抵减的支出存在严格的配比关系，如加工农产品的销售收入与农产品购入成本和加工、销售费用支出，就存在着严格的配比关系；有的收入没有与之配比的支出项目，如银行存款利息收入、违约金收入、罚款收入等，只有收入项目，没有与之相对应的支出项目，不存在收入与支出的配比关系；有的收入与多项支出配比，如经济林木投产后的产品销售收入，不仅与该产品的采摘、挑选、贮藏、保管、包装、运输、销售等费用支出配比，而且还与该经济林木的营造、培植、管护所产生的费用支出配比；还有的费用与多项收入配比，如合作社免费为成员代购代销发生的费用支出，没有与之相对应的收入项目，结转盈余时直接从收入中抵减，应与全部收入配比。而在其他行业，盈余性收入与其相应的支出一般都有着严格的配比关系。

3）盈余总额的构成

农民专业合作社本年盈余总额按下列公式计算：

盈余总额=经营收益+其他收入-其他支出

其中：

经营收益=经营收入+投资收益-经营支出-管理费用

这里的投资收益是指投资净收益，即投资所取得的收益扣除发生的投资损失后的余额。投资收益包括对外投资分得的利润、现金股利和债券利息，以及投资到期收回或者中途转让取得款项高于账面价值的差额等。投资损失包括投资到期收回或者中途转让取得款项低于账面价值的差额。在会计账簿上，投资收益的余额即为“投资收益”账户年末贷方余额。